KB269139

언어와 여성

강소영

지식과교양

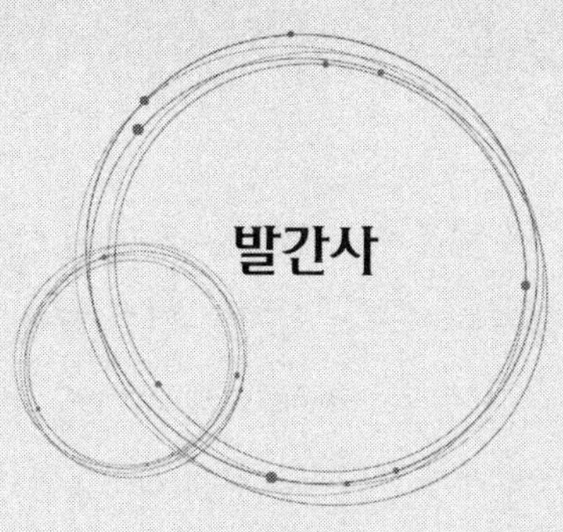

발간사

20세기 후반기를 거쳐 21세기에 접어들면서 우리 민족과 국가는 세계사에서 새로운 위치를 가지게 되었습니다. 세계에 존재하는 수백의 국가 혹은 수천의 민족 중에서 경제적인 측면이나 언어 사용의 인구 수적인 측면에서 우리 민족과 국가는 전체적으로는 세계 10위 내외의 서열에 자리매김하는 도약을 이루고, 그것을 공고히 하는 토대를 구축하였습니다. 더 나아가 몇몇의 분야에서는 세계 최고라는 위치까지 자리매김하게 되었습니다. 그 결과, 인근에 있는 국가에 국적을 두고 있는 많은 사람들의 머리 속에 〈새로운 인생의 구상은 한국의 노동자 생활에서부터〉 혹은 〈새로운 인생의 구상은 한국인과 결혼함으로써〉라는 생각이 자리잡게 되었습니다. 이로 인해 〈Korean Dream〉을 이루려는 많은 나라의 외국 여성들이 한국에 시집을 와서 한국의 가정을 이루거나, 외국 남성들이 한국의 노동자로 와서 하나의 집단 사회를 이루는 상황이 생성되어, 세계에 유례를 찾아 볼 수 없는 〈한국적 다문화 사회〉가 이루어졌습니다.

이러한 우리의 현재는 과거로부터 물려받은 유산에 바탕을 둔 것이지만, 과거에 항상 이러한 모습을 가지고 있었던 것은 아니었던 것 같습니다. 지구상의 많은 언어와 민족이 생멸을 하거나, 혹은 분열과 통일을 반복하면서 축소와 확장을 하게 되는데, 우리 민족 역시 예외가 아니었습니다. 한반도와 만주 일원에 살던 종족이 (고)조선의 등장으로 단일민족에 의한 언어공동체를 생성한 후, 한 민족 둘 이상의 국가라는 분열된 양상과 한 민족 한 국가라는 통일된 양상을 되풀이해 왔습니다. 최초의 분열은 한사군의 설치로 인한 남북 언어의 분열이었을 것입니다. 이 분열은 통일신라에 의해 하나의 언어공동체로 재통일되었습니다. 하나의 언어공동체로 지내오다가 20세기 중반에 다시 남쪽과 북쪽으로 분열되는 양상에 처하게 되었습니다. 이러한 분열된 양상에도 불구하고, 한반도의 남쪽은 20세기 후반을 거치면서 비약적인 발전을 거듭하여 21세기 초반기에 이르러 세계사의 한 축으로 발돋움하기에 이르렀습니다. 그 결과 〈Korean Dream〉을 이루려는 많은 외국인들이 한국에 몰려오는 상황이 생성된 것입니다.

이러한 새로운 사회의 생성에 능동적으로 대처하기 위해 이화여자대학교에서는 다문화연구소를 만들에 되었습니다.

이화여자대학교 다문화연구소는, 동화주의를 넘어서는 문화적 권리의 상호 평등을 인정하고. 학술연구와 현장실천을 잇는 연구·교육·정책의 순환적 모델을 구축하고자 합니다. 더 나아가 현재와 미래의 다문화 현상에 대한 연구·정책 개발을 위해 다문화와 관련된 DB를 구축하고, 교내외 연구·교육 자원의 네트워크를 통한 다문화 연구·교육 역량을 극대화하면서 국내외 유관기관과의 교류를 통한 파트너십을 구축하고자 합니다.

그리하여 우리 연구소는 문화적 역량으로 사회통합을 이끄는 21세기 다문화전문 연구기관이면서, 다문화 시대의 한국 사회·문화 발전을 선도하는 학제간 종합 연구기관이 되고자 합니다. 동시에 다문화 사회에서 소통과 공존을 선도하는 다문화 연구·교육 공동체가 될 것입니다.

이러한 일을 효과적으로 수행하고자 이화여자대학교 다문화연구소

에서는 《다문화연구》라는 학술지와 《이화다문화총서》를 간행하고자
합니다. 《이화다문화총서》는 우선 언어, 사회, 의학, 교육의 네 분야
로 나누어 출간됩니다. 한국의 다문화사회를 진단하고, 공존과 조화
의 길을 찾기 위해 〈언어〉에서는 언어와 문화의 상관관계와 언어의
보편성과 개별성의 관계, 언어간 비교 대조의 문제 등을 다루게 될 것
입니다. 〈사회〉에서는 다문화 사회를 진단하고 사회통합프로그램을
구축할 수 있는 사회적 역량을 구축하고, 이를 제도화할 수 있는 방안
을 연구하고 실천할 것입니다. 〈의학〉에서는 이주민의 건강과 관련된
문제 즉 이주민과 원주민의 면역체계, 다문화가정 자녀와 한국인의
면역체계, 다문화가정을 위한 임신, 출산 등 다문화가정과 의료 건강
분야에 관한 것이 다루어지게 될 것입니다. 〈교육〉에서는 이중언어사
회에서의 언어교육에 관한 문제, 특히 국내의 경우 다문화가정과 그
자녀를 위한 한국어교육의 문제, 국외의 경우 동포들의 자녀에 대한
한국어 교육, 외국인을 대상으로 한 한국어교육 등의 문제가 주로 대
상이 될 것입니다.

우리 연구소에서는 현재보다 더 나은 사회를 구축하는 데 약간의
도움이라도 될 수 있을까 하여 이 책을 간행합니다. 현재보다 미래가
좀더 밝은 민족이 현재보다 좀더 강력한 국가를 구축하고, 그 속에 살
고 있는 모든 사람이 더불어 살아가는 사회가 되기 위한 조금의 밑거
름이 되기를 희망하면서 이 책을 간행합니다. 좀더 많은 사람이 이 분
야에 애정어린 관심을 기울여 주시기를 기원합니다.

2013년 2월 7일
이화여자대학교 다문화연구소장 박창원

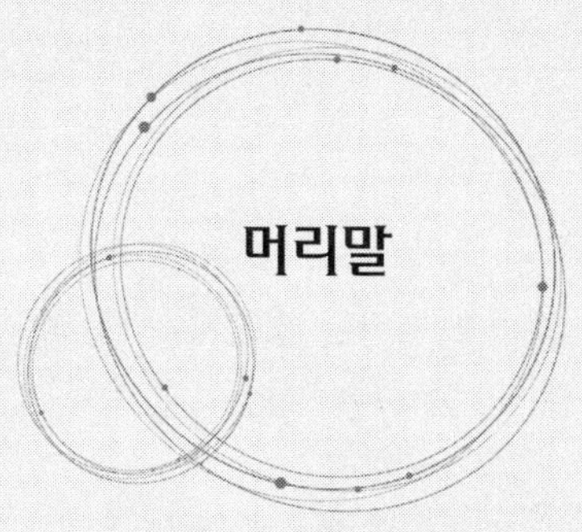

머리말

　어렸을 때를 생각하면 무척 행복하다. 학교 가방을 들고 아이들을 뒤쫓다가 한바탕 어울려 뒹굴고 나서는 집에 와서 동생과 또 신나게 놀았던 기억에 웃음이 난다. 동네 아이들 속에서 자신이 여자라는 생각을 할 만큼 행동에 삼가는 부분이 있지도 않았고 말투 역시 남자 아이들과 다를 바 없었다. 커가면서 집안의 믿음직한 둘째였고 누구에게나 자유롭게 자신의 목소리를 허용하였던 부모님 덕에 "여자가 감히 어디서!"라는 말을 들어본 적이 없었다.

　대학에 들어와서도 별반 달라진 것은 없었다. 어느 때는 친구의 든든한 버팀목으로 강인한 모습을 보이기도 했고, 어느 때는 그 친구에게 매달려 울고 있는 약한 사람이기도 했다. 상황에 따라 강약 조절을 해가면서 그렇게 지내다 보니, 여성으로서의 나를 새삼스럽게 인식할 수 있는 순간을 만나기는 쉽지 않았다.

　그런데 결혼을 하면서 뭔가 조금 이상하다는 생각을 했다. 나와 다른 성적 특징을 가진 누군가가 보이기 시작한 것이다. 나는 나의 사소한 일들이 모두 중요하고 그래서 누군가에게 이야기를 하고 싶고 때로는 잘 했다는 격려를 받고 싶기도 했다. 그런데 남자는 자신의 무거움을 토로하려고 하지 않았다. 혼자서 끙끙대고 앓고 있다가 언젠가 해결이 되면 그때서야 이야기를 꺼내곤 했다. 나와 다른 사람이구나 이렇게 생각하고 하루하루를 살아왔는데, 어느 날 문득 고민거리를 몽땅 농구대에 털어놓고 돌아서는 아들을 보면서 갑자기 헷갈리기 시작했다. 아빠의 유전자만 물려받을 리가 없는데, 왜 저 아이는 자신의 아빠처럼 행동을 하는가? 왜 옆집 여자 아이처럼 내 옆에서 재잘대지를 않는가?

궁금증은 젠더 관련 책을 읽으면서 해결이 되기 시작했다. 세상에는 여성과 남성이라는 두 성별이 존재하고 성차가 가져오는 사물에 대한 접근법의 차이, 대화 전략에서의 차이 등등이 있을 수 있다는 사실을. 언뜻 들으면 그럴 듯하게 여겨지는 이론적 내용이었지만 그래도 나의 생활에는 별다른 영향을 끼치지 못하였는데, 학교에서 〈언어와 여성〉이란 강의를 하면서부터 나의 일이 되었다.

내가 남편과, 아들과의 의사소통과정에서 이해할 수 없다고 여겼던 것은 그들의 말 이면에 존재하는 많은 함의들을 습득하지 못하였기 때문에 나타난 것이며, 세상에는 남성과 여성에게 의미를 부여하는 많은 방식이 존재하고 있다는 사실을 안 순간 갑자기 세상이 달라 보이기 시작했다. 나는 사랑이 넘치는 가정을 꿈꾼다. 그러나 사랑이란 나와 남편, 그리고 나와 아들 사이에서 이루어지는 일종의 의사소통 행위이며, 따라서 사랑이 넘치는 가정은 상대방에 대한 정확한 이해를 바탕으로 하지 않으면 안 된다. 그래서 오늘도 나는 남성과 여성에게 의미를 부여하는 방식, 사회에서 만들어낸 성의 체계를 찾아 공부를 하고 있고 우리 문화가 만들어낸 체제 아래에서 새어나오는 균열의 틈을 찾아내기 위해 부단한 노력을 하고 있다.

이 책이 완성되기까지는 4년의 시간이 걸렸다. 많은 부분은 〈언어와 여성〉 수업시간에 열심히 발표자료를 준비하고 토론에 참여해 준 학생들의 덕분으로 이루어진 것이다. 이들이 없었다면 이 책은 출간되기 어려웠을 것이다. 〈언어와 여성〉의 강의실은 모험적이고 실험적인 정신을 마음껏 펼칠 수 있는 장이어서, 일개 언어자료를 다루는 나이지만 여성에게 씌워진 굴레를 벗겨낼 수 있다는 희망을 품게 되었다. 그리고 이러한 희망 덕분에 어설프고 설익은 글이지만 이렇게 세상을 향해 내놓을 수가 있었다. 나에게 희망을 주고 이를 실천에 옮길 수 있도록 작은 씨앗들을 제공해 준 학생들에게 제일 먼저 고맙다는 말을 하고 싶다.

그리고 그간 내게 남성과 여성의 언어가 어떻게 다르고 같은지를 직접 보여준 우리 가족에게 고마움을 표하고 싶다. 또한 어설픈 글을 함께 읽어주며 의문을 표하고 격려가 담긴 비판을 던져준 87학번 동기생들과 〈언어와 여성〉 강의를 제의해 주고 내 인생의 또 다른 길을 열어준 학과 선생님들에게도 감사의 말씀을 드리고 싶다.

가능한 쉽게 쓰려 노력했고 어려운 용어나 선행학습이 요구되는 개념은 각주나 별도의 란을 마련하여 설명하였다. 이 책이 생각만큼 재미없을 수도 있겠지만, 인내를 가지고 읽어 봐 주길 바란다.

2013년 2월 이화원에서,
저자 강소영

목차

제1부

여성의 말

총론 & 화용

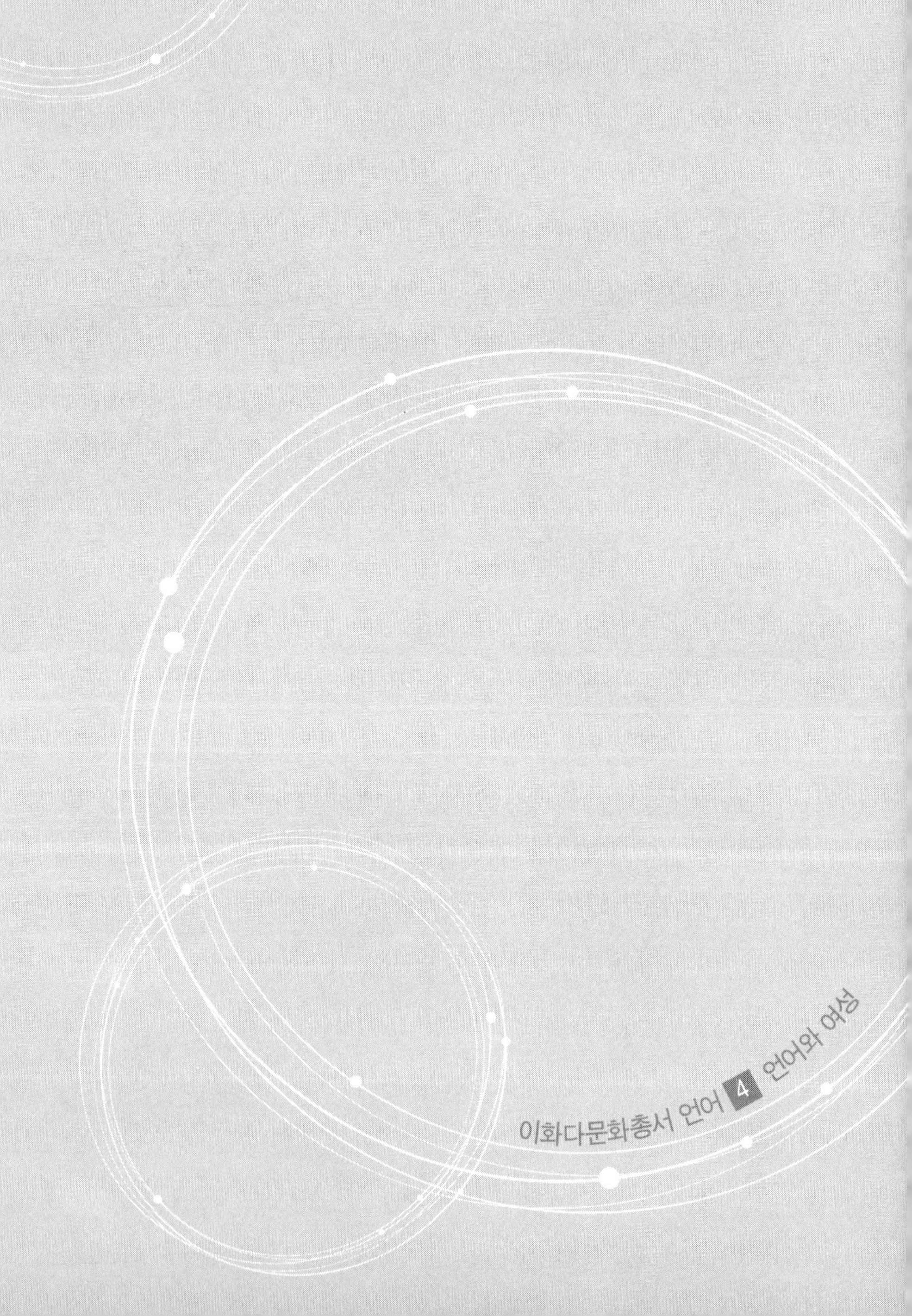
이화다문화총서 언어 4 언어와 여성

1. 여성의 말 : 총론

사회언어학은 언어를 다루는 데 있어서 인종, 지역, 성별, 연령, 계층 등의 여러 변이가 있음을 전제하고 공동체 안에서 언어가 어떤 역할을 하는지에 관심을 두고 있다. 그들은 특정한 상황에서 쓰이는 언어요소를 관찰해 내고 그 상황에서 참여자 간의 역학관계를 나타내는 언어적 특징을 가려내어 이를 체계화하는 데 많은 기여를 해왔다. 국내학자들 역시 서구의 이론을 도입하여 연령, 계층, 교육수준에 따른 언어학적 특징을 가려내는 시도를 이어오고 있지만, 성별 언어양상을 본격적으로 다룬 이론서는 손에 꼽을 정도이다.

역사적으로 성차를 변인으로 한 연구는 인류학에서 시작되었다. 그러나 정치적인 목적이 수반된 인류학의 다수의 연구결과물과 다르게, 언어학은 비록 숫자는 적을지라도 언어체계적인 구조에 전착함으로써 오히려 더 큰 반향을 불러일으키는 결과물을 낳았다. 그 대표적인 예로 사회문화적으로 남녀의 역할차로 인해 언어체계에 변화가 있음을 보고한 사피어를 들 수 있다. 사피어(1929)는 『야나어에서 남성과 여성의 발화형태』에서 남성항과 여성항에 형태상의 차이가 있음을 지적하였다. 야나어에는 남성항에 비하여 여성항이 더 짧은 형태적 특징이 있다는 것인데, 즉 사람을 이르는 말이 남성은 'yā-na', 여성은 'ya'이며, 노루는 남성이 'ba-na', 여성이 'ba'이다. 이처럼 남성항은 어말 모음을 가지지만 여성항은 이것이 축소되는 형태적 특징이 있음을 기초로, 사피어는 형태소 '-na'를 '첨가된 남성 음절'이라 말하고 "남성형태는 완전하고 절대적이며 기본적인 형태이며, 여성형태는 축약된 것"(211쪽)으로 특징 지었다.

남녀별로 다른 형태적 특징을 보이는 점은 루이지애나 남서쪽의 북미 인디언 언어인 코아사티어 역시 동일하다. 메어리 R. 하스(1944)는 여성이 남성보다 더 짧은 형태의 동사를 사용함을 확인하였다. 그런데 야나어와 동일하게 남성항에 비해 여성항이 더 짧은 형태적 특징을 보였음에도 불구하고, 그녀는 여성항을 기저형으로 잡았다.

(여성)	(남성)	
ka̧	ká·s	그는 말한다
tačílw	tačílws	너는 노래한다
lakawčín	lakawčî·s	그것을 들어올리지 마라

예시에서 확인하였듯이, 코아사티어의 남성항은 여성항에 's'가 덧붙여진다. 사피어라면 완전하고 절대적인 기본형태로 해석할 수 있는 남성항을 하스는 기저형인 여성항에 덧붙여진 것, 파생된 것으로 보았다. 물론 하스는 통시적인 고찰을 통해 여성형태가 역사적으로 더 오래된 것임을 증명하여, 여성항을 기저형으로 삼겠다는 자신의 주장

을 공고히 하였다.

인류학처럼 성적 불평등을 철폐하기 위한 현장운동가적인 성격을 띠지는 않지만, 여성어 연구는 성차를 변이로 하는 언어사용양상을 대상으로 사회이데올로기적 해석을 내리는 시도를 계속하고 있다. 따라서 여성에 대한 사회의 시선, 여성의 말을 다루는 본격적인 논의에 앞서, 초기 여성어 연구부터 논쟁적으로 부각되었던 여성어의 특징을 정리하고, 이에 대한 논의부터 해보려고 한다. 이는 소극적인 태도, 자신 없음, 누군가에게 의존하는 태도 등 그동안 긍정적인 특징으로 정리되지 않은 여성어의 특징을 차례차례로 반박하기 위한 선행연구 정리인 셈이다. 마치 동일한 언어현상을 두고 사피어와 하스가 서로 다른 해석을 내린 것처럼.

1) 예스베르센과 레이코프가 바라본 여성어의 특징

여성어 연구는 김선희(1991), 민현식(1995), 박창원(1999), 전혜영 (2002) 등에 잘 정리되어 있다.[1] 이 책에서는 그 중에서 대표적으로 두 명의 학자를 선택하였는데, 여성어 연구에 큰 획을 그은 예스베르센과 레이코프가 그들이다. 우선 예스베르센(1922)은 여성어의 특징을 다음과 같이 제시하였다.

(1) 남편 등 특정 친족의 이름 부르기를 금하거나 특정 어휘 사용을 여성에게 금하는 일이 있다. 따라서 여성은 해당 금기어를 대체하는

---

[1] 여성어 연구를 공시적, 통시적으로 잘 정리한 것은 민현식(1995, 1996)에서 돋보이며, 본 장 역시 많은 부분을 이에서 참조, 정리하였다.

완곡어를 발달시킨다. 이런 완곡어가 남녀 언어차로 굳어져 문법적 성 범주가 변화할 수도 있다.

(2) 바스크족에서 여성은 바스크어를 쓰고 남성은 직업상 불어를 쓰게 된 예처럼 이중 언어 사용권에서 남녀 언어차가 나타나는 경우가 많다.

(3) 여성은 전승 언어의 보존력이 높고 남성은 언어 개신에 공헌한다. 그러나 여성은 개신어에 민감한 면도 있어 언어변화를 앞장서서 일으키는 면도 있다.

(4) 여성은 욕설 따위의 비속어를 꺼리며 점잖고 완곡한 표현을 쓰지만 남성은 속어를 잘 쓰고 신어를 추구하여 언어개신에 능동적이다. 또한 남성은 희귀어, 사투리, 전문어 등의 사용범위가 넓어 어휘 범위가 넓으나 여성의 어휘 범위는 좁다. 관심 어휘도 남성은 추상적, 구성적, 일반적이 것이 많으나 여성은 완성품, 장식물, 개인적, 구체적인 것, 특히 의복, 음식 등에 관한 것이 많다. 또한 여성은 남성보다 언어능력이 앞서서 암송, 기억, 듣기가 빠르고 대답도 빠르다. 반면 남성은 느려서 표현이 신중한 편이다.

(5) 여성들은 pretty, nice, vastly, so 등 자주 쓰는 부사가 있다.

(6) 남성은 종속접속문을 많이 쓰지만 여성은 and then 따위의 반복처럼 대등구조문을 많이 쓴다.

(7) 남성은 말보다 깊은 사색이나 힘이 요구되는 전쟁, 수렵 등에 종사하면서 말수가 적을 수밖에 없으나 여성은 큰 사색을 요구하지도 않고 비교적 활기 있는 대화가 가능한 육아, 요리, 재봉 등 잡다한 가사에 종사하여 말이 많아질 수밖에 없다.

물론 여성의 다변성을 사적인 영역에서만 활동한 사람의 특성으로 규정한다거나 남성이 여성보다 언어능력이 떨어지는 것을 단지 느릴 뿐이며 신중한 성격 때문으로 정리하는 등 여성에게 우호적이지 않은 시선이 담겨있지만, 특정 부사의 사용이나 여성에게만 금기시된 어휘의 영역이 있다는 등 주목할 만한 결과를 내놓은 점은 돋보이는 대목이다.

이후 여성어는 계량 사회언어학적 연구의 흐름을 타고 발전을 거듭하였고, 여성의 억압구조와 여성어의 상관성을 사회언어학적으로 해석하려는 R. 레이코프(1975: 53-56)에서 한 단계 더 발전한 모습으로 나타났다. 그녀가 내놓은 여성어의 특징은 다음과 같다

(1) 여성은 남성지배사회에서 여성에게만 강요된 어법을 배워야 하며 남성 사회에 적응하기 위하여 남성어를 배워야 하는 이중언어사용자이다. 원래 아동은 첫 언어로 어머니에게서 여성의 언어를 습득하지만, 10여세가 되면 남자아이는 남성어 표현을 습득하여 남녀 언어가 구별된다.

(2) 여성은 I think, I wonder처럼 불확실한 애매어법, 자신 없는 어법을 쓰며 이것이 여성언어 예절의 미덕이 되었고 여성은 자기 방어를 위해 이런 어법을 쓴다.

(3) 여성은 여성만의 관심 영역에 대해서는 남성보다 표현이 섬세하다. 가령 색을 구분하는 데 ecru, magenta, beige.. 따위의 어휘를 쓴다.

(4) 여성 특유의 감탄사, 부사, 형용사를 잘 쓴다. oh, dear, oh fudge, charming, lovely, so, so much 등이 있다.

(5) 부가의문문이나 의문문을 자주 쓴다. 이는 상대방의 동의를 구하는 예절 화법으로 청자 의존적인 불확실한 어법의 결과이며 남성

중심의 여성 억압 사회에서 여성의 책임을 피하고 생존하는 방어적 결과이다. 즉 예절 바르기 위해서는 강한 단언을 하지 말아야 한다. 그 결과 여성은 신념이 없는 인간으로 비치는 악순환을 초래하게 되었다.

(6) 여성은 완곡법의 대가이다. 금기어는 표현을 간접적인 완곡법으로 쓰거나 강요의 표현보다는 공손한 표현을 선호한다. 가령 Close the door>Please close the door>Will you close the door?>Will you please close the door?>W'ont you close the door?로 갈수록 가장 여성적 표현이다.

(7) 여성에 대한 말들은 성 관련어가 많고 비하적 의미를 가진다. 가령 woman에는 성적 의미, 비하 의미가 있어 대신 lady가 쓰이며 이런 어휘는 이외에도 다양하다. mistress(첩), She is a professional(창녀), she is in business(창녀), bitch(음란한 여자), vixen(심술궂은 여자), spinster(이혼녀, 경멸투로 신경질적 여자), governor(아동 돌보는 가난한 여자)

(8) 여성어는 남성어를 기준으로 만들어지는 경우가 많다. 가령 의사 doctor—여의사 woman doctor, 판매원 salesman— 여판매원 saleswoman 등이 그러하다.

(9) 여성의 평가는 올바른 언어 사용, 언어예절에 좌우되며 타인에게 어떻게 비치는가에 달려 있다. 화려하게 옷 입고 매력적으로 보이고 고분고분하게 행동해야 하는 것으로 교육받는다. 그래서 겉모습에 신경 쓰는 존재가 되었다. 타인에게 잘 보이는 것이 자기 이익이며 여성은 부친이나 남편이나 자식의 지위에 의해 욕구가 성취된다.

(10) 여성은 평서문에서도 상승 억양을 쓴다. 또한 특유의 변화력 있

는 독특한 억양을 사용하여 청자의 주의를 끌고자 하며 이런 책
략으로 남자보다 제스처를 많이 쓴다.

(11) 여성은 문법을 잘 지키는 편이다. 남아들은 going의 ing를 [in]으
로 하지만 여아들은 [iŋ]으로 한다. 이런 여성의 보수성 때문에 여
성은 문화와 교육의 수호자로 보인다.

물론 카메론(1992:44)이 지적한 바와 같이, 남자가 부가의문문을 더
쓴다는 연구결과나 남녀의 부가의문문 사용빈도가 비슷하다는 후속
연구결과가 연이어져 레이코프의 의견에 여성어에 대한 편견이 담겨
있었을 가능성이 농후해 보이기도 한다. 이러한 예측은 기존의 연구
결과를 우리의 현실에 적용하여 어긋나는 지점을 찾아 정리함으로써
확증될 수 있을 것이며, 따라서 이번 장에서는 몇 가지 예를 들어 그동
안 여성어의 특징으로 정리한 내용이 잘못되었을 수도 있음을 지적하
고자 한다.

2) 표준발음과 비단정발화

기존 학자들은 여성어의 유형을 정리하면서 여성어의 발생원인을
여성의 사회진출이 남성에 비해 미약하다는 데서 찾고 있다. 즉 사회
진출을 포기하고 가정에 들어앉음으로써 사회의 흐름에 뒤처지게 되
었고 이러한 태도가 매사 자신 없어 하는 여성의 말투에 군데군데 반
영되어 있다는 것이다. 여성이 사회활동을 하지 않는다는 점이 자신
없음으로 이어지는 연결고리는 여성의 표준발음지향성과 비단정발화
의 사용을 놓고도 동일한 적용을 받는다.

여성의 표준발음지향성

TV 토론담화에 나온 남성, 여성패널의 말투를 보면 남성패널이 사투리를 훨씬 더 많이 사용한다는 점이 눈에 띈다. 남성패널은 경상도, 전라도 사투리를 거리낌 없이 사용하지만, 여성패널은 대개 표준발음을 잘 구사하고 있어서 소위 서울출신으로 보이는 시골출신들이 많다고 한다. '그녀'는 왜 지방색을 드러내지 않는 것일까?

우선 여러 학자들의 논문과 국립국어원의 자료집에 자주 등장하는 '한국인이 자주 틀리는 표준발음법' 관련 문제들을 봐가면서 논의를 전개시키려 한다. 본인의 발음 여부를 체크해 보고, 정확한 발음법에 따르고 있는지를 자신의 성별에 적용시켜 보면, 상식을 뒤엎는 결과가 나올 수도 있기 때문이다

한국인들이 자주 틀리는 사항 중에서 대표적인 것은 이중모음 'ㅢ'의 발음이다. '우리의 논의', 이를 소리 내어 읽어보라. 다시 '의'의 발음에 유의하면서 소리 내어 읽어보라. 우리의 논의, 우리에 논의, 우리의 논이, 우리에 논이, 어느 것이 맞을까? 모두 맞는 발음법이다. 이중모음은 무늬처럼 자음 다음에서 쓰일 때는 'ㅣ'로 발음난다. 의사, 의정부와 같이 자음이 앞에 놓이지 않을 때에만, 그것도 대부분 제1음절에 놓일 때에 제 음가대로 발음되어 'ㅢ'가 실현된다. 따라서 '논의'처럼 제2음절 이하에서는 제 음가대로 발음하기도 하고 'ㅣ'로 발음하기도 하기 때문에 [논의][논이] 어느 것을 선택해도 무방하다. 그리고 '나의 살던 고향은', '우리의 소원'과 같은 속격조사 '의'는 제 음가대로 발음되기도 하나 일반적으로 'ㅔ'로 발음하기 때문에 이 역시 인정되어 표준발음법에 맞는 발음은 [우리의][우리에]이다.

다음으로 한국인들이 가장 많이 틀리는 것으로 겹받침의 발음이 있

다. 겹받침은 닭, 삶, 넋, 곬 등 받침자에 자음이 두 개 겹쳐있는 것을 말한다. 우리말의 겹받침은 13종류가 있는데, 실제 발음을 할 때 자음 두 개가 모두 발음되지 않는다. 그 어떤 받침이 와도 받침소리는 ㄱ, ㄴ, ㄷ, ㄹ, ㅁ, ㅂ, ㅇ의 7개 자음으로만 발음한다는 원칙이 정해져 있기 때문인데, 그래서 겹받침은 대표음을 정하여 발음을 표기하고 있다. 이를 테면, 'ㄲ, ㅋ', 'ㅅ, ㅆ, ㅈ, ㅊ, ㅌ', 'ㅍ'은 어말 또는 자음 앞에서, 각각 대표음 [ㄱ, ㄷ, ㅂ]으로 발음하는 것처럼 말이다. 이에 따르면 닭대[닥따], 키읔[키윽], 웃[옫]처럼 발음하는 것이 맞다.

받침에 서로 다른 자음이 두 개 겹쳐 있는 경우는 대체로 앞선 자음 을 기준으로 발음을 하는 경우가 많다. 따라서 넋, 여덟, 넓다, 값과 같 이 겹받침 'ㄳ', 'ㄵ', 'ㄼ, ㄽ, ㄾ', 'ㅄ'은 어말 또는 자음 앞에서 각각 [ㄱ, ㄴ, ㄹ, ㅂ]으로 발음이 된다. 그러나 이에도 예외는 있어, 닭, 흙 과, 맑다, 젊다, 맑게, 묽고, 밟다 등 따로 기억을 해두어야 할 어휘들 도 있다. 예외적 사항은 많은 이들이 틀린다는 말이며, 이를 반영하듯 대중매체에서의 겹받침의 발음은 시정지시가 내려질 만큼 잘못된 예 시가 자주 발견되는 항목이다.

이것 외에도 꽃이[꼬치], 햇볕이[핻뼈치]와 같이 명사나 동사, 형용 사 어간의 말음 'ㄷ, ㅌ'이 모음 'ㅣ'로 시작하는 조사나 접미사와 결합할 때 'ㅈ, ㅊ'으로 바뀌는 구개음화 현상 역시 자주 틀리는 항목이다. 실 제로 발음을 하라고 하면 [꼬시] [해뼈시]처럼 [시]로 발음하는 경우가 많다. 구개음화 현상을 제대로 이해하지 못한 소치다. 이런 학생들은 구개음화가 적용되지 않는 단어까지 구개음을 만들어버리는 잘못을 자주 저지른다. 구개음화는 조사나 접미사가 올 때 적용되는 것이기 때문에 '밭+이랑>밭이랑'과 같이 두 명사가 결합하여 만들어진 합성 어인 경우 적용되지 않는다. 따라서 밭이랑[반니랑]으로 발음해야 하는데, 무조건 'ㅣ'만 뒤에 오면 바꾸어서 [바치랑]으로 발음해 버리는 역작용이 나타나는 것이다. 이를 포함하면 구개음화 역시 한국인들이 특별히 유의해야 할 발음이라고 할 수 있다.

눈동자[눈똥자], 길개[길까] 등 된소리로 발음이 나는 것 역시 자주 틀리는 문제이다. 이들은 '눈에 있는 동자, 길의 가장자리'와 같이 관형격의 'ㅅ'이 있었던 단어이다. 따라서 그 흔적을 받아들여 된소리로 발음하도록 규정하고 있는데, 평음으로 잘못 발음하곤 한다. 이전 군사정권 시절의 기억을 지우려는 듯 보이기도 하지만, 자연스럽지 못하게 [눈#동자][길#가]와 같이 또박또박 끊어서 발음하는 모습도 과히 보기 좋진 않다. 된소리 발음은 곤충 [잠자리]와 누워 자는 [잠짜리], 병의 일종인 [볼거리]와 구경거리인 [볼 꺼리]와 같이 발음에 따라 의미가 달라지는 어휘들이 있기 때문에 의사소통과정에 장애를 낳을 수도 있는 문제인지라, 계속 유의해서 봐야할 부분이다.

지금까지 본 것처럼 한국인들에게 자주 틀리는 발음법에는 간단한 원칙이 아니라 예외적인 조항이 많이 섞여 있고 역사적인 변화과정을 담고 있어 자신이 맞게 발음하고 있는지 궁금해할 수 있는 내용이 많다. 하지만 이들 문제를 제시하고 남녀별 발음을 조사한 결과를 보면, 놀랍게도 조사 대상의 50% 이상이 표준발음법을 의식하고 있었음을 알 수 있다. 물론 성별로 나누어 살펴었을 때 여성이 표준발음법에 맞는 발음을 구사하는 비율이 더 높게 나타나 성별에 따른 차이 역시 존재하고 있었다. 민현식(1995:41)에서 초, 중, 고, 대학생, 일반인 등 5개 집단 남녀 각 150명씩을 대상으로 조사한 결과를 제시하면 다음과 같다.

	초등학교	중학교	고등학교	대학교	일반	평균
남	50.50	51.95	54.05	54.91	52.86	52.85
여	52.83	56.50	57.91	56.56	55.25	55.81

여성어의 현재를 살필 때 이러한 결과는 자못 흥미로운 대목이다. 특히 언제 가장 표준발음법에 따라 정확한 발음을 구사하는지를 묻는 항목에서 여성의 표준발음지향성이 더 두드러져 나타났다. 여성은 어느 때가 더 정확하느냐는 질문이 무의미할 만큼 시기와 상관없이 거의 동일하게 남성에 비해 우세하게 나타났다. 물론 남성은 초등학교 때 가장 정확도가 낮았고 나이 들어 갈수록 더 높아져 대학교에 다닌 학생들이 가장 정확도가 높았다고 보고되어, 표준발음법의 사용에 학습이 지대한 영향을 끼치고 있음을 알 수 있다.

신분상승이론과 표준발음지향성

그럼 왜 여성은 어렸을 때부터 정확하게 발음하는 법을 깨우치고 있었을까? 이러한 결과에 대해 P. 트루질(1983)은 신분상승의도 이론으로 설명한다. 즉 여성은 직업이 없는 경우가 많아 무엇을 하는지로 자신의 지위를 나타낼 수 없는 처지이며, 따라서 오로지 어떻게 보이느냐로 여성의 사회적 지위가 결정되기 때문에, 자신의 사회적 지위를 높은 것으로 보이게 하고 싶은 여성들의 욕망이 표준발음지향성에 함축되어 있다는 말이다. 방송매체에서 사투리 사용자를 더 낮은 계급에 속한 여자로 설정하는 것 역시 이러한 시각에서 나온 행태일 수 있다.

밀로이(1980)가 사회망 이론을 가져와 표준발음지향성을 설명한 것도 동일한 맥락에 놓여 있다. 사회망 이론이란 여성은 개방형 관계망을 가지고 있어서 처음 보는 사람과도 쉽게 이야기를 하지만, 남성은 폐쇄형 관계망 속에 있기 때문에 오랫동안 함께 지내온 사람들과의 연대를 중요하게 여긴다는 것이다. 그리고 개방형과 폐쇄형은 표준어와 사투리의 사용을 특징으로 하는데, 즉 폐쇄형의 관계망 속에 있는 남성은 혈연, 지연에 얽힌 그들의 관계를 강화하기 위해 사투리를 적절히, 전략적으로 구사하고 있고, 여성은 쉽게 그리고 수다스럽게 이야기를 하고 있지만 모래알처럼 흩어질 수 있는 관계이기 때문에 표준어로 자신을 치장하여 대화를 나누고 있다고 한다. 신분상승이론, 보상이론, 사회망 이론 등등 학자들마다 외피는 다소 다를지라도 속은 동일하게 여성의 사회참여율이 떨어진 만큼 표준발음법을 지키는 분포는 점점 더 높게 나타날 것이라는 해석으로 모아지고 있다.

아직까지 여성은 신분상승의식과 교양과시를 위해 표준어를 지향하는 개신성을 띠고 남성은 지역사회에서 유대감을 증진시키기 위해 방언형을 지향하여 보수성을 띤다는 견해가 지배적이긴 하다. 그러나 여성의 사회적 지위가 상승하고 공직사회로 진출한 여성의 수가 늘어나고 있는 현실에서, 그리고 사회인이 되어서 만나는 남녀 모두는 표준발음법 지향성에서 동일한 모습을 보이고 있는 지표 상으로는 표준발음지향성을 여성들만의 문제로 처리하는 것은 어려울 것 같다. 더군다나 여성이 그들의 사회적 지위를 보상받기 위해 표준어를 의도적으로 구사하고 있다는 주장은 시골로 방언이나 구술담화 채록을 떠난 학생들이 할머니를 모니터 대상으로 삼은 경우가 더 많음을 염두에 두면 단언적으로 말할 수만도 없는 문제이다.

이 문제는 방언을 쓰는 남녀 화자를 대상으로 방언에 대한 호감도, 표준발음에 대한 호감도를 조사하고 실제 구어담화자료를 토대로 표준발음법에 입각한 발음을 누가 더 잘 지키고 있는지를 정밀하게 연구해야지만 판단을 내릴 수 있을 것이다. 그때까지는 여성들이 표준발음법에 따라 발음하는 비율이 높다는 현상에 성차적 특징을 덧붙여 해석하려는 시도는 견강부회적인 태도라 비판받을 수 있는 여지가 많음을 염두에 둘 필요가 있다.

의사소통적 기능과 비단정발화

여성들에게 호의적이지 않은 이러한 해석은 여성의 비단정발화를 둘러싼 논의에서도 동일하게 나타난다. 비단정발화는 화자가 발화 상황에 있어서 단정적인 어투로 말하지 않고 우회적으로, 간접적으로 말하는 것을 이른다. 이를 테면 '−더라구요', '거 같아요', '−는 모양이에요' 등으로 구사되며, 자신이 말하고자 하는 내용을 직접적으로 전달하기보다 돌려 표현한다. 이러한 화법은 발화현장에서 청자와의 마찰을 피하려는 의도를 담고 있다. 임지룡·배문경(2003)은 여성은 남성에 비해 직접화법보다 간접화법을 통해 공손함을 나타내며, 단정 짓지 않고 망설이는 어투를 사용함으로써 청자에게 판단을 유보하려는 경향이 있다고 해석하였다. 그러나 이는 청자의 판단에 의해 자신의 의견을 바꿀 수 있는 가능성을 열어둠으로써 자신을 낮추고 상대를 존중하려는 의미를 내포하는 표현이라는 해석도 가능하다.

아래 예는 라디오 〈여성시대〉의 한 부분을 전사한 것이다.

길일은, 길일인가 보네요. 결혼식이 많다구요? 그런데, 몰려있으면, 아무래도 준비하는 분들은 힘드시겠네요, 예식장 예약하기, 워낙 힘들 거고, 사진 찍기, 신혼여행 가는 거, 이거, 챙길게, 하나둘이 아닌데, 다

몰려있을 거 아니에요?(중략) 그래도 요즘은 많이 간소화해지긴 했<u>다
더라구요</u>. 이전에는 혼수 때문에 말이 많았잖아요? 〈여성시대〉

　여기서 밑줄로 표시한 '~ㄴ가 보다', '-겠네요', '~다더라구요'는 비
단정발화이다. '오늘이 결혼식이 많은 길일이다'는 내용은 우리의 관
습상 충분히 통용가능한 말이며, '결혼식이 많으면 준비하는 사람들이
힘들다'는 내용 역시 결혼식을 거쳐본 화자로서는 당연하게 나올 수
있는 발언이다. 그런데도 화자는 이를 확실하게 모르겠다는 태도를
취하여 추측의 '-ㄴ가 보다' '-겠'을 사용하고 있다.

　화자가 알고 있는 내용인데도 불구하고 확실하게 모르겠다는 태도
를 취한 경우 이에는 화자의 의도가 깔려있음인데, 이의 해석을 위해
상대방 남성사회자의 멘트를 검토해 보니, '네' '그렇죠'와 같이 적극적
인 화답의 메시지가 이어지고 있음을 볼 수 있다. 두 명의 사회자가
펼치는 팀워크로 승패가 나뉘는 라디오프로그램의 성격상 청자의 적
극적인 응대는 반드시 필요한 것이다. 따라서 추측의 표현은 화·청자
의 상호작용을 이끌어내는 데 효과적인 장치로 사용되었다고 해석할
수 있다. 설령 청자와의 적극적인 상호작용을 이끌어내지 못했다 하
더라도 상대방이 그에 대한 반박을 할 수 있는 여지를 주기 때문에 상
대방과의 충돌을 피하는 부가적인 효과를 누릴 수 있다.

　또한 '했다더라구요'는 간접인용문 '-다고 하더라'의 축약형 '-다
(더)라'의 사용으로 자신의 말이 아니라 다른 이의 말을 옮긴 것이라
고 표현하여, 자신의 직접적인 의견표현을 행하지 않은 효과를 누릴
수 있다. 이는 이전의 경험, 그것도 자기의 체험만을 보고하는 선어말
어미 '-더-'의 사용과 맞물려 두 배의 효과를 갖는다.

(1) 가. 나는 동남아시아는 여름에 가는 게 좋더라구요

　　나. *철수는 동남아시아는 여름에 가는 게 좋더라구요

다른 이도 아니고 자기의 경험에서 우러났다는 말은 객관적이지 않다는 말이며, '보고' 안에는 간접적으로 상황을 전달하는 화자의 표현 책략이 담겨 있어, 결국 '-더'는 '-것 같다'와 동일하게 화자의 단언을 피하는 화용적 기능을 수행하고 있음을 알 수 있다.

지금까지는 자신의 경험이 아니라 남의 이야기하듯 말함으로써 그리고 단지 과거에 그랬다는 것일 뿐 지금은 아닐 수도 있음을 전제하는 표현들을 대상으로, 여성의 판단 유보, 소극적인 태도를 찾아내었지만, 이 역시 청자의 적극적인 응대 '네. 이전과는 정말 많이 달라졌죠.'를 이끌어내는 것을 보면, 달리 해석할 여지를 가진다. 즉, 앞서 추측의 표현들이 갖는 부가적인 효과, 화·청자의 상호작용을 이끌어내는 효과적인 장치로 사용되었다고 볼 수 있는 것이다. 물론 자신의 의견이 아니기 때문에 그리고 객관적으로 입증된 바도 아니기 때문에 청자의 부담 없는 반박까지 이끌어낼 수 있는 효과가 있어서, 화자로서는 청자를 배려한 의사소통행위를 이어나갈 수 있는 부가적인 효과도 누릴 수 있다.

언어는 정확하게 자신의 의사를 전달하는 것이 목적이지만, 상대방과의 효과적인 의사소통으로 자신의 의사를 좀 더 원활하게 전달하는 부차적인 기능을 가지고 있다. 이러한 면에서 보면, 비단정발화를 선호하는 여성들의 특징은 상대방과의 원활한 의사소통과정을 대화에서 중요하게 생각하는 여성들의 의사소통전략을 보이는 것이며, 따라서 여성의 애매한 표현, 여성의 자신 없음으로 귀결되는 주장은 재고의 여지가 많다고 하겠다.

3) 상승 억양과 의문문의 잦은 사용

레이코프(1973)는 여성들은 어떻게 말을 하는가의 문제를 다루면서 어휘적 차원(예. 공손한 표현), 통사적 차원(예. 부가의문문) 그리고 초분절적 차원(예. 질문할 때의 의문문과 유사한 서술문의 상승 억양)을 여성과 남성의 언어사용의 차이로 기술하였다. 이는 맥밀런, 클리프턴, 맥르래스, 게일(1977)에서도 이어져 여성이 불확실성을 함의하고 있는 통사적 범주를 더 많이 사용한다고 설명하고 상승 억양 역시 청자의 주의를 끌기 위해 사용하는 장치로 들었다.

그렇다면 여성은 왜 이런 통사적 장치를 사용할까? 예측하다시피 레이코프는 단언의 평서문을 쓰지 못하고 추측의 표현을 자주 사용하는 행태나 부가의문문문을 자주 사용하는 것은 청자의 확인이나 동의를 구하는 행위이므로, 매사에 자신의 말을 남에게 확인받아야 하는, 평소 자신 없어 하는 여성의 모습을 드러내는 것이라고 설명한다. 또한 명령문 대신 의문문을 사용하는 행위나 상승 억양의 표현 역시 여성이 자신의 결정을 유보하는 태도로 해석한다.

물론 이 해석이 모든 이에게 받아들여지는 것은 아니며, 따라서 본고 역시 이를 옳은 것이라고 말하는 것은 아니다. 단지 여성이 남성보다, 청소년이 어른보다, 노동자 계층 사람들이 중류층 계층 사람들보다 상승 억양을 더 많이 사용하는 점을 들어, 상승조 억양은 "그 의미에 상관없이 서구문화에서는 무력함에 대한 표현"(포웰스1987:12)으로 받아들여지는 현실이 존재하고 있음을 지적할 뿐이다.

여성의 상승 억양 지향성

공중파 방송에 이어 케이블 TV 그리고 이제 대학 강단까지 종횡무진 왕성한 활동을 이어가고 있는 요리사 이혜정씨의 설명에서 한 대목을 뽑아 전사하였다. '주말 쪽으로 가면 조금 피곤하다\'와 같이 무미건조하게 전달하는 평탄조보다는 끝이 살짝 올라가는 상승 억양이 귀를 자극한다.

네↗
이제 주말 쪽으로 가면↗
조금 피곤해지잖아요↗
그래서↗
오징어 넣은 김치국밥, 오늘 거기다가↗
대파 없은↗
갈비구이 해서↗
오늘 맛있게 먹자구요. ↘

만약 이와 같은 특징이 여성에게서 많이 나타난다면, 상승 억양을 여성어의 특징으로 정리할 수도 있을 것이다. 그리고 다수의 학자들이 지적한 대로 단언, 확신의 평서문을 써야 할 상황에서 상승 억양을 사용함으로써 스스로 자신감 없는 존재임을 드러내는 것으로 해석할 수 있다. 그래서 듣고 있는 청자는 여성의 말이 사실인지를 확인해야 할 필요성을 느껴 동의나 반응이 유도되는 부가적 효과를 누릴 수 있다고 말이다.

그러나 방송에서 개인의 인터뷰 내용을 들어보면, 성차에 구애 없이 상승조의 운율은 자연스럽게 배어나온다. 아래는 보통사람들의 사연이 자연스럽게 흘러나오는 〈여성시대〉에서 남성 청취자의 인터뷰 내용을 전사한 것으로, 한 억양단위로 끊어 읽을 때마다 마디 끝에서 상승 억양이 거의 대부분 나타난다.

> 반갑구요↗
>
> (벼를)가공하거든요↗
>
> 아버님이 하시다가↗
>
> 내가 하는데↘
>
> 나이 드시는 분들이 못하니까↗
>
> 젊은 사람이 그래도 좀 나을 것 같아서↘
>
> 정미소가 재미도 있구↗
>
> 돈도 되고 그래가지고↗

그렇다면 평서문과 접속문에서 상승 억양이 나타난다는 것을 여성어의 특징으로 말하기에는 무리가 있어 보인다.

그렇다고 민현식(1995:32)에서 말한 것처럼 신세대의 언행에서 남녀 차이가 무너지는 남녀평등 문화의 추세 때문이라거나 남성이 여성의 애교 어린 공손 억양을 대화전략상 유용하다고 채택한 것으로 보기에도 여전히 난제는 남는다. 남녀 차별이 아직 남아있는 우리의 현실에서 여성이 쓰는 표현을 남성이 사용하는 것이 남녀평등의 실현이라고 보는 데에는 논리적 비약이 보이며, 여성의 애교 어린 공손태도가 상승 억양에 담겨있는지는 객관적으로 검증이 덜 되었기 때문이다.

오히려 상승 억양보다는 상승 억양을 필수적으로 요구하는 문장종결법 어미, 즉 의문문의 사용 쪽에 초점을 맞추는 것이 더 나을 것이다. 이혜정씨의 말에서 보인 대로 평서문 대신 사용된 의문문 '이제 주말 쪽으로 가면 조금 피곤해지잖아요?'와 같은 예 말이다. 여성의 우세한 의문문 사용 현황은 외국의 연구결과에서도 누차 지적되어 왔다. 코우츠(1993)는 125시간의 녹음을 전사한 뒤 370개의 의문문을 찾아냈는데 그 중에서 70%(263개)를 여성이 차지하고 있음을 보고했고, 브라우어(1979)은 암스테르담 중앙 역 매표소에서 표를 구입하러 온 사람들의 대화를 채록, 분석한 결과 여성이 매표원에게 더 많은 질문을 던졌음을 지적하였다.

그러나 현재 우리가 사용하는 의문문이란 용어에는 정도의 차이를 가진 다양한 문장유형이 포함되어 있음을 먼저 이해해야 한다. 즉, 남성의 의문문은 '우리 받은 거 이야기할까요?'와 같이 상대방의 응답이 필수적인 예가 많은 데 비해, 여성이 사용한 의문문은 '본격적인 더위가 이제 시작되었다구요?' '눈길에 미끄러진 고속버스 때문에 길이 많이 막혔다고 그러죠?' '사실 그건 좀 아닌 것 같아요?'와 같이 겉으로만 의문문의 형식을 띠었을 뿐 의미상으로는 의문문이 아닌 예가 다수 포함돼 있다.

여성에게 잦은 의문문의 사용

이러한 시각은 문장의 형식면인 구조를 위주로 바라보던 형태, 통사론적 접근법 외에 의미론적 접근법을 택하였을 때 더 분명하게 나타난다. 문장 유형에 대한 이러한 새로운 접근법은 박영순(2001)에서 문장의미론으로 범주화하고, 기존의 논의와 차별화되는 지점을 이해시킴으로써 지지를 받았다.

그동안 한국어의 문장 유형은 일반적으로 평서문, 의문문, 명령문,

청유문, 감탄문 이렇게 크게 5가지로 이야기되었다. 물론 견해차에 따라 감탄문이 빠진 4가지 유형으로 정리되기도 하고, 약속문, 허락문까지 넣어 6가지로 정리되기도 한다. 넣고 빼고 하는 시각의 차이를 보기 위해 몇 가지 예를 들었다.

> (1) 가. 내가 어머니를 모시고 가마.
>
> 나. (*네가/그녀가) 어머니를 모시고 가마.
>
> 다. 내가 (있으마/ 가마)
>
> 라. *내가 착하마

종결어미 '-(으)마'로 표현된 약속문의 예시들로, 주어는 1인칭만 허용되며, 일부 서술어는 제약을 받는다. 종결어미 '-(으)마' 이외에 '-게' '-지'가 포함되며, 따라서 이들에게만 존재하는 형태, 통사론적 조건을 앞세워 약속문을 독립적인 문장유형으로 설정할 수 있다. 그러나 아래와 같이 의미상으로는 약속이 분명한 경우인데, 평서문의 종결어미 '-다'로 표현된 문장은 약속문으로 넣어야 할지, 평서문으로 넣어야 할지 고민이 된다.

> (2) 가. 걱정마세요. 제가 꼭 갑니다
>
> 나. 우리 아이가 합격하면 한 턱 내지

약속문은 청자에게 우호적인 사건을 미래에 수행하기로 말하는 문장유형으로, 위의 예시는 이에 해당한다. 따라서 의미상으로는 약속문의 범주에 넣어야 할 것으로 판단되나, 종결어미 '-다'의 존재가 문젯거리이다. 형태상으로 종결어미 '-다'는 평서형 어미이기 때문이다.

이런 식으로 의미를 기준으로 살펴보면, 기존의 문장유형의 분류기준인 형태, 통사론적 조건이라는 것이 애매모호한 상태에 도달하게 된다. 아래에서처럼 평서형 어미 '–다'로 표현된 문장을 모두 평서형이라 분류할 수 없는 경우처럼 말이다.

> (3)　　가. 우리나라는 분단국가이다
>
> 　　　　나. 철수가 대학에 합격했다
>
> 　　　　다. 나는 내가 안 갔으면 좋겠다
>
> 　　　　라. 나는 내일 너와 함께 콘서트에 가고 싶다
>
> 　　　　마. 네가 그토록 돈을 아껴썼다니 놀랍다

평서문은 화자가 어떤 사실을 진술하는 내용으로 진술 내용의 사실 여부를 가릴 수 있는 특징을 가진다. 그러나 위에서 (가, 나)를 제외한 나머지 예시는 사태진술이라는 평서문의 대표적 의미를 수행하는 것이 아니라 명령이나 청유 혹은 감탄의 의미까지 다양한 의미기능을 수반하고 있다.

이러한 상황을 고려해 볼 때 형태, 통사론적인 측면에서만 언어현상을 바라본다면, 다양한 의미실현을 간과하여 실제 언어현상을 제대로 반영하지 못할 가능성이 크다. 따라서 하나의 문장이 지니는 의미기능을 종합적으로 고려하여 각 문장 유형을 정의내리고, 외형상 동일한 종결어미로 보이지만 그들의 의미기능이 서로 다름을 구별해 낸 문장의미론적 접근방법은 시사하는 바가 크다.

의사소통적 기능과 의사의문문

의문문은 말하는 사람이 듣는 사람에게 질문하여 그 대답을 얻기 위한 문장으로, 의문형 종결 어미로 문장을 끝맺으며 물음표를 찍는 문장을 이른다. 말하는 이가 듣는 이에게 대답을 얻어야 한다는 말은 말하는 이는 어떤 사물이나 상황에 대하여 아직 모르거나 알아도 미진한 상태에서 이를 듣는 이를 통해 해결하려는 의도를 가짐을 의미한다.(박영순 2001:82)

그런데 의문형 종결어미와 의문부호가 붙는다고 해서 모두 듣는 사람에게 대답을 얻기 위해 질문을 던지는 것은 아니다. 다음은 학생들의 토론담화에서 옮겨온 예문들이다.

(1)　가. 연예인이라는 직업 자체가 어느 정도 자신-, 자기 자신을
　　　　　상품화하는 것을 목적으로, 하는 직업이 아닌가요?

　　　나. 어제 비가 참 많이 왔었어요? 그쵸?

　　　다. 제가, 잠깐만, 창문을 좀 닫아 주실래요? 예, 고맙습니다. 이
　　　　　제 좀 조용하네요.

　　　라. 왜 여배우의 노출, 이거에만 열광하는가? 이것은, 사회의
　　　　　분위기와 관련이 되어 있습니다

이들 중에서 의문문의 형식에 맞추어 발화된 것은 가)이다. 이는 연예인의 직업에 대한 자신의 견해가 맞는지 틀린지를 청자에게 대답해주길 원하는 문장이다. 따라서 이를 들은 사회자는 '네, 그렇죠'와 같이 언어적 응답을 해주었다.

나)는 화자의 질문에 청자의 '네'라는 답이 이어지긴 했지만 어제 비

가 많이 왔다는 사실은 화자와 청자 모두 알고 있는 내용이므로 화자의 미지(未知), 미진(未盡)한 상태라는 의문문의 조건에서는 다소 벗어난 문장이다. 소위 부가의문문의 형태를 가진 문장들이 공히 갖는 특징으로, 어제 비가 많이 왔다는 평서형의 문장을 형식만 의문형으로 표현한 것일 뿐이다.

다)는 요청의문문이다. 따라서 이를 들은 사람은 "네"라는 대답을 해도 좋고 안 해도 좋지만 창문을 닫아야 화자가 원하는 말에 대한 응답이 될 것이다. 따라서 의문성은 떨어지고 부탁의 의미나 기능이 더 크므로 의문문의 조건에 충족된 문장은 아니다.

라) 문장은 자문자답의 형식으로 의문성이 가장 많이 떨어지는 문장이다. 청자가 언어적으로 응답해야 할 필요성이 전혀 없다. 화자의 미지, 미진성이나 청자를 통한 해결 의도성도 보이지 않은 문장이다.

결국 이들 모두는 의문형 종결어미와 의문부호를 사용하고 있지만, 가)를 제외하고는 의문문의 조건에서 점점 더 멀어지고 있는 문장이라 할 수 있다.[2]

그렇다면 화자의 미진함을 청자를 통해 해결하려는 의문문의 전형적인 예시에서 벗어난 나), 다), 라)가 가진 의미기능은 무엇일까? 부가의문문은 평서문으로 표현해도 되는 것을 의문문으로 표현하여 메시지를 강조하는 효과가 있다. 거기다 청자가 '네'라고 대답을 했다는 데에서 알 수 있듯이, 화자의 강조점에 청자의 공감이 더해지게 되어,

---

2 박영순(2001)의 분류에 따르면 이들 각각은 질문 의문문, 요청 의문문, 수사 의문문으로 나눌 수 있으며, 의문성의 성립조건에 따르면 의문성의 정도 7을 충족시킨 질문 의문문만이 의문문에 해당하며, 요청의문문과 수사의문문은 의문문의 정도 5와 3을 충족시켜 의사의문문에 해당하였다. 의문문만이 아니라 한국어 문장의 유형이 성립하기 위한 기본조건에 대한 설명은 박영순(2001), 『한국어문장미론』, 박이정, p. 67~117. 참조.

결국 화자의 진술에 대한 청자의 개입을 유도하게 되어 쌍방향적인 발화 공감을 이끌어내는 데 기여할 수 있다. 이는 의문문의 형식을 가져와 자신의 메시지를 강조하거나 청자와의 상호공감을 이끌어내는 전략적 장치로 볼 수 있는데, 이러한 對청자적 기능은 청자의 관심을 모은다는 의미에서 다), 라)에서도 찾을 수 있다.

이러한 해석의 가능성은 실제 라디오 프로그램에서 남성과 구별되게 여성사회자가 자주 사용한다고 보고된, 외형상 의문형으로 분류될 수 있는 예시들에게도 동일하게 적용된다.

(2) 양: 네 소비자 입장에서 보면 선택의 폭이 넓어졌다고 할 수도 있지만, 아 둥이 시린데 배 뜨듯하다해서 우리가 행복할 수 있겠습니까? 등과 배가 한 몸 아닙니까? 자꾸 빛나는 쪽만 보라고 하지만 그림자도 우리 몸의 일부라는 것은 꼭 기억해 두어야 되겠습니다.
강: 네 그래서 지금 어제 찬반 양측의 시위가 있었죠. 한쪽에서는 한미 FTA를 즉각 폐기해야한다는 소리로 높였고요,

〈여성시대〉

(3) 최: 오늘 뭐 팔랑 귀 얘기를 했는데요, 귀가 얇다는 게 인정이 많기도 해요. 그 사람한테 빠지는 거죠. 단호하고 그런 성격을 가진 분들은 별로 없어요. 인정이 많고 사람 좋아하고 이런 분들이 귀가 얇다는 얘기를 많이 듣지요. 그렇죠? 그런 얘기 들잖아요?

〈지금은 라디오시대〉

이 예문에서 의문문으로 표현한 예들은 청자의 응답을 요구하는 의문문이 아니다. 이는 마지막에 나오는 '들잖아요'의 '잖'을 사용한 것에서도 알 수 있다.

[확인]의 '-잖'은 '-지 않-'의 축약형이지만 종결부에서 서법의 선어말어미들과 비슷한 성격을 보여 문법화한 어미로 바라보는 예로, 주로 화자가 청자가 이미 알고 있다고 생각함을 전제로 하고 말을 꺼냄이 특징이다.

> (4) 갑: 너 이제 선생님에게 죽었다
>
>   을: 왜?
>
>   갑: 너 대리출석한 거 (들통났어/들통났잖아)

동일한 상황에 과거시제 선어말어미인 '-었-'으로 표현하기도 하지만 '-잖-'을 넣어서 표현하기도 한다. 그러나 전자는 사태를 진술, 보고할 뿐이지만 후자는 화자의 심리적 태도가 반영되어 있다. 즉 '-잖-'이 쓰이면 화자가 청자 역시 알고 있다고 생각하고 말을 꺼내는 상황으로 바뀌기 때문이다. '-잖-'의 청자가 알고 있다고 여김을 전제로 하는 것은 다음과 같이 선, 후행절 제약에서 확연히 드러난다. (손세모돌 1999: 228)

> (5) 가. 이거 비밀인데, 그거 돌이가 망가뜨린 거 (아니야/ *아니잖아)
>
>   나. (너도 알다시피/ ?너는 모르겠지만) 그래야만 너를 찾아올
>   수 있잖니
>
>   다. 누가 먹은 줄 몰라서 그러는데, 돌이가 (먹었지 않니/?먹었
>   잖니)?

'-잖-'이 '이거 비밀인데'의 의미와 충돌하는 것이나 청자가 알고 있음을 전제로 하는 부사절과만 호응하는 것을 통해 [확인]의 의미기

능을 가지고 있음을 알 수 있다.

결국, 여성이 자주 사용하는 의문문이란 상대방에게 궁금하여 무언가를 물어보는 의문문이 아니라, 전체적인 맥락과 화자의 어조에 비추어 생각해 볼 때 화자의 발화내용에 대해 상대방의 동조를 이끌어내기 위한 장치이다. 이는 자신의 의견을 강하게 확정적으로 진술하면 청자가 다른 대답을 할 수 있는 기회를 박탈해 버리기 때문에, 청자에게 질문하듯이 접근하여 청자의 동의를 이끌어내는 것이 더 효과적이라고 판단한 화자가 전략적으로 사용한 것이다.

이러한 시각은 앞에서 말한 여성의 비단정발화나 상승 억양 등 여성의 자신없음을 나타내는 특징들을 대화를 유연하게 이끌어나가기 위한 통사적 장치로 해석한 것과 일맥상통하는 바이다. 즉 여성의 의문문 사용 예문에서 전형적인 의문문이 아닌 예들을 분리해 내고, 이들 의사의문문을 통해 화자가 이루려고 하던 바가 무엇인지를 살피게 되면, 여성의 의문문 사용이 자신의 의사를 확실하게 표현하지 못하는 여성의 성품에서 온 것이 아니라 담화상에서 다양한 효과를 누리려는 여성화자의 담화책략에서 비롯된 것이라 정리할 수 있게 된다.

4) 소결

여성어를 여성의 억압구조와의 관련성 아래에 놓고 해석하려는 논의에서 여성은 부가의문문이나 의문문 등 청자의존적인 불확실한 어법을 자주 사용하여 신념이 없는 인간으로 비치는 결과를 초래하였다고 한다. 그러나 여성의 의문문 사용빈도가 높은 것은 맞지만, 사용의도를 분석한 결과에 따르면 의문문의 사용양상에서 정신적으로 불완전한 여성의 방어적 태도를 읽는 것은 다소 무리가 있었다. 오히려 서로의 효과적인 의사소통을 이끌어내기 위해 여성이 선택한 담화전략의 일환으로 해석할 여지가 많았다. 이는 사적 대화에서 성별에 따른 의문형 발화를 분석한 결과, 남자가 더 부가의문문을 자주 사용한다거나 남녀의 부가의문문 사용빈도가 비슷하다는 분석을 내놓은 논문에 힘입은 바이기도 하다. 더구나 예전처럼 비단정발화의 빈도에서의 성별차가 그다지 크지 않다는 점 등을 고려하면, 기존의 여성어의 특징으로 지적하였던 사항은 여성어가 아니라 의사소통과정에서 또 다른 기능으로 생각할 수 있는 여지를 남긴다. 또한 여성어의 일환으로 사용되었던 것의 효과가 입증되어 현재 남녀의 효과적인 의사소통의 방법으로 자리 잡아 가고 있다는 설명도 가능하다.

기타 여성어의 특징으로 지적된 사항들도 대화의 운용과정상에 전략적으로 도입된 것으로 해석할 여지는 많다. 한 가지 예로, 여성 특유의 종결어법으로 해요체의 '요'를 자주 사용하는 현상을 들 수 있다. 해요체는 경어법의 종결어미가 사용된 경우이다. 우리말의 높임체계는 문장의 주어를 높이는 주체경어법, 목적어를 높이는 객체경어법, 청자를 높이는 상대경어법과 같이 3체계를 이루고 있다. 주체경어법은 높임의 '-시-'와 '-께서'로 한정되며, 객체경어법은 현재 그 세력이 위축되어서 몇몇 서술어로 남아 있기에 사실상 높임법의 연구는 상대경어법 6등급 체계를 이해하는 데에 모아져 있다. 특히 상대경어법은 청자를 대상으로 하는 경어법이기 때문에 대화의 상대자와 나의 역학관계를 고려하여 신중히 사용해야 할 필요가 있기 때문이기도 하다.

상대경어법은 '했습니다, 했어요, 했소, 했네, 했어, 했다'와 같이 어미의 활용으로 이루어지는데, 여성어와 남성어의 뚜렷한 형태적 특징을 보이지는 않는다.[3] 단지 여성이 합쇼체와 해라체를 사용한 용례는 많이 나타나지 않고 대신 해요체와 해체를 쓴 경우가 많다는 점이 특징적이다. 서정수(2004:39-40)에 따르면 합쇼체, 하오체, 하게체, 해라체는 격식체로 그리고 해요체, 해체는 비격식체로 분류된다. 여기서 격식체란 공적인 자리, 상하관계를 분명히 해야 할 자리, 잘 모르거나 그리 친하지 않은 사이 등을 이르며, 비격식체란 사적인 자리, 대등한 관계가 위주 되는 자리, 서로 친하고 허물없는 사이 등을 말한다. 따라서 기존의 연구결과는 여성이 해요체를 자주 사용하는 것을 일상생활에서 남성보다 공적이고 격식을 차린 경우를 접한 경우가 적기 때문으로 해석하고 있다.

그러나 실제 드라마 속에서의 경어법 사용실태를 조사한 결과(박석진, 2012)에 따르면, 여성도 합쇼체를 사용하고 남성도 해요체를 사용하고 있는 것으로 드러났다. 합쇼체와 해요체가 성별에 따른 고정적 용법으로 사용되지 않음이 확인된 것이다. 더구나 해요체가 공손어법이나 친근어법으로 쓰였음(민현식 1995:61)을 염두에 두면, 해요체의 사용과 여성의 공적인 사회활동이 다소 미약함을 연결시키는 접근법은 재고의 여지가 있다고 할 수 있다.

페미니즘 언어학자들이 지속적으로 주장해 온 남녀평등한 언어질서는 이처럼 효과적인 여성어의 사용을 부정적인 것으로 해석하는 태도에서 벗어나는 데서부터 시작하여야 한다. 그리고 이러한 주장이 받아들여지면 예전과 달리 남성 사이에서 자주 쓰이는 변화된 화용상의 특징을 눈여겨보는 시선이 늘어날 것이며, 이는 여성과 남성의 평등한 언어질서를 구축하는 데 도움이 될 것이다.

---

3 원래 '-요'체는 중세에 없었던 것으로 근대국어 시기에 출현하여 고소설이나 개화기 자료를 지나 현대에 위력을 떨치는 어말어미로, '-요'체가 여성어의 표지로 정형화된 것은 이능우(1971)에서 신소설 이래 소설 대사 분석을 통해 입증되었다.

2. 여성의 말: 화용

여성어의 특징으로 지목되고 부정적으로 해석되어 왔던 상승 억양이나 의문문의 잦은 사용이 대화 참여자를 배려한 전략임을 앞 절에서 지적한 바 있다. 이는 여성이 사물 자체보다 사람, 느낌을 소재로 이야기하며 참여자들의 공동 기여로 서서히 보강, 발전되는 협동적 대화를 이끌어가고 있다는 것과 연결되어 있다. 협동적 대화란 남성들이 서로의 말을 무시하거나 일치하려 하지 않지만 여성은 서로를 세우고 인정하는 경향이 강하다는 격, 남성이 운동, 성, 정치 등을 주제로 힘에 근거한 대화를 추구하지만, 여성은 육아, 병, 가사, 장부기 등을 주제로 유대감에 근거한 대화를 추구하는 것을 말한다.[4]

---

[4] Coates(1993:157-163)에 정리된 바에 따르면, 소년, 소녀의 언어양상에서도 이러한 면이 나타나는데, 소년은 행위 그 자체에 중점을 두며 놀지만 소녀들은 말에 중점을 두며 논다고 한다. 즉, 소녀는 말을 통해 친밀감을 유지하거나 맺는 일, 수용할 수 있는 방식으로 남을 비판하는 일, 다른 소녀의 말을 정확히 해석하는 일을 배우게 되고 소년은 지배적 위치에 서는 일, 청중의 이목을 끌고 유지하는 일, 자기

　이러한 여성의 협동적 대화방식과 남성의 경쟁적인 대화방식은 여타의 특징에서도 동일하게 지적된다. 즉 남성은 소리치기, 상대의 이름 부르기, 협박, 모욕 등을 자주 사용하지만 여성은 공격적인 어법을 피하고 갈등은 직접적인 표현보다는 간접적 완곡표현으로 전달하려 하며, 따라서 남성은 동시발화를 통해 상대의 말을 가로채는 공격적인 말가로채기를 자주 하는 데 비하여 여성은 격려의 맞장구 차원에서 동시발화를 자주 사용하거나, 아니면 '그래, 맞아, 정말 참' 등의 맞장구치기의 표현을 자주 쓴다. 이처럼 여성은 상호교감의 반응이나 상대 화자를 지원하는 동기로 다양한 부사, 감탄사를 사용하게 된다. 이제 이러한 표현이 실제 대화에서 어떤 효과를 가지는지를 살펴보려고 한다. 그리고 여성과 남성이 동일한 상황 아래에서 어떤 대화전략을 구사하는지를 살펴, 성차가 화용전략에 반영되어 있는지를 함께 논하려 한다.

1) 대중매체 속의 담화표지

　맞선을 보러나간 여성과 남성을 대상으로 맞선에서 상대방에게 반하면 어떻게 감정을 표현하는지를 물었을 때, 여성은 남성의 말에 적극적으로, 그리고 자주 맞장구를 쳐서 자신의 호감을 표현했다는 조사결과가 나왔다. 민현식(1995:53)에서 사건보다는 상황에 대한 자신의 느낌을 소재로 이야기를 꺼내며, 이런 태도가 참여자들을 대화에 끌어들여 협동적 대화 과정으로 이어지는 것을 여성어의 특징으로 정

　주장을 하는 것을 배운다고 한다. 여성의 협동적 대화와 남성의 경쟁적 대화의 차이를 느낄 수 있는 조사결과이다.

의한 바 있는데, 이러한 결과 역시 이에 해당한다. 여성이 서로의 유대감에 근거한 대화, 상호관계적 대화방식, 문제해결적 대화방식을 유지하기 때문에 맞장구치기가 남성보다 여성에게 더 선호된다면, 여성은 서로의 유대감을 증진시키기 위한 특별한 장치를 필요로 하게 되는데, 이런 경우 '예, 그래, 정말, 진짜'와 같은 다양한 표현이 개입이 된다.

이들은 사전적 의미로는 한 카테고리에 묶일 수 있는 것이 아니다. '예'는 앞선 말에 긍정하여 대답할 때 하는 감탄사, '그래'는 해라할 자리에 쓰여, 긍정하는 뜻으로 대답할 때 하는 감탄사, '정말, 진짜'는 거짓이나 꾸밈이 없는 것을 이르는 명사를 기본의미로 한다. 그러나 실제 대화에서, 특히 여성의 감정을 적극적으로 표현하는 대화에서의 쓰임은 이보다 훨씬 담화문맥적이다.

> A: 우리 대학교 때 OOO 기억나?
> B: [응]
> C: [어]
> A: 그 녀석 하던 사업 접었대
> C: [그래↗]
> B: [정말↗ 왜↗ 하필 이런 때
> A: 몰라↗↘ 나도 잘 모르겠어
>   그동안 빚도 많았잖아
> C: [그래]
> B: [진짜↗]
> A: 그게 문제가 된 것 같애
> C: [숨 내쉬는 소리] 어떻게 하냐 이제

> A: 뭘 어떻게 해 이제 막아야지
> B: [그래]
> C: [그렇지] 그게 외에는 뭐

오랫동안 모르고 있던 대학친구의 소식을 전하는 장면에서 B와 C는 놀랍고 충격적인 사실에 자신의 감정을 다양한 표현으로 전달한다. 어떤 일을 심각하게 여기고 있음을 알리는 '진짜'나 상대방의 말을 듣고 있음을 표현하는 '응, 어', 그리고 상대의 말에 가벼운 놀라움을 표현하는 '그래', 마지막으로 A가 제시한 방책에 적극적으로 호응하는 '그래'까지 다양한 표현이 추임새 역할을 해주고 있다. 이러한 표현은 사전에 첫 번째로 기술된 기본적 의미가 아니라 또 다른 의미나 심지어 새로운 품사로 변화한 어휘들로, 다양한 화맥에서 화자의 감정을 표현하는 것이 특징적이다.

이들은 여성들이 대화 파트너에게 자신의 의사를 효과적으로 전달하기 위해 선택한 장치이므로, 원래의 의미기능과는 달리 담화상에서 파생적으로 생겨난 또 다른 의미를 규정해야 할 필요가 있다. 실제로 이러한 가정 하에 담화분석 쪽 입장에서는 이들을 담화표지로 분류하고, 그들이 가진 담화 기능을 집중 연구하고 있다. 이는 원래의 통사, 의미상의 특징과는 다른 모습으로 바뀌어 가는 어휘들을 묶어 처리하기에 새로운 개념어의 등장이 적절하기 때문이기도 하다. 본고 역시 이를 받아들여 명제에는 관여하지 않으면서 화자의 느낌이나 생각을 부차적으로 전달해주는 언어형식들을 담화표지라고 정의내리고, 남녀의 성차가 이에서 발견되는지를 살펴보려고 한다.

대화에 사용된 다양한 담화표지

기존의 연구결과는 대부분 여성이 소극적인 태도를 보이고 남성은 외향적이고 적극적인 태도로 담화에 참여한다는 해석을 내리고 있는데, 담화표지의 사용양상 역시 이와 맞물려 있다. 즉 여성이 '어머나, 어, 응, 정말' 등의 감탄사, 부사를 많이 사용하는 이유를 여성성으로 인식되는 상대에 대한 호응이나 소극적 태도(김선희 1991, 민현식 1995)에서 찾고 있는 것이다. 동일 맥락에서 여성은 남성처럼 끼어들기나 말차례 뺏기를 잘하지 않는다(민현식 1995, 임규홍 2004)는 것 역시 여성의 소극적 태도로 정리되었다.

여성의 적극적이지 못하고 능동적이지 못한 태도는 앞서 든 여성어의 특징에 언급되어 있다. 여성의 잦은 의문문 사용은 이를 보여주는 논거가 되기도 한다. 그러나 앞서 보았듯이 이는 원활한 의사소통을 위한 장치들 중 하나가 될 수 있으며, 따라서 의문성 담화표지가 여성에게서 더 많이 사용되고 있다는 조사결과(임규홍 2004, 민현식 1995) 역시도 이런 맥락에서 생각해 볼 수 있다. 즉, 간접적이고 완곡한 표현을 사용하여 상대방에게 자신의 말을 부담 없이 받아들이게 하는 효과와, 더불어 상대방을 대화에 계속 끌어들여서 대화친화를 위한 반응을 유도하려는 화용적 기능에서 그 원인을 찾고 있다.

또한 말을 고를 시간을 벌 목적으로 많이 사용하는 지시어 '이/그/저' 역시 남성에 비해 여성이 '이'를 더 많이 사용한다고 보고되었다. 임규홍(2004:104)에서 지적하였듯이 [근칭]의 '이'의 의미에 기대보건대, 말하는 사람 자신을 중심으로 자신과 가까이 있는 대상을 염두에 두는 것, 즉 여성의 내성적이고 자기중심적인 성향을 보이는 것으로 해석할 수도 있을 것이다.

그러나 이 논문 말미에서도 지적하였듯이 연구대상별로 분포가 달라질 수 있음은 무시할 수 없는 사실이다. 다른 언어자료를 연구대상으로 하면 앞의 연구결과는 또 다른 결론을 도출해낼 수도 있다. 이러한 추측이 현실이 될 수 있음은, 임규홍(2004)에서 남학생이 여학생보다 담화표지를 좀 더 많이 사용한다는 결과를 내놓고 여성이 담화표지를 적게 사용하는 것은 유창한 발화능력을 가지고 있기 때문이라는 해석을 내린 것을 예로 들 수 있다.

대학생을 중심으로 남녀 간의 대화를 녹음 전사한 결과에서는 여성이 훨씬 더 많은 담화표지를 사용하고 있었으며, 유창성 역시 뒤떨어지지 않았다. 아래는 남녀 대학생의 담화표지 사용실태를 알아보기 위하여 전화 녹음한 자료의 일부를 발췌한 것이다.[5]

조사자: 조원이 6명이나 있는데, 다들 연락이 안 되서 나랑 친구 2명이서 팀플 준비하고 있어. 여 : **어? 진짜? 헐**... 2명이서 다 하는 게 가능해? 조 : 잘 모르겠어. 일단 해봐야지. 다들 진짜 너무 한 것 같아. 쪽지도 보내보고, 연락도 다 해봤는데, 전부 씹고.. 여 : 뭐? **좀 너무** 한다. 야, 다들 뭐야. **진짜** 미쳤다. 아예 안 하겠다는 거잖아, 지금. 조 : 그러니까. 너도 이런 적 있었어? 여 : **아니, 뭐**, 열심히 안 하는 사람은 있었지만, 너만큼 심한 적은 없었어. 야, 너 **진짜** 어떡해.	조사자(조): 내가 지금 팀플을 하는데, 8명 중에 6명이 연락이 안 돼. 그래서 나랑 친구랑 둘이서 팀플 하고 있어. 남: **헐. 대박**. 개네 뭐냐? 조: 몰라. 계속 쪽지 보내고 메일 보내고 하는데 연락 다 씹고. 나 어떡해? 남: **헐 졸라** 어이없네. 조: 완전 힘 빠져. 둘이서 조사, 정리, 발표를 어떻게 해? PPT에 보고서는 또 언제 다 하고.. 남: 아 그래도 안 할 수는 없으니까 일단 빡세게 하고 교수님한테 얘길 하든지 뭐 그렇게 해. 둘이서 **졸라** 간지나게 하고 둘이서 점수 받아.

조 : 내 말이. 힘들어 죽겠어. 발표가 내일인데, 한 게 없어. 여 : **헐,** 뭐? 발표가 내일이야? 안 할 수도 없고, **진짜** 어떡해. **뭐,** 어떻게 하다가 그런 애들이랑 같이 하게 된 거야? 뭐, 할 거 뭐 있는데?	조: 몰라 망했어. 내일이 발표인데 PPT는커녕 아직 정리도 다 못했어. 남: 내일? **헐 쩐다.**

남성에 비해 여성이 더 말이 많고 사용한 담화표지의 양도 많다. 여성의 대화는 말의 흐름 역시 유연하게 흐르고 있어 담화표지의 사용 양에 따라 유창성을 논하는 것은 무리가 있어 보인다. 또한 감정을 강조하는 부사 '졸라'나 어이없음을 의미하는 '헐'의 사용이 여성과 남성의 언어자료에서 동일하게 나타나는 등 성차가 특정 담화표지의 사용에는 별다른 영향을 미치지 않은 것도 눈에 띈다. 따라서 남녀의 언어사용실태는 계층별, 연령별, 성별 등 다양한 변인을 고려한 연구결과물이 풍부하게 집적될 때까지는 확언을 삼가야 할 필요도 있다.

그러나 '진짜, 정말, 너무' 등 고조된 감정을 표현하는 부사의 사용이 여성의 대화에 많이 나타난 점은 표본대상이 누구였느냐와 상관없이 일반적으로 목격된다. 따라서 성차에 따라 달리 사용하는 담화표지만을 수합하여 이를 목록화하는 작업에 눈을 돌려야 할 필요성이 제기된다. 다음 절에서는 이를 고려하여, 남성과 여성이 사용하는 담화표지의 종류를 가려내고, 대화 내에서 담화표지를 사용하는 여성/남성의 의도를 파악, 비교해 보려 한다.

본고는 이를 위해서 〈놀러와〉와 〈라디오스타〉 두 편을 대상으로 각 2회씩 전사하여 그 안에 실현된 담화표지를 기능별로 묶어 봤다. 이들 두 프로그램은 남녀사회자, 남성 사회자群이 이끌어가고 매회 새로운 초대손님들이 나와서 그들의 이야기를 풀어나가는 장이다. 그러나 〈놀러와〉는 초대손님의 이야기를 주로 듣고 있기 때문에 반응을 보이는 데 치중할 뿐, 이야기의 주도권을 뺏기 위한 노력은 그다지 많이 보이지 않는다. 이에 반해 〈라디오스타〉는 서로 말차례를 잡으려는 4명의 고정패널이 치열하게 입씨름을 하며, 심지어 초대 손님들조차도 사회자들과의 기싸움에서 지지 않으려는 모습을 자주 보여, 발언권 뺏기나 화제 전환 등의 담화표지의 사용이 자주 나타날 것으로 보인다. 무엇보다 이들 프로그램은 성별에 제한이 없이 자유롭게 구성되어 있고 대본의 영향을 덜 받는 예능프로그램이어서 현재의 언어 사용실태를 잘 보여줄 수 있을 것으로 판단하였다.

여성: 말 고르기의 담화표지

각 2회씩 조사한 결과에서 〈놀러와〉는 215개의 담화표지가, 〈라디오스타〉는 219개의 담화표지가 사용되어 둘 모두 사용빈도는 비슷하게 나타났다.[6] 그러나 전체 담화표지의 빈도수보다는 담화기능별 담화표지의 사용양상에서 더 유의미한 결과가 나타났다. 여성은 자신의

---

[6] 이는 〈언어와 여성〉 수업시간에 조별발표 자료(2011년 4-2조)에서 인용한 것이다. 원자료는 모두 6개 프로그램을 대상으로 담화표지를 조사하였으나 본고는 횟수가 비슷하고 프로그램을 운영하는 사회자들의 성향이 다소 차이를 보이는 두 프로그램만을 예로 제시하였다. 참고로 6개 프로그램의 담화표지 사용빈도를 조사한 결과를 제시하면, 〈강심장〉은 340개, 〈놀러와〉는 215개, 〈안녕하세요〉는 389개, 〈라디오스타〉는 219개, 〈세바퀴〉는 153개, 〈해피투게더〉는 108개로 조사되었다. 물론 호응의 '음.흠'이나 말 고르기의 '이/그/저' 등은 첫마디로 나오는 순간 다른 이의 말과 겹치거나 소리가 작아 잘 들리지 않는 경우도 있을 것으로 판단하여, 숫자의 정확성을 자신할 수는 없다. 그러나 모든 이들의 시선을 사로잡는 전략적인 담화표지는 뚜렷이 인식되어 전사자료에 반영이 되어서 현재 성별 담화표지의 사용양상을 포착하기에는 무리가 없을 것으로 보인다.

발화 도중에 생각이 나지 않아 자신의 발언권이 남에게 넘어가지 않
도록 말을 고르는 중임을 표시하는 담화표지의 사용이 가장 많았으며
(전체 319회 중 201회로 63%), 남성은 발언권 뺏기나 말 고르기를 통한
발언권 유지의 담화표지 사용이 가장 많았다.(전체 115회 중 55회로
47%)[7]

(1)　　가. 근데 이제, 아버지께서, 이제, 어머니가 자식들을 키우니까,
　　　　　다 주시고, 이제 제주도로 내려가 사셨거든요, 근데, 거기
　　　　　에, 아버지도, 이제, 재혼하셔서, 그쪽에 이제, 새어머님이
　　　　　계셨고　　　　　　　　　　　　　　　　　　〈라디오 스타〉
　　　　나. 윤석화씨가 이러케, 정자 언니 하시다 거절당하셨어요?

　　　　　　　　　　　　　　　　　　　　　　　　　　　　〈놀러와〉

　'이제'는 [바로 이때] 즉 지나간 때와 단절된 느낌을 주는 어휘이다.
그러나 현재 문장에서는 '이제' 다음에 쉼표가 이어지듯이 이에 호응
을 하는 서술어에 별관심이 보이지 않아 원래의 것과는 다른 형태로
변화하였음을 알 수 있다. 문장 내 쓰임을 자세히 보면, '이제'는 현재
라는 시간적 표현으로 신정보를 지속적으로 제공할 예정임을 청중에
게 알려 자신의 발언을 유지하는 기능을 한다. 물론 현재라는 시간적
표현이 청자에게는 동일 시공간을 공유하고 있음을 알리기 때문에 이
말을 들은 청자는 화자와의 결속력을 살리기 위해 이 순간에 다음 발
언을 경청하게 된다.

---

7 '이제'의 담화표지로서의 쓰임은 이기갑(1995) 등에서 지적되었으며, 이정애(1998)
는 [바로 지금]의 의미를 가진 '이제'에서 시작하여 청중의 주의환기와 집중의 의미
를 가진 담화표지 '이제'가 생겨났음을 지적하였다.

'이렇게' 역시 '이러하게'의 줄어든 말이므로 부사로 분류할 수 있으나, 현재 '이렇케'는 호응하는 서술어를 설정할 수가 없다. 따라서 필요한 말이 생각나지 않아서 말순서를 빼앗길 수 있는 상황에서 시간을 벌면서 동시에 자신의 발언권을 유지하는 화자의 담화전략의 일환으로 사용되는 담화표지로 보는 것이 적절하다.

이와 같이 적당한 어휘가 떠오르지 않아서 말순서를 빼앗길 수 있는 상황에서 화자는 자신의 말순서를 유지하고 동시에 생각할 시간을 벌기 위해 다양한 담화표지를 사용하는데, 이는 말차례가 따로 정해져 있지 않고 대화의 내용이 즉흥적인 구어담화에서 많이 발견된다. 따라서 남녀 화자에게서 공히 1위로 이의 사용빈도가 가장 높게 나났으나, 성별로 나누어 살펴본 결과 여성이 압도적으로 많이 사용하고 있어 여성은 담화표지를 발언권을 유지하기 위해 자주 사용하고 있다는 결과를 산출할 수 있었다.

남성: 발언권 뺏기와 화제전환용 담화표지

남성의 담화표지 사용 예에서 유의미한 결과를 보이는 발언권 뺏기와 화제전환의 표지는 여성에게서도 비슷하게 나타나나 전체 비율에서는 남성이 약간 앞서는 양상이다.

(1)　　여자 : 아~! 진짜 까맣다.

　　　　모두: [@@@]

　　　　남자1: ① 아니 근데. 워낙 저기. 동욱씨하고. 요즘 여정씨가,

　　　　　　　　얼굴이 작아서 그런지

　　　　남자2 : 그죠? 존재감 있죠?

남자1 : 민준씨가 왜 또 사이에 앉으셔 가지고

여자 : 이거 있잖아요 이거 뫼 산자

모두: [@@@]

남자1: ②아니, 두 분이, 워낙, 조금 작은 거예요, 민준씨가 계
  속 왔다갔다

　　　　　　(생략)

남자3 : 배우는 원래, 얼굴이 작아야 되는 거 아닌가?

남자1 : ③아니 또 꼭.

담화표지 '아니'는 선행발화를 정정하거나 새로운 정보를 제공하고
자 할 때 사용하는 담화표지이다.[8] 즉, 얼굴이 너무 커서 뫼산 자와 같
은 한자 모양을 이루었다는 말을 부정하거나(②), 배우는 원래 얼굴이
작은 법이라는 말을 부정하는 역할(③)을 담당하고, 아니면 모두 웃고
있으면서 말을 아무도 시작하지 않을 때 화제를 전환하면서 발언권을
본인이 확보하기 위해 사용(①)한다. 말순서가 정해지지 않았기 때문
에 서로의 발언권을 확보하려는 노력은 당연한 것이지만, 무례하게
말순서를 확보할 수는 없으며 따라서 '아니'를 이용하여 자연스럽게
대화의 주도권을 가져올 수 있는 것이다.

전사자료를 검토하다 보면, 발언권을 가진 화자의 의도에 따라 화제
가 바뀌는 경우는 '아니' 다음에 '근데'의 사용이 자주 눈에 띈다. 그러
나 여성의 경우에는 이보다는 주로 선행정보를 부정하는 '아니'로 자

---

8 이헌호 외(1997: 490)에서는 대화의 유형을 크게 세부정보의 처리, 평가요약, 화제
의 전환, 화제의 유지로 네 가지로 설정하고, 각각 세부 항목으로 나누고 그에 해당
하는 담화표지를 분류하였다. 이 중 '아니'는 세부정보의 처리에서 각각 수정과 배
경정보의 제공의 역할을 한다고 보았다.

주 사용하고 있어 동일 담화표지를 가지고 서로 다르게 사용을 하고 있음을 알 수 있다.

> (2)　가. 남자: 여긴 왜 오셨어요, 여긴
> 　　　여자: 아니, ㅇㅇ씨를 개인적으로 만나보고 싶었어요.
> 　　나. 여자: 그래도 요즘 어린 애들은 좀 나은데
> 　　　여자2: 아니, 젊은 놈도 마찬가지예요.

　그러나 이러한 설명 역시, 남성진행자가 31명인데 비하여 여성진행자는 10명에 불과한 사실, 여성이 주도적이거나 동등하게 진행을 하는 경우가 매우 드물고 주로 남성진행자의 진행을 돕거나 호응을 보내는 비중이 낮은 역할을 담당하고 있다[9]는 한계에서 나온 것일 수도 있다. 즉, 여성 사회자의 역할을 지금까지 사회가 주입해 온 여성의 수동적인 역할로 제한하였기 때문에 이러한 결과가 나타났을 가능성이 높은 것이다.

　이러한 생각은 현재 프로그램을 이끌어가고 있는 사람이 누구인지를 분명하게 보이는 화제 시작의 담화표지 '자'의 사용에서 남성화자가 여성화자보다 두 배 높은 비율을 보이고 있는 데에서 찾아볼 수 있다. 담화표지 '자'는 발화의 첫 머리에서 화제나 담화를 시작하는 언어형식으로 사용하거나 기존의 선행발화를 끝내고 새로운 화제로 도입하는 화제전환의 기능을 담당한다. 그리고 다음에 언급되는 후행정보에 대하여 청자의 관심과 흥미, 주의를 집중시키는 역할을 한다.(김영

---

9 이는 한국여성민우회 미디어운동본부 모니터분과에서 2007년에 내놓은 〈TV 오락 프로그램! 여성진행자들의 좁은 문? -지상파 방송3사의 오락프로그램에 등장하는 여성진행자에 대한 역할 분석〉의 결과와도 일치한다.

철 2008: 20)

〈놀러와〉의 남성 사회자가 사용하는 '자'는 프로그램이 시작될 때, 새로운 코너로 넘어갈 때, 새로운 화제를 제시할 때 등에 분포되었다.

(3) 남진행자: ① 자, 오늘 목요일 밤을 빛내실, 초특급 게스트, 세 분을, 소개해 드리도록 하겠습니다. 자, 우리 ○ ○ ○ 씨, ○ ○ ○씨, ○ ○ ○씨!

(중략)

남자1: 예 열심히 이제 하고 있습니다.

여자: 그[럼~]

남진행자: ② [자,] 우리 세 분, 이제, 오늘 함께 해주셨구요, 어, 뒤에, 지금, 우당탕탕, 소리 나죠?

남자2 : 네 네

남자진행자: 지금, 앉아 있다가, 지금, 일어나는 소리거든요, G4, 준비 됐나요↗

남자 넷 함께 : 예

남자진행자 : ③ 자, 우리 G4, 모셔 보도록 하겠습니다.

① '자'는 오프닝 멘트로 발화의 첫 머리에서 화제를 새롭게 시작함을 알리는 기능을 한다. 물론 프로그램의 시작을 알리는 것이므로 주의집중의 기능을 함께 가진다. ②, ③의 '자'는 기존의 선행발화를 끝내고 새로운 화제인 게스트의 소개, 입장을 이끌어내기 위해 사용한 담화표지이다. 연극으로 치면 새로운 막을 여는 첫 단추를 '자'에게 맡긴 셈이다. 프로그램의 흐름을 지속적으로 관리하는 것이 주진행자의 임무임을 감안하면, '자'의 사용은 주진행자가 누구임을 보여주는 표

식과도 같다. 따라서 현재 프로그램에서 여성진행자의 '자' 사용이 나타나지 않는 것은 이 프로그램에서 여성은 보조적 역할만 담당할 뿐임을 알려주는 것이며, 결국 앞서 살폈던 담화표지 '아니'의 사용양상에서 성별 차이가 나타나는 것 역시 이와 관련을 맺고 있음을 예측해 볼 수 있다.

지금까지 우리말 속에서 다양한 어휘들이 대화를 자연스럽게 이끌어나가는 데 윤활유 역할을 하고 있음을 살펴보았다. 이를 담화표지라 이름 짓고 그 안에 포함된 여러 기능을 함께 알아보고, 담화표지의 사용양상에도 성차가 관여될 수 있는지 아닌지를 본격 논의하였다. 그 결과, 여성 참여자는 말순서를 확보하기 위한 담화표지를 많이 사용한 데 비해 남성 참여자는 발언권 뺏기나 화제전환 등 대화의 흐름을 바꾸는 적극적인 기능을 가진 담화표지를 사용하고 있었다. 그러나 이는 프로그램의 성격에 따라 참여자인 남녀의 역할이 미리 정해질 수 있으며, 따라서 이 프로그램 속의 성별 담화표지의 사용양성을 일반화시켜 말하는 것은 적절하지 않을 수 있다는 생각이다. 오히려 이는 공중파 매체에서의 여성의 역할은 성별 고정관념을 뛰어넘는 현재 시청자들의 의식 수준에까지 이르지 못하였음을 보여주는 자료가 될 수 있다.

사회화의 결과이거나 아니면 언론매체의 의해 사회에서 형성된 여성에 대한 편향적 시각은 자칫하면 여성들의 사회활동을 위축시킬 수 있다. 사회는 개인이 단독으로 영위할 수 있는 공간이 아니며, 따라서 여성으로서의 삶의 태도를 형성하는 데 여성에 대한 사회의 시선은 타인에 의해서든 스스로에 의해서든 행동을 취하는 데 영향을 미치기 때문이다. 아래는 사회의 변화로 여성의 사회적 지위가 상승되었음에도 불구하고, 여성에 대한 사회의 시선이 여성의 행동에 여전히 영향을 미치고 있음을 보여주는 한 가지 자료를 보이려 한다.

2) 성차와 화행전략

　말이 곧 행위임을 주장하는 의사소통의 철학자, 오스틴의 선구자적 업적이 나옴과 동시에 말을 통하여 수행되는 화행 현상에 대한 연구가 불붙기 시작하였다. 이후 썰에 의해 화행의 종류, 각 화행별 조건 등 다양한 면모가 드러나기 시작했고, 현재는 각 화행별로 국가별, 민족별, 세대별, 성별 다양한 전략들이 사용되고 있음을 보고하는 연구 결과물이 쏟아져 나오고 있다.

　우리 역시 예외는 아니어서 칭찬, 사과, 감사, 거절화행의 세부전략이 세대, 성, 지역 등 여러 변인에 따라 어떻게 실현되는지를 연구하고 있다. 이들은 동일한 화행을 놓고 서로 다른 방식으로 생각하고 있다는 인식의 차이를 반영하고 있기 때문에 현재의 우리를 이해하는 데 도움이 된다. 예를 들면, 일본은 칭찬의 가치가 분명한 사건일 때 칭찬을 행하고, 중국은 칭찬화행에 적극적으로 나서지 못하는 특징을 가지나, 우리의 젊은 세대는 객관적으로 칭찬을 받을 만한 상황이 아닌데도 칭찬화행을 자주 사용하고 있어[10], 우리에게 칭찬은 상대방과 나의 친분에 윤활유 역할을 하는 것, 효율적인 의사소통과정을 보여주는 또 다른 책략이 될 수 있음을 들 수 있다.

　이러한 전제 아래 본고는 거절화행에 나타난 성별 화행전략을 살펴보고자 한다. 거절화행을 택한 것은 거절화행의 체면 위협도가 여타의 화행보다 높기 때문에 주체/비주체적인 화자의 입장 차이를 반영

---

10 박승윤(2008), 박애양(2008), 전정미(2009) 등을 참조하면 더 많은 예를 볼 수 있다.

하고 있는 언어전략이 나타날 것으로 생각하기 때문이다.

거절화행과 간접화행

남다른 관심을 기울여온 교제 제안의 거절은 자신에 대해 호감을 가진 사람이 솔직하게 감정을 털어놓는 상황에서 일어나기 때문에 지금까지의 인간관계에 손상을 가져올 위험이 높다. 따라서 거절을 하는 당사자는 지극히 조심할 수밖에 없다. 예절, 겸손, 덕 등을 강조해 왔던 우리나라의 전통을 생각하면 더욱 그렇다.

실제 제안을 거절하는 화행을 살펴보면, 메시지가 의도하는 바를 효과적으로 전달할 수 있도록 간접적으로 말을 돌려하고 있음이 발견된다.

(1)　남 : 나 너 좋아하는데, 우리 사귀지 않을래?

　　여 : 가. 너는 내 이상형이 아닌데

　　　　나. 글쎄, 그냥 우리 친구로 지내면 안 될까?

(1)의 예는 남학생이 여학생에게 사귀자는 제안을 하였는데 여학생이 이 제안을 거절하고 있는 상황이다. 제안에 대한 직접적인 표현은 '난 싫다'일 것이지만 이유를 대거나(1-가) 현재를 유지해 나가자는 말(1-나)로 제안을 거절하였다. 거절은 상대방의 욕구에 부합할 수 없음을 기본으로 하기에 상대방의 체면이나 감정에 손상을 줄 수밖에 없다. 또한 직접 대면하고 있는 상황에서의 거절은 상대방의 감정에 심각한 상처를 가져다 주어 기존의 인간관계를 아예 단절시켜 버릴 수 있기 때문에 화자 나름대로 상대방에게 상처가 덜 가도록 방안을 모색하게 되며, 이 상황에서 (1-가, 나)와 같은 발화들이 나타나게 된

다. 이는 발화의 실제 수행력이 언어 구조의 형태와 직접적인 관련이 없이 간접적으로 수행력을 가지는 간접화행의 일종으로 함축적인 표현이다.

일상생활에서 간접화행이 많이 사용되는 경우는 청자로 하여금 어떤 일을 하도록 하는 화자의 명령, 요구와 같은 언표내적 발화 수행력을 갖는 문장을 발화할 때이지만 이 외에도 브라운과 레빈슨(1987)이 화자 또는 청자에게 체면 위협적이라고 보았던 '불평, 비판, 반대, 화제 제기(청자의 적극적 체면을 위협하는 행위)' '사과하기, 불평의 인정, 고백(화자의 적극적 체면을 위협하는 행위)'에서도 간접화행은 자주 사용되고 있다.

특히 교제의 제안을 거절하는 상황에서의 화행은 제안을 하는 당사자의 적극적 체면을 위협하면서 동시에 거절을 하는 화자의 적극적 체면을 위협하기 때문에 간접화행으로 대화가 오갈 수 있는 상황이다.[11]

(2)　　나 너 좋아하는데 넌 어떠니?

　　　　가. 나는 그냥 친구로 지내고 싶은데

　　　　나. 나는 네가 생각하는 것처럼 잘 나지 않았어

---

11 거절화행을 설명하는 데에 화자의 체면을 손상한다는 표현을 사용하였는데, 이것이 곧 공손성의 원리를 적용할 수 있음을 말하는 것은 아니다. 화자가 간접적으로 의사를 전달하는 동기 중에는 공손성의 원리에 따른 것이 있을 수도 있지만 항상 일치하는 것은 아니기 때문이다. 예를 들면, '정말 염치가 없지만요, 돈 좀 빌려주세요'와 같은 표현은 공손한 표현이긴 하지만 간접화행은 아니다. 또한 교제의 제안을 거절할 때 '부담되게 왜 이래?'와 같이 거절을 간접적으로 말하는 것이 공손한 표현으로 보이지는 않기 때문에 공손성의 원리를 적용하여 설명하기는 힘들어 보인다.

(2)의 대답 가, 나는 상대방의 교제 제안에 대해 거절의 입장을 밝히는 것으로 동일하게 '거절하기'를 수행하고 있다. 그러나 자기 겸손의 (2-다), 상대방을 달래주는 태도는 여학생들의 대답에서는 잘 보이지 않는다. 따라서 거절화행은 대학생들의 현재모습 뿐만 아니라 남학생과 여학생들의 각자의 모습을 함께 살펴보아야 할 것으로 보인다. 이는 남학생들과 여학생들의 언어 사용상 특징이 다름을 지적한 선행 연구들에게서 엿보이는 대목이며 전혜영(2002)에서 지적한 대로 남녀의 언어사용의 실태연구들이 나아가야 할 방향이기도 하다.

대학생들의 거절화행에 대한 경험적 자료를 얻기 위해 주로 사용하는 것은 설문지로, 본 연구 역시 설문지 조사법을 선택하였다. 설문의 내용은 이성으로부터 사귀자는 제안을 받았을 때 어떤 식으로 거절을 하는지를 물어 본 것으로, 무작위로 선정된 이화여대 재학생 50명을 피실험자로 삼았다. 그리고 이들의 대답을 18개로 유형화하여 남녀 대학생들에게 물어볼 설문지 문항를 작성하였고 이를 신촌 지역 대학생 남녀 170명씩 340명을 대상으로 설문을 실시하였다. 이들 피험자들을 본 조사에 자발적으로 참여했고 최종적인 표본의 수는 335명이었다. 이는 지시대로 응답하지 않아 자료로서 불충분하다고 판단된 3명의 설문지와 이성교제의 경험이 없어서 응답할 수 없다고 답한 2명을 조사결과에서 제외한 숫자로, 이들 표본의 성별 분포는 남 165명 여 170명이었고 평균 나이는 22.7세였다.

설문지는 연구 목적 및 응답 시 유의사항을 기술하고 성별과 나이를 묻는 인구 지리학적 질문으로 시작하여 가상적 상황 중에서 자신이 실제 사용해 본 방법을 묻는 18개의 질문에서 복수응답으로 가능한 대답을 모두 적도록 했다. 교제의 제안을 거절한 상황이 모두 다양하리라는 판단 하에 자신이 실제로 사용해 본 방법을 모두 넣어야 한다는 생각에서였다. 그리고 자신의 제안이 거절당할 경우 상처를 덜 받을 것 같은 대답은 무엇인지를 물었다. 이는 남녀 대학생들의 의식을 좀 더 명확하게 보여줄 수 있으면서 동시에 현재 사용하고 있는 전략의 효율성을 가늠해 볼 수 있을 것으로 생각했기 때문이다.

거절화행과 갈등의 해결 방식

갈등은 개인이 맺고 있는 다양한 집단 내에서 구성원 상호간의 욕구와 기대가 불일치될 때 나타나는 현상이다. 서로 사귀어 보자고 제안을 하는 상황은 상대방에게 깊은 호감을 가지고 있을 때이다. 따라서 교제의 제안을 하는 당사자는 일정 부분 기대하는 바가 있을 것이며 우호적인 감정을 가지고 있으면 있을수록 그 기대가 충족되지 못하였을 때 더 갈등이 증폭될 수 있다는 것을 전제로 하면 상대의 메시지를 거절하는 화자는 이 같은 갈등상황을 염두에 두고 갈등을 완화시킬 수 있는 방법을 찾게 될 것이다. 대화 참여자 상호간의 갈등이 완화된다는 것은 그만큼 화자의 거절의 메시지가 상대방에게 부정적인 감정을 가지지 않도록 전달되었다는 것을 뜻하며, 이는 상대방의 체면이 덜 깎일 수 있도록, 감정이 덜 상할 수 있도록 화자가 배려하였다는 것을 의미한다.

그렇다면 사귀자는 제안을 접했을 때 상대방과의 마찰을 피하고 자신의 의사를 효과적으로 전달하기 위해서 사용하는 간접화행들은 대화 당사자 간의 갈등을 최소한으로 줄여나갈 수 있는 갈등해결방식과 관련을 맺고 있다고 할 수 있겠다. 따라서 갈등을 해결할 때 어떠한 방식들을 사용하는지를 검토하는 것이 교제 제안을 거절하는 상황을 설명하는 데 필요한 것이라 생각된다.

  기존의 갈등 해결 방식에 대한 연구는 조직사회에서의 갈등을 연구 대상으로 하여 진행되었기 때문에 이성 간의 관계를 고려할 때 이에 적합한 모델을 찾기가 쉽지 않다. 따라서 부분적으로 개념의 수정이 필요하다고 보이는데, 대인관계에서 발생하는 갈등을 해결하는 방식을 정리해 놓은 De Vliert(1997)[12]를 참조하였다. 우선 협동과 경쟁과 같이 긍정적이고 협력적인 방식을 사용하는 것과 싸움과 회피와 같은 부정적이고 파괴적인 방식으로 사용하는 것으로 분류한 논의가 있다. 그러나 상대방의 우호적인 감정을 거절할 때에는 경쟁/싸움과 같은 방식을 택하지 않고 있기 때문에 적절하지 않으며, 또한 협동과 회피라는 단순 범주를 가지고 다양한 환경을 설명하는 데에는 무리가 따르므로 수정이 필요하다. 둘째는 갈등을 아예 피하는 '회피하기', 상대방의 뜻을 따르는 '따르기', 그리고 자신의 뜻을 관철하기 위해 투쟁하는 '맞서기'로 나누는 방식을 들 수 있다. 그러나 제안을 거절하는 상황에서 따르기의 개념은 합치되지 않아 적절하지 않아 보인다. 셋째는 철회(회피하기), 양보(따르기), 협력, 지배(맞서기), 절충을 포함한 모델로서 앞의 세 가지 방식에 양자 모두 만족스러운 결과를 얻으려는 '협력'의 방식과 적정한 선에서 타협을 보는 '절충'이 추가된 것이다.[13] 양자 모두 만족스러운 결과를 얻으려는 '협력'은 현재의 관계를 최대한 손상하지 않으려는 거절 당사자의 입장을 고려하면 설정 가능한 항목이며, '절충' 역시 상대방과 나 사이에 제 3의 대안을 제시해서라도 적정한 선에서 타협을 보겠다는 거절 당사자의 입장을 고려하면

---

12 고윤주, 이은혜(2000)에서 갈등 해결 방식에 관한 기존의 견해를 요약, 정리한 De Vliert(1997)의 연구를 제시하였는데, 본 논문은 이를 인용하였다.
13 대인관계에서 발생하는 갈등을 해결하는 방식으로 Rahim(1985)에서 지적한 바이다.

거절화행에서 사용가능한 방식이다. 그리고 거절화행은 자신이 만들어 놓은 상황이 아니기 때문에 철회보다는 회피라는 용어를 선택하는 것이 더 적절하다. 교제의 제안은 상하관계가 분명한 조직사회가 아닌 개인 간의 관계이므로 자신의 의견을 상대방에게 강요한다는 의미는 적절하지 않아 지배는 적절치 않아 보여 대신 상대방에게 당신은 나의 연인이 될 수 없음을 분명하게 전달한다는 의미에서 '명시'를 설정한다.

  결국 교제의 제안을 거절할 때 화자는 협력, 절충, 회피, 명시의 전략 4가지를 바탕으로 하고 있다고 생각되는데, 이들 네 가지 전략은 문제의 해결과 관계의 유지라는 두 측면에서 다른 양상을 보이고 있다. 첫 번째 양자의 관심사가 모두 충족되는 방법으로 문제를 해결하려고 함께 노력하는 '협력'은 문제를 해결하면서 관계를 유지해 나가려 하는 전략이기에 [+문제의 해결] [+관계의 유지]이며, 두 번째 사귀자는 제안을 한 상대방의 입장을 고려하여 그의 입장이 곤란해지지 않도록 적정한 선에서 타협을 보는 '절충'은 문제를 해결하겠다는 의지보다는 상대편에게 절망을 맛보지 않도록 하는 데 초점을 맞추고 있어 [-문제의 해결][+관계의 유지]이며, 세 번째 자신의 관심사가 우선이 되고 상대방의 의사를 무시해서라도 자기가 원하는 것을 얻으려 시도하는 '명시'는 [+문제의 해결] [-관계의 유지]이며, 마지막으로 갈등을 해결하려고도 하지 않고 오로지 그 상황을 무면해 버려고 하는 '회피'는 아무것도 관여하지 않아 [-문제의 해결] [-관계의 유지]의 전략이라 할 수 있겠다. 거절화행 시 사용한다고 답한 예제들을 대상으로 하여 네 전략을 구체적으로 살펴보면 다음과 같다.

① **협력**

갈등해결전략 중 문제 해결에 적극적이면서 관계 유지에 도움이 되는 유형으로 상대방과 나의 관심사가 충족되는 방향으로 해결하는 것이 특징이다. 청자와의 관계를 손상시키지 않으면서 청자의 체면을 가장 높여주는 해결방식이라 할 수 있는데, 설문지 문항 중 '그냥 친구로 지내자'[14]를 예로 들 수 있다. 이는 서로 간에 다른 의미로 해석될 여지가 남아 있어서 또 다른 갈등상황을 낳을 것으로 생각되지만, 친구관계에서 연인관계로의 발전이 불가한 상태에서 화자가 최선책으로 선택할 수 있는 것은 현재의 관계를 유지시키는 것이다. 따라서 [+문제해결] [+관계의 유지] 전략이다. 두 번째로는 '지금은 마음의 여유가 없어'[15]를 들 수 있는데, 현재로서는 고려할 여지가 없다는 의미에서 [+문제해결]이며 '지금은'의 '-은'의 사용에서 알 수 있듯이 언젠가는 바뀔 수 있는 여지가 있음을 남겨두어 [+관계의 유지]를 모색한 전략이다.

② **절충**

문제해결에는 그다지 적극적이지 않고 교제 제안을 하는 당사자의 입장을 우선적으로 생각하기 때문에 현재의 관계를 유지하는 데는 도움이 될 수 있는 전략이다. 이에는 '나는 네가 생각하는 것처럼 잘 나지 않았어'[16] '넌 나보다 더 좋은 사람 만날 거야'[17]와 같은 겸손한 대

---

14 '깨지면 끝이지만 너랑은 오래오래 친하게 지내고 싶어/ 난 널 친구 이상으로는 생각해 본 적이 없는데 / 지금 이대로가 좋을 것 같지 않니?' 등의 대답이 이에 속한다.

15 '난 지금 누굴 사랑할 상황이 아니야/ 연애할 처지가 못돼서 말야' 등의 대답이 있다.

16 이들의 구체적인 예문으로는 '난 너에게 좋은 애인이 될 자신이 없어/ 동정은 사랑이 아냐, 정신차려/ 나 생각만큼 능력이 많은 놈이 아냐'와 같은 대답을 들 수

응을 예로 들 수 있는데 이는 나보다 네가 더 잘났다는 의미를 함께 가지고 있어 당사자의 자존감을 살려주려는 화자의 의도를 읽을 수 있다. 자신의 제안을 거절당하는 상황에서 말을 꺼낸 사람은 자존심에 상당한 상처를 입게 되므로, 자존감을 살리는 것은 감정적인 선까지 다치지 않도록 배려하여 현재의 관계를 유지해 나가겠다는 [+관계 유지]의 전략으로 보인다. 또한 '침묵'을 취해 자신의 거절을 직접적으로 전달할 필요가 없다는 태도를 취하거나[18], 교제 자체에 대해 고려는 해보겠다는 긍정적인 대답으로 당장 대면하고 있는 상대방의 체면을 살려주는 '생각할 시간을 줘'[19]가 이에 해당한다. 이들은 자신의 말이 상대방에게 거절이라는 확실한 메시지로 다가갔는지의 여부에는 관심이 덜하고 상대방이 자신의 말로 인해 상처를 받을 것을 피하려는 의도가 오히려 많기 때문에 [−문제해결] [+관계 유지]에 해당하는 전

있다. '동정은 사랑이 아니야'는 충고의 화행을 수행하고 있어서 '절충'으로 처리하기 힘들 수도 있겠지만, 자신을 스스로 못나지 않다고 생각하는 경우도 스스로를 낮추어 상대방을 배려하는 의미로 '동정'이란 단어를 사용할 수 있다는 판단 하에 절충의 예로 넣었다.

17 '난 네 스타일이 아닌데, 눈을 낮추기엔 너무 일러/ 너 콧대가 다 어디 가고 나 같은 놈을/ 넌 나보다 훨씬 더 좋은 사람을 만날 수 있잖아? 왜 나를?'과 같은 대답이 해당된다.

18 '못 들은 척 일을 계속한다/ 조용히 땅만 바라보며 걷는다' 와 같은 대답을 '침묵'의 유형에 넣었다. 침묵은 행동 후의 반응이 긍정과 부정, 반반의 확률을 가지기 때문에 [+관계유지]절충의 의미항목 속에 넣기 힘들 수도 있을 것이다. 그러나 설문지 대답으로 침묵을 택한 남학생 중 1명이 '스스로 철회'라는 메모를 해 둔 것을 토대로, 침묵이 상대방이 그 상황을 수습할 수 있도록 유도한 대답이었음을 추론할 수 있었다. 즉 자신의 제안이 장난이었다는, 또는 아무 일도 없었다는 듯이 넘어갈 수 있는 여지를 남겨줄 수 있어 [+관계유지] 항목으로 분류하는 데 도움을 주었다.

19 '글쎄, 너무 갑작스러워서, 생각할 여유를 좀 줄래? / 한 번 생각해 보자, 지금 당장은 뭐라 할 수 없네'와 같은 대답이 이에 해당한다.

락이라 할 수 있다.

③ 회피

문제해결을 기피하는 한편 문제와 관계없는 것들을 들먹거려 현재
의 관계까지도 손상시킬 수 있는 전략으로 상대방의 메시지를 거절하
기 힘든 상황에서 상황 자체를 부인하거나 자신 이외의 대안을 찾도
록 요구하는 유형들이 이에 해당된다. 화제의 전환이나 상대방의 사
귀자는 제안을 장난으로 처리하여 아무 일도 없었다는 듯이 넘기겠다
는 메시지, '오늘 날씨 좋다'와 '너 어디 아프냐? 아님 술 먹었냐?' '정
말? 거짓말 아냐?'를 들 수 있다.[20] 이들 모두는 갈등 상황에 있는 두
사람의 입장에 적극적으로 대처하겠다는 의지, 갈등 상황 자체를 풀
어보겠다는 의지를 보이지 않고 있고, 상대방의 호의, 진지함, 용기 등
을 없던 일로 만들어 상대방에 대한 최소한의 예의도 갖추지 못해 관
계 자체를 단절시켜 버릴 수 있는 유형이다.

회피의 또 다른 유형으로 '내가 다른 사람 소개시켜 줄까?' '너 많이
외롭구나'를 들 수 있다.[21] 다른 이를 소개시켜 주겠다는 제안은 자신
에게 호의적인 상대방의 감정이 다른 이를 만나면 또 금세 다른 이에
게로 향해질 수 있을 것이라는 점을 깔고 있으므로 상대방과의 관계

---

20 이들의 구체적인 예문으로는 '오늘 날씨 좋다'는 ' 얼른 가자, 야, 이러다 늦겠다/
어 저기 ○○오네, ○○야' 등의 대답을, '너 어디 아프냐? 아님 술 먹었냐?'는 '뭘 잘
못 먹었구나? / 뭐 먹고 싶은데? / 너 나한테 뭐 잘못한 거 있지?'와 같은 대답을
들 수 있다.

21 '내가 다른 사람 소개시켜 줄까?'는 '내 친구 중에 네 스타일 있는데 소개시켜 줄
까? / 다른 사람을 한 번 찾아봐야겠다' 등이 있으며 '너 많이 외롭구나'는 '기댈
곳이 필요한가 본다, 이건 아냐/ 너 요즘 많이 힘들겠지만 나는 아닌 것 같아/ 요
즘 외로움을 많이 타는 것 같다고 생각은 했는데. 이렇게 나올 줄은 몰랐네' 등이
대답으로 나왔다.

를 단절시킬 수 있는 대답이 될 수 있다. 그리고 상대방의 제의가 외로움에서 나온 것으로 받아들이는 '너 많이 외롭구나' 역시 상대방의 애틋한 감정이 진실되게 다가오지 않은 것으로 처리하고 있기 때문에 [−관계 유지]에 해당한다.

④ 명시

문제해결에 적극적이지만 관계를 손상시킬 수도 있는 전략이다. 청자의 처지에 대해서는 관심을 끊고 자신의 입장을 우선시 하는 것으로 명시적으로 의사를 표현하는 것을 들 수 있다. 즉 '나 너 싫어'와 같이 싫다는 의사를 분명히 전하거나 '부담되게 왜 이래?[22]'와 같이 당혹스러운 자신의 입장을 내세워 더 이상의 화제를 꺼내지도 못하게 하는 대답을 들 수 있다. 또한 이유를 들어 직접 거절하는 것도 이 전략에 속한다. '넌 내 이상형이 아니야/ 나 좋아하는 사람 있어(거짓말 포함)/ 부모님이 좋아하지 않으서, 자라온 환경이 맞지 않아'와 같이 자신의 입장을 내세워서 거절을 명시적으로 밝히고 있는 예를 들 수 있는데, 이는 화자 나름대로 분명한 이유를 들고 있기 때문에 문제 해결에 적극적으로 대처한 것이지만 거절의 이유가 청자의 상황에 따라 관계를 손상시킬 수도 있기 때문에 [+문제 해결] [−관계 유지]에 해당한다.

---

22 이에는 '어색한 사이 되기 싫다, 그만 두자/ 왜 그런 말을 하는데? 나 부담되게' 등의 대답이 해당된다.

거절화행 속에 구현된 성차 별 화행전략

① 거절할 때 선호하는 화행

대학생들이 교제를 제안 받았을 때 상대방을 배려할 수 있는 거절 방법이라 생각한 전략은 어떤 것인지를 보기 위해 설문결과를 제시하여 보면, 우선 현상을 긍정적으로 이어가려는 '협력'이 가장 많이 선호되었고(30.88%) 다음으로 침묵으로 대처하거나 자신을 낮추어 상대방의 자존감을 확보해 주려는 '절충'(25.95)이 많이 사용되었으며 거절의 이유를 분명하게 대는 '명시'(23.47%), 상황 자체를 무화시키려고 하는 '회피'(18.3%)가 다음으로 나타났다.

전략의 유형	횟수			%		
	전체	남	여	전체	남	여
명시적 전략	185	73	112	23.4	21.5	27.3
1. 나 너 싫어	25	14	11	3.3	4.14	2.68
14. 부담되게 왜 이래?	19	11	8	2.5	3.25	1.95
2. 넌 내 이상형이 아니야	45	13	32	6,0	3.84	7.80
3. 나 좋아하는 사람 있어	53	18	35	7.08	5.32	8.53
4. (거짓말로)나 좋아하는 사람 있어	29	11	18	3.87	3.25	4.39
17. 부모님이 안 좋아하서	5	2	3	0.6	0.59	0.73
18.자라온 환경이 달라서 우린 안 맞을 거야	9	4	5	0.12	1.18	1.21
회피적 전략	137	56	81	18.3	16.5	19.7
9. 오늘 날씨 좋다	29	11	18	3.87	3.25	4.39
10. 너 어디 아프냐? 아님 술 먹었냐?	44	11	33	5.88	3.25	8.04
13. 정말? 거짓말 아냐?	19	7	12	2.54	2.07	2.92
15. 너 요즘 많이 외롭구나	20	11	9	2.67	3.25	2.19
16. 내가 좋은 친구 소개시켜 줄까?	25	16	9	3.34	4.73	2.19

전략의 유형	횟수			%		
	전체	남	여	전체	남	여
절충적 전략	195	98	97	25.9	28.9	23.6
7. 침묵	62	34	28	8.2	10.0	6.82
8. 생각할 시간을 줘	48	20	28	6.4	5.91	6.82
11. 난 네가 생각하는 것처럼 잘나지 않았어	43	22	21	5.74	6.50	5.12
12. 넌 나보다 더 좋은 사람 만날 거야	42	22	20	5.61	6.50	4..87
협력적 전략	231	111	126	30.8	32.7	29.2
5. 그냥 친구로 지내자	133	59	74	17.7	17.4	18.0
6. 지금은 마음의 여유가 없어	98	52	46	13.1	15.3	11.2

〈표1〉 남녀대학생별 거절화행 선호도 조사

조직 사회 내에서의 갈등 해결 시에는 협력과 명시적 전략을 선호한다고 한다(고윤주,이은혜, 2000:15). 각 전략의 의미특징으로 보건대 [+문제해결]이 우선이기 때문에 협력과 명시의 선호도가 높다고 생각된다. 그러나 교제의 제안을 거절하고 있는 상황에서의 갈등은 상대방과 나의 감정의 깊이가 서로 다르기 때문에 충돌이 일어나는 것이므로 '협력'은 우선시되지만 명시적 전략은 제 3순위로 나타났다. 대신 갈등상황을 해결하려는 적극적 의사보다는 상대방의 감정이 다치지 않도록 배려하는 절충 전략이 제 2순위로 사용되고 있었다. 이는 감정적으로 얽혀있는 관계에서 갈등이 고조되었기 때문에 논리적 이성적 접근이 어렵고 감성적으로 다가가려는 노력이 더 필요하다고 보기 때문에 나타난 것으로 생각된다. 또한 회피전략이 명시적 전략보다도 낮게 나타났는데, 장난스럽게 대하거나 자신 이외의 대안을 찾도록 요구하는 것이 교제의 제안이라는 특수한 상황에 어울리지 않기 때문이다. 장난이나 제안자의 감정적인 문제로 교제를 거절하는 것은 상대방의 감정을 우롱하는 처사로 비칠 수 있기 때문에 당연한 결과로 보인다.

대학생들의 거절화행 시 우선되는 전략의 분포를 남학생, 여학생을 구별시켜 살펴보면, 남학생들은 협력(32.7%) > 절충(28.91%) > 명시(21.5%) > 회피(16.55%)의 순으로, 여학생들은 협력(29.24%) > 명시(27.29%) > 절충(23.63%) > 회피(19.73%)의 순으로 나타난다. 전체 분포도와 남학생의 분포도는 비슷한 순위를 보이고 있으나 여학생들은 협력을 가장 선호하고 회피를 가장 선호하지 않고 있음은 동일하나 명시적으로 싫다는 의사를 밝히는 것을 2순위로 택하고 있음이 특징적이다.

남여 대학생들의 선호하는 전략을 좀 더 자세히 살피기 위해 많이 사용하는 세부 전략들을 5위까지 꼽아 보았는데, 이를 제시하면 다음과 같다

전체	남학생	여학생
1. 그냥 친구로 지내자	1. 그냥 친구로 지내자	1. 그냥 친구로 지내자
2. 지금은 마음의 여유가 없어	2. 지금은 마음의 여유가 없어	2. 지금은 마음의 여유가 없어
3. 침묵	3. 침묵	3. 넌 내 이상형이 아니야
4. 나 좋아하는 사람 있어	4. 난 네가 생각하는 것처럼 잘나지 않았어	4. 나 좋아하는 사람 있어
5. 생각할 시간을 줘	5. 넌 나보다 좋은 사람 만날 거야	5. 너 어디 아프냐? 아님 술 먹었냐?

〈표2〉 남녀대학생의 거절 시 선호하는 화행(1-5위)

남학생 여학생 모두 1, 2위로 협력의 '그냥 친구로 지내자' '지금은 마음의 여유가 없어'를 꼽고 있음은 동일하나, 여학생들은 남학생들의

비슷한 분포(17.4 : 15.3)에 비해 '그냥 친구로 지내자'는 메시지를 우세하게 선택하고 있다(18.04 : 11.2). 또한 3-5위까지의 분포가 완전히 다르게 나타났는데, 남학생은 침묵으로 대답을 대신하거나 자기는 못났고 상대 여성은 잘났음을 강조하는 절충 전략을 선호하는 데 비해 여학생들은 명시적으로 자신이 사귈 수 없는 이유를 대려는 것이 더 우세한 것으로 나타났다.

남학생들이 침묵을 선호하는 것은 남성의 침묵이 사회에서 용인되고 있는 관습 때문으로 보인다. 우리 사회에는 아직까지 진중하지 못한 언동은 남자에게 피해야 할 덕목으로 여겨지고 있으며 따라서 이런 분위기가 신중한 언행이 아닌 상황 회피적 침묵까지도 용인해 주는 분위기를 일부 남성들에게 심어준 것이 아닌가 한다. 상대방의 교제 제안을 거절해야 하는 상황은 마음 속 갈등이 최고조에 다다른 상태이며 따라서 자신에게 가장 편안하고 쉽게 택할 수 있는 방법, 무의식적으로 배어있는 관습적 행동으로 침묵이 선호된 것으로 보인다.[23]

침묵이 남학생들에게 독특한 것이라면, 여학생들의 선호도에서 눈길을 끄는 것은 5위로 나타난 장난으로 넘기려는 대답(8.04%)이다. 남학생들의 대답에서는 3.25%로 '부모님이 안 좋아하셔/자라온 환경이 달라서 우린 안 맞을 거야' 다음으로 낮은 수치로 나타났는데, 여학생들에게서는 5위로 나타나고 있는 것이다. 이는 현재의 상황을 장난으로 취급함으로써 상대방이 스스로 갈등상황을 처리하고 아무 일 없었다는 듯이 넘겨주기를 바라는 의식이 노출된 것으로 '재치 있고 애교가 많은'

---

23 물론 상대방의 제안을 듣지 못한 것처럼 행동하였기에 상대방이 스스로 상황을 수습하여 어색한 분위기에서 벗어날 수 있다는 고려를 했을 수도 있겠지만 이는 침묵이 견디기 힘들다는 여학생들의 대답(다음 장 '거절을 당할 때 선호하는 유형'참조)을 고려하면 그것이 전부가 아니라는 생각이 든다. 특히 여학생들보다 우월하게 높은 수치를 보건대, 이는 남자의 속성과 관련이 있는 대답으로 보인다.

여성의 특징이 발현된 것으로 보이며, 남성의 침묵과 대비된다.

또한 남학생들의 '난 네가 생각하는 것처럼 잘 나지 않았어/ 넌 나보다 좋은 사람을 만날 거야'와 같은 절충 전략의 선호도와 여학생들의 '넌 내 이상형이 아니다/ 나 좋아하는 사람 있어'와 같은 명시적 전략의 선호도는 거의 비슷한 분포(약 13%)를 보이고 있는데, 이 역시 남성과 여성의 특성에서 그 원인을 찾아볼 수 있을 듯하다. 남학생들이 선호한 절충 전략은 자신을 낮추고 타인을 높이는 공손한 표현들이다. 이는 이전의 기사도, 신사 등이 남녀평등이 강조되는 현대에 매너란 이름으로 변하여 남아있고 따라서 교제의 제안을 해온 여성의 자존감을 어떤 식으로든 살려주고 싶다는 의도를 남성들이 적극적으로 표현하고 있기 때문이라고 해석할 수 있겠다.

하지만 여학생들은 상대방이 힘들어 하는 것을 알면서도 거절의 확실한 이유를 대고 있다. 남성에 비해 여성은 강한 표현을 삼가는 것으로 알려져 있다. 그러나 강한 표현을 쓰지 않는다고 해서 강한 메시지를 전달하지 않는 것은 아니다. 여학생들은 강한 표현을 삼갈지언정 강한 메시지는 화행의 전략으로 사용하고 있다. 이는 남성들이 공격적인 것에 거북해 하지 않는다는 관습이 여학생들의 의식 속에 내재되어 있으면서 여성들의 안전에 대한 강한 욕구가 함께 반영된 것이라 할 수 있겠다. 즉 여학생들은 교제 제안을 받아 갈등이 고조된 순간 모든 상황을 정리하고 이후의 안전을 보장하려 하기 때문에 명시적인 전략을 사용하고 있다고 보인다.[24]

---

24 지금까지의 남성성, 여성성의 특징은 C. W. Franklin(1984)의 의견을 정리한 허라금(1999)에 실린 것을 바탕으로 하였다.

남성적 특징: 공격적, 독립적, 감정에 좌우되지 않는, <u>감정을 드러내지 않는</u>, 객관적인, 자신감 있는, 수학과 과학을 좋아하는, <u>작은 위기에 당황하지 않는</u>, 능동적인, 논리적인, <u>쉽게 상처받지 않는 감정</u>, 모험적, 쉽게 결정을 내리는 절대 울지

  남녀의 평등한 관계는 현대 사회에서는 당위이다. 그러나 평등한 관계를 추구한다고 해서 남성다움/여성다움의 특징들이 섞여 들어가 그 구분마저 없어지는 것은 아니다. 거절화행 시 여학생들과 남학생들의 선호전략이 큰 틀에서는 일치하고 있음을 볼 수 있었는데, 이는 남녀의 평등한 관계의 추구가 가져온 결과로 보이며 세부 전략들의 차이는 남성다움과 여성다움이 잔존해 있는 현실태를 반영한 결과로 보인다.

② 거절 당할 때 선호하는 화행

  앞 절에서 교제의 제안을 거절할 때 상대편의 체면과 감정을 살려 주기 위해 다양한 의사소통전략들이 사용되고 있음을 살펴보았다. 이번 절에서는 자신이 생각하기에 자신의 체면을 덜 손상 받을 것이라고 생각한 전략은 어떤 것이 있는지를 보려고 한다. 이 역시 남성성, 여성성과 연관된 것으로, 앞 절에서 살펴본 남학생, 여학생들의 특징과 합쳐져 그들의 의식을 보여줄 것으로 기대하였기에 설문 항목으로 설정하였다.

  우선 자신의 사귀자는 제안이 거절되었을 때 상처를 덜 받을 것 같은 유형들에 대한 설문 조사결과를 제시하면 다음과 같다.

않는, 지도적인 행동, 지배적인, 야심적인, <u>공격적인 것에 거북해 하지 않는</u>, 경쟁적인

여성적 특징: <u>강한 표현을 삼가는</u>, 수다스런, 재치있는, 부드러운, 타인의 감정을 아는, 종교적인, 자신의 외모에 관심이 많은, 관습적인, 조용한, <u>안전에 대한 강한 욕구,</u> 예술과 문학에 조예가 있는, 다정다감한 감정을 잘 드러내는

전략의 유형	횟수			%		
	전체	남	여	전체	남	여
명시적 전략	153	101	52	27.1	30.6	22.22
1. 나 너 싫어	33	28	5	5.86	8.51	2.13
14. 부담되게 왜 이래?	7	3	4	1.24	0.81	1.70
2. 넌 내 이상형이 아니야	25	14	11	4.44	4.25	4.70
3. 나 좋아하는 사람 있어	53	33	20	9.41	10.03	8.54
4.(거짓말)나 좋아하는 사람 있어	20	14	6	3.55	4.25	2.56
17. 부모님이 안 좋아하셔	6	4	2	1.06	1.21	0.85
18. 자라온 환경이 달라서 　　우린 안 맞을 거야	9	5	4	1.59	1.51	1.70
회피적 전략	112	71	41	19.86	21.55	17.49
9. 오늘 날씨 좋다	13	4	9	2.30	1.21	3.84
10. 너 어디 아프냐? 아님 술 먹었냐?	27	15	12	4.79	4.55	5.12
13. 정말? 거짓말 아냐?	26	21	5	4.61	6.38	2.13
15. 너 요즘 많이 외롭구나	30	24	6	5.32	7.29	2.56
16. 좋은 친구 소개시켜 줄까?	16	7	9	2.84	2.12	3.84
절충적 전략	170	87	83	29.09	26.42	35.44
7. 침묵	15	9	6	2.66	2.73	2.56
8. 생각할 시간을 줘	84	50	34	14.9	15.19	14.52
11. 난 네가 생각하는 것처럼 잘나지 　　않았어	35	12	23	6.21	3.64	9.82
12. 넌 나보다 더 좋은 사람 만날 거야	36	16	20	5.32	4.86	8.54
협력적 전략	128	70	58	22.73	21.27	24.78
5. 그냥 친구로 지내자	70	40	30	12.43	12.15	12.82
6. 지금은 마음의 여유가 없어	58	30	28	10.30	9.11	11.96

〈표1〉남녀대학생별 거절당할 때 화행의 선호도 조사

　　자신의 제안을 상대편이 거절하였을 때 가장 기분이 덜 나쁠 것 같은 대답을 정리한 것으로 절충(29.09%) > 명시(27.1%) > 협력(22.7%) > 회피(19.86%)의 순으로 나타나, 실제 사용하고 있는 거절화행에서의 전략과는 다소 차이가 남을 볼 수 있다.[25] [+문제해결][+관계유지]의 협력이 3위로 밀려나고 [+관계유지]의 절충 전략이 1위로 나타났는데, 자신이 거절하는 경우가 아니라 거절을 당할 때이므로 [+관계유지]의 절충이 더 우선시되었다고 할 수 있다. 즉 상대의 제안을 거절할 때는 상대방과의 관계도 고려하지만 자신의 의사가 잘 전달되었는지도 중요하기 때문에 [+문제해결] [+관계유지]의 협력이 선호되지만, 자신이 거절당할 때는 자신의 감정만이 최우선적으로 고려되어 [+관계유지]의 절충이 1순위로 선택되고 있는 것이다.

또한 명시적 전략이 2 순위로 나타났는데, 이는 남학생 '명시(30.6%) > 절충(26.42%) > 회피(21.55%) > 협력(21.27%)', 여학생 '절충(35.44%) > 협력(24.78%) > 명시(22.22%) > 회피(17.49%)'를 비교해 보면 남학생들이 명시적 전략을 꼽은 데 힘입어 2위로 올랐다는 것을 알 수 있다. 이는 앞 절에서 침묵이 남성의 특징을 대표한다고 하였듯이 이 역시 여학생과 구분되는, 남학생들만의 특징으로 정리해 보아야 할 듯하다. 즉 남학생들은 인간관계에서 갈등 상황이 발생하였을 때 모든 것을 분명하게 이해하기를 바라는 특성을 지닌 것으로 보이는데, 이는 [+관계유지]의 공통된 속성을 지닌 절충과 협력을 선호하는 여학생들과 대비된다 하겠다.[26]

---

25 거절을 당했을 때 어떤 것이 덜 상처를 줄 수 있느냐는 질문에 대한 대답은 앞의 것에 비해 많지 않았다.(748:563) 설문 조사지에 '거절을 당하는 것은 어떤 말을 들어도 기분이 나쁘다'라고 일부러 평을 써놓은 데서도 알 수 있듯이 거절을 당하는 기분 나쁜 상황은 어떤 것이 더 효과적인지의 판단 자체를 거부하게 만들었다고 생각한다. 특히 여학생들은 거절한 유형의 410회의 지적에 비해 절반 정도인 234회에 머무르고 있어 특징적이다.

26 이 역시 여성의 '안전에 대한 강한 욕구'의 연장선상에서 해석될 수 있는 바이다. 자신이 거절당했다는 것을 알고 있는데도 굳이 이유를 들어 구체적으로 알고 싶어 하지 않는 것은 자신의 감정의 마지막 선까지 다치고 싶지 않은, 일정 부분 지키고 싶은 안전에 대한 강한 욕구에서 나온 것이 아닌가 한다.

  이러한 남학생 여학생의 차이는 자신의 교제제안이 거절당했을 때
가장 기분이 덜 나쁠 것 같은 유형 1-5위까지의 순위대조에서도 드러
난다.

남학생	여학생
1.생각할 시간을 줘 2.그냥 친구로 지내자 3.나 좋아하는 사람 있어 4.지금은 마음의 여유가 없어 5.나 너 싫어	1. 생각할 시간을 줘 2. 그냥 친구로 지내자 3. 지금은 마음의 여유가 없어 4. 난 네가 생각하는 것처럼 잘 나지 않았어 5.넌 좋은 사람 만날 거야/나 좋아하는 　사람 있어

〈표2〉 남녀대학생의 거절 당할 때 선호하는 화행(1-5위)

  남학생들과 여학생들이 '생각할 시간을 줘'와 '그냥 친구로 지내자'
를 1, 2위로 택하고 있음은 동일한데 3-5위까지가 다소 다르다. 남학
생들은 명시적 전략을 선호하는 데 비해서(3위와 5위 19%) 여학생들은
절충적 전략을 선호하고 있다.(3, 4, 5위 30.32%) 남학생들의 명시적
전략의 선호도는 특히 '나 너 싫어'와 같은 대답을 5위로 선택한 데서
드러난다. 여학생들은 '부모님이 안 좋아하셔서, 자라온 환경이 달라서
우린 안 맞을 거야' 다음으로 꺼려한다고 답한 '나 너 싫어(2.13%)'와
같은 대답을 남학생들이 선호한다는 것은 자신이 거절당하는 이유를
분명하게 답해주길 바라는, 그만큼 모든 것이 분명하길 바라는 특성
과 일치하는 면이 엿보이는 대목이다. 그러나 여학생들은 4, 5위의 대
답에서 보듯이 상대편이 자신의 자존감을 살려줄 수 있는 메시지들을
해주길 바라며 이는 앞에서도 지적했듯이 여학생은 직접 이유를 확인
하고 상황을 정리하는 것보다는 자기 위로를 더 많이 원하는 특징을

보인 것이라 할 수 있겠다.

더구나 조사결과를 보면, 남학생과 여학생들이 사용하는 거절화행이 우연일지는 모르나 상대편이 상처를 덜 받을 것 같다고 느끼는 것과 일치하는 면이 많아서 눈길을 끈다. 남학생들은 침묵의 전략을 택한 것을 제외하고는 그들이 사용하는 전략이 여학생들이 덜 상처를 받을 것 같다고 답한 것과 일치하고 있고[27], 여학생들이 거절화행에서 보였던 명시적 전략의 높은 순위는 남학생들이 덜 상처받을 것 같다고 느끼는 대답의 순위와도 일치하고 있다.[28] 이는 달리 말하면 현재 대학생들은 상대방의 특성에 맞는 갈등해결 전략을 사용하고 있음을 보인 것이다.

현대 사회에서 여성의 사회 진출이 활발하게 이루어짐에 따라 예전에 규정한 남자와 여자라는 성적 차이도 약화되었을 것이라는 생각을 자연스럽게 하게 된다. 거절화행을 둘러싼 남녀의 의식차이는 성별차이가 화행의 차이, 화행전략의 차이를 가져오는지를 살피는 데로 나아갔다. 그 결과, 넓게 보았을 때는 비슷한 경향을 보이지만 자세히 살펴보면 남학생과 여학생들이 갖는 개별적인 특징이 엿보이고 있어 여전히 성차에서 오는 무언가가 아직까지도 존재하는 것이 아닌가 하는 생각을 하게 된다.[29]

---

27 남학생들이 사용하는 전략은 협력>절충>명시>회피의 순으로 나타났는데, 여학생들이 사용해 주길 바라는 전략은 절충>협력>명시>회피 순으로 나타났다. [+관계유지]를 공통적으로 지닌 절충과 협력이 우선적으로 선호되는 것이 양자 모두 동일하다.

28 여학생들은 협력>명시>절충>회피 순으로 전략을 택하고 있었고 남학생들은 명시〉절충〉회피〉협력 순으로 상처를 덜 받을 것 같다고 답하였다. 거절을 할 때는 [+문제해결]이 고려되어 협력이 1순위에 있지만 거절을 당하는 입장에서는 그렇지 않기 때문에 남학생들이 4순위로 택하고 있는 것일 뿐, 이를 제외하면 명시, 절충의 전략을 양자 모두 선호하고 있음이 나타난다.

3) 소결

  문화권마다, 세대마다, 성별마다 그 고유한 자질이 변인이 되어 구사하는 화행전략이 다를 수 있음은 우리의 현실과 밀접하게 관련을 맺고 있으므로 앞으로도 많은 부분에서 연구가 이루어질 것으로 기대하고 있다. 지금까지 성차를 기준으로 한 연구는 사회학을 중심으로 활발하게 이루어지고 있는데, 이들의 논의에는 남녀가 평등한 세상을 이루기 위해 현재 지양되어야 할 여성비하적인 시선을 살펴보기 위함이 목적인 것이 많다. 이를 테면 데이트 과정에서의 행위나 역할 또는 태도, 마음가짐 등에서의 남녀의 차이점을 연구하여 우리 사회에서의 여성의 지위를 파악하는 식이다.

  로즈와 후리즈(Rose & Frieze, 1993)의 연구결과에 따르면 여대생은 수동적, 반응적인 태도를 취한 데 비해 남학생의 행동은 능동적으로 대응하여 데이트 과정에서 남녀 간의 차이가 나타났다고 한다. 여성의 지위가 우리보다 향상되었다고 평가받는 서구에서조차 변화된 규범이 남녀관계의 시작단계인 데이트 과정에서의 성역할에는 영향을 미치지 못하고 있는 것이다. 오늘날 세계는 성역할의 혁명이라 부를 만큼 남녀역할의 경계가 희미해지고 있고 남녀평등에 대한 당위성만이 아니라 실천 역시 상당히 이루어지고 있다. 그런데도 여전히 남녀의 전형적 성역할이 목격되는 이유는 어디에 있을까?

---

29 대학생들이 거절화행의 특성을 분석하기 위해서는 실제로 사용된 대화를 자료로 수집하여 언어사용실태를 구체화해야 할 것이다. 그들이 우회적 표현을 사용하고 있는지 명시적인 표현을 사용하고 있는지 명시적 표현은 어휘와 문장의 형식이 거의 고정된 상투적이고 관습적인 표현들이 사용되고 있는지 아니면 의문문이나 '조금만, 좀' 등의 완곡한 표현을 넣고 있는지 등을 살펴봐야 할 것으로 보이는데, 이는 다음의 문제로 남긴다.

이는 의식의 변화가 행동의 변화로 연결되지 않기 때문으로 보인다. 즉, 의식적으로는 남녀평등의 대의를 받아들이면서도 실제로는 전혀 다른 행동을 하는 것이다. 물론 여성의 다소 소극적인 태도를 힘 있는 집단과 잘 어울리기 위하여 계산된 행동으로 바라보는 사람도 있다. 그러나 대중매체에서 여전히 남성사회자가 우선이고 여성은 보조자의 역할에 머무르는 성적 불평등 현상이 여전하고, 아니 오히려 시간이 지날수록 남성 사회자 위주로 진행이 되는 프로그램이 더 많아지면서 성적 불평등이 더 강화되고 있는 상황에서, 여자가 주체가 되어 통제자의 역할을 담당하는 것은 어려울 것으로 예측된다.

과학기술의 발달과 더불어 대중매체는 우리의 일상에서 가장 많은 부분을 차지하게 되었으며, 큰 영향력을 행사하고 있다. 우리의 삶이 대중매체의 테두리 안에서 크게 벗어나지 못하고 있는 현실을 고려하건대, 대중매체 속에서 전파되는 전통적 성역할은 우리에게 성역할 모델로 작용할 위험이 크다. 우리 가까이에 불평등한 남녀 관계가 존재하는데도 이를 의식하지 못하고 넘어가는 것은 사회에서 법적, 제도적, 성적 불평등을 해소하려는 다른 이들의 노력을 헛된 것으로 만들어버리는 길임을 명심하여야 할 것이다.

물론 남녀가 각기 구사하는 화행전략에 차이가 있을 때조차 기존의 성별 고정관념에 의해 형성된 남녀의 특징을 적용시켜 해석할 수 있을지에 대해서는 회의적이다. 우리가 알고 있는 여성과 남성이 특징은 앞서 살펴보았던 많은 언어자료에서도 알 수 있었듯이, 사회에서 남녀에게 뒤집어씌워 놓은 편견에 불과한 것일 수도 있기 때문이다. 이러한 예측이 현실이 될 것인지의 여부는 좀 더 많은 연구결과물이 집적이 되면 판단할 수 있을 것이다. 물론 그 사이에 여성과 남성의 사회적 지위에도 많은 변화가 있을 것으로 예상되는바, 향후 몇 년 뒤에는 기존의 여성어 특징이 일반적인 인간의 속성으로 판정되어 나타날 수도 있을 것으로 보인다. 자신이 알고 있는 정보를 정확하게 전달하고자 하는 언어의 제1기능보다는 상대방과의 마찰을 줄이면서 자신이 원하고자 하는 바를 이루려는 언어의 제2기능이 더 각광을 받아가고 있는 이때, 여성어는 효과적인 의사소통의 원리와 서로 상통하는 면이 있기 때문이다. 그럼, 그때 나는 과연 여성, 여성어의 특징을 어떻게 정의할 것인가?

더 읽을거리: 담화표지

1) 담화표지의 설정

　인간의 의사소통은 정보의 교환만으로 이루어지지 않는다. 대화에서는 제스처나 표정과 같은 비언어적 의사소통행위를 비롯하여 명제에는 관여하지 않으면서 화자의 느낌이나 생각을 부차적으로 전달해 주는 언어형식, 이를 테면 감탄사의 사용이 자주 목격된다. 따라서 사회언어학에서는 제스처나 표정과 같은 비언어적인 언어행위를 상호 교류행위를 구성하는 데 의미를 가지는 것으로 보고, 이들의 담화기능을 연구하는 데 박차를 가하고 있다.

　이때 연구는 대화에서 쓰이는 언어행위들이 화자의 어떤 의도를 반영하는가 하는 점과 이들이 대화를 구성하는 데 어떻게 기여하고 있는가에 집중되고 있다. 즉 갑작스러운 일을 당하였을 때 무의식적으로 튀어나오는 '어머나'와 같은 말이 개인의 느낌을 표현하는 것이므로 메시지의 전달여부에는 상관이 없다고 보는 것이 아니라 이를 의사소통적 목적을 가지고 발화한 것이라고 보고 이 말이 화·청자의 상호작용 과정에 어떤 도움을 줄 수 있는지를 연구하는 식이다. 또한 입버릇처럼 내뱉는 '그/저'같은 지시대명사나 더듬거림이라고 간주되어 오던 '음' '흠' 같은 소리도 단순히 입버릇이나 더듬거림이 아니라 대화라는 의사소통과정에서 화자의 메시지를 전달하는 데 중요한 도움을 주는 말이라고 보는 것이다. 물론 이는 단어나 문장만을 연구대상으로 보는 것이 아니라 담화라는 더 큰 단위를 분석했을 때 비로소 파악할 수 있는 기능이다.

지금까지 '음, 흠' 등은 국어 문법에서 감탄사 내지는 감동사, 느낌씨, 불변화사 등의 명칭으로 불렸다. 이는 서구의 문법 체계 아래에서 감탄사라는 품사를 독립품사로 인정하는 추세에 따른 것으로 보인다. 따라서 남기심 고영근(1993:180-1)처럼 대다수 학자들은 감탄사를 화자가 자신의 느낌이나 의지를 특별한 단어에 의지함이 없이 직접적으로 표시하는 품사라 정의하고, 독립된 문장과 같은 기능을 발휘하므로 독립어가 되며, 동사나 형용사처럼 어미가 붙어 활용은 하지 않는 품사로 정리하였다.

그러나 감탄사가 단지 화자의 느낌이나 의지를 나타내는 데 머무르지 않기 때문에 문제이다. 이를 테면 '아이고, 아차' 등의 말은 화자에게 정신적으로 육체적으로 자극이 와서 화자의 내면상태를 전달하는 게 맞지만 '안녕' '아서라'와 같은 말은 인사를 하거나 금지의 의사를 표현하려는 화자의 뜻이 전달된다. 길에 오가며 만나는 대상을 호감으로 대한다거나 상대의 행동에 하지 말아야 한다는 화자의 판단, 즉 화자의 인지작용이 작용한 것이라면, 이는 단지 화자의 느낌을 표현했다고 할 수 없는 것이다. 이러한 입장에서 오승신(1995)은 이들을 간투사로 분류하였다.

간투사는 발화상에서 다른 단어와 통사적인 구조를 이루지 않으며, 활용이나 파생을 하지 않고, 발화 당시의 화자의 내면상태나 정신작용을 표출하거나 화자의 뜻을 전달하는 데에 관례적으로 쓰이는 단어로 정의된다. '통사적인 구조'나 '활용', '파생' 등의 용어를 건너뛰고서라도 이들이 지닌 의미, 즉 내면상태, 정신작용 표출, 화자의 의도 전달

등을 기준으로 기존의 감탄이라는 용어가 지닌 한계를 뛰어 넘어서려는 의도가 돋보이는 지적이었다.

더구나 우리말의 감탄사 중 소리를 표현하는 의성어가 지닌 음운론적 변칙성을 지적한 점은 이들을 감탄사라는 용어로 묶는 것이 어색하다는 것을 잘 보여주는 지점이다. 예를 들면 쯧쯧과 같은 말은 가엾거나 못마땅하다고 여길 때 사용하는 표현인데, 실제로 혀 차는 소리를 내보면 '쯔' 즉 혀끝과 입천장 앞의 단단한 부분에서 나오는 소리가 아니라 치경음 즉 혀끝과 잇몸이 부딪치는 소리(/ts/)에 더 가깝다. 물론 위아래 'ㅉ' 사이에 있는 '으' 모음조차 실제로 나타나지 않아 음운론적 변칙성을 더하고 있다. 그리고 상가집에 갔을 때 자주 듣는 '아이고, 아이고'를 발음해 보면, 소리가 /ai/가 아니라 /aj/로 나는 것을 알 수 있다. 그러나 이는 국어의 음소체계에는 없는 발음이다. 반모음 /j/는 현대국어에는 야/ja/, 여/jə/, 요/jo/, 유/ju/, 애/jɛ/, 예/je/, 이렇게 여섯 개 발음만 인정될 뿐이어서 '아이고/ajgo/'와 같이 뒤에 오는 경우는 없기 때문이다. 또한 아이에게 오줌을 누도록 시킬 때 쓰는 쉬와 한숨을 내쉴 때 쓰는 휴우 역시 소리와 표기가 일치하지 않는다. 이렇게 음운론적 변칙성을 가진다는 것은 실제 우리말 철자법상으로는 이들을 표기할 수 없다는 말이므로, 의성어 중 많은 것은 감탄사에 속하는지의 여부조차 물을 수 없는 것이 된다.

오히려 이들은 제스처와 다를 바 없는 요소처럼 보이는데, 우선 제스처와 동일한 어순을 가졌다. 제스처는 보통 발화보다 일찍 일어나거나 동시에 발생함이 특징이다. 그런데 감탄사 역시 '앗, 차가워'와 같은 문장을 보면 감탄사 '앗'이 앞선다. 또한 의성어들은 인용문에서 직접 인용되는 대신에 청각적 제스처로 표현된다. '그 사람을 보더니 "쯧쯧, 왜 저렇게 됐다니?"하셨습니다.'를 바꾸어 표현할 때 '그 사람을 보더니 혀를 차시면서 ”왜 저렇게 됐다니?”하셨습니다.’로 말한다. ‘쯧쯧’이 ‘혀를 차시면서’와 같은 청각적 제스처인 셈이다. 이런 예시는 다양하다. ‘휴’는 한숨을 내쉬면서, ‘흥’은 코웃음을 치시면서, ‘에헴’은 헛기침을 하시면서와 같이 표현하는 것 말이다.

결국 지금까지의 설명대로라면 다수의 감탄사들은 비언어적 의사소통행위에 해당할 것이며, 비언어적 의사소통행위의 의도성, 화자의 목적지향성을 고려한다면 이들은 담화상에서 명제적 의미와 상관없이 화자의 내면상태나 정신상태 또는 화자의 의도를 전달하기 위해 사용되고 있는 것, 담화 상에서 수행해야 할 특별한 목적을 지닌 채 사용되었을 것이란 해석이 가능하다.

선행 연구자들은 감탄사, 감동사, 간투사, 담화표지 등 다양한 이름으로 불렀으나, 감탄사 외에 부사, 접속부사 등이 포함되고 ‘그것 참’, ‘하나님 맙소사’, ‘그래 가지고’ 등 단어로 이루어지지 않은 수많은 것들을 포함시키기에는 담화표지가 적절하다고 판단하여, 이들을 Schiffrin(1987)의 정의 이후 많은 담화분석론자들이 사용하는 담화표지로 부르기로 한다. 그렇다면 어떠한 예시를 담화표지의 우산 아래 둘 것인지, 우선 대표적인 예로 ‘그러니까’를 들어 담화표지의 특징을 논해 보려 한다.

2) 담화표지의 통사, 화용적 특징

담화표지는 문자적인 의미는 남아있지 않고 단순히 담화의 전체 구성에서 구성요소들 간의 관계를 결속시키는 기능을 가지고 있다. 예를 들어 ‘있잖아. (근데)있지’ 등은 원래의 기능을 잃고 상대방의 주의를 끌기 위한 기능만 가지고 있었다. 이러한 의미기능은 특히 실제 사용된 맥락을 떠나서는 논의될 수 없기 때문에, 문장을 넘어 담화의 차원에서 이들을 범주화할 필요성이 제기되었다. 따라서 신현숙(1989, 1990), 이기갑(1994), 임규홍(1995), 이한규(1996) 등 다수의 연구결과에서 이들은 담화표지로 범주화되었다.

  '그러니까' 역시 담화표지로서의 기능을 가지고 있음을 본 절에서 검토해 보려고 하는데, 선행연구들을 토대로 담화표지의 특징을 간략히 정리한 강소영(2005)을 인용하면 다음과 같다.

> 1. 실현양상(문어 vs 구어, 특수한 곳에 쓰임 vs 두루 쓰임)
> 2. 형태적 고정성
> 3. 독특한 담화적 기능(← 선행담화와 후행담화의 결속, 생략 가능성)

  담화표지는 정제된 글말보다는 구어 즉 담화 상에서 의미를 갖는 요소이다. 따라서 '그러니까'의 분포를 검토하여 담화표지로서 분류할 수 있을지를 알아봐야 한다. 그리고 담화에 참가한 사람들의 직업이나 대화의 주제 등에 영향을 받지 않고 두루 사용되어야 하나의 범주를 형성할 수 있으므로, '그러니까'가 개인어가 아니라 보편적인 현상임을 입증할 수 있도록 여러 자료에서 공히 나타나는지 또한 검토해 봐야 할 것이다. 두 번째 형태적 고정상은 원래의 것과 다른 통사, 의미적 특징을 가졌음을 보이는 항목이다. '뭐, 인제, 말이야' 등 외형상 비슷하지만 기능이 서로 달라 완전히 별개의 것으로 처리되는 예들을 보면, 형태, 통사, 의미적 특징이 다른 점을 알 수 있다.(이기갑 1995, 이한규 1996. 임규홍 1998) 따라서 '그러니까' 역시 형태, 통사, 의미적 기능을 기준으로 삼아 접속부사와 별개의 것으로 설정할 수 있는지 살펴보아야 할 것이다. 마지막으로 독특한 담화적 기능을 수행하고 있음을 예증하기 위하여, 담화표지로서의 의미기능을 수행하는 순간 문장 내 다른 성분들과의 결속관계가 없어짐에 주목하려 한다. 담화표지는 문장의 개념적 의미에는 영향을 끼치지 않기 때문에 다른 문장성분과 독립적이다. 따라서 의미 전달에 무리가 없으면 생략가능하다. 이러한 기준에 따라 여러 통사, 화용적 특성이 담화표지 '그러니까'에 들어맞는지를 검토해 보려 한다.

■ 보편적인 사용 실태

본 절은 '그러니까'의 담화표지로서의 기능에 주목하고 있어 구어담화자료에서 '그러니까'의 사용양상이 두드러진지를 살펴보려고 한다. 이를 위해 구어담화자료를 전사한 자료를 분석하여 담화 상에서 명제 내용에는 관여하지 않고 화자의 심리적 태도를 나타내는 담화표지로 보이는 것들을 통계화하였는데, 이를 보이면 다음과 같다.

전사자료1	빈도수	전사자료 2	빈도수
막	24(20,9%)	인제	88(24.8%)
아	11(17.4%)	좀	42(11.8%)
어	11(9.7%)	뭐	39(11%)
그러니까	7(6.2%)	그러니까	29(8.2%)
그래 가지고		그냥	23(6.5%)
근데	6(5.2%)	이렇게	21(5.9%)
아니		막	17(4.9%)
응		그래 가지고	14(3.9%)
하여튼	5(4.3%)	근데	12(3.4%)
뭐		어	10(2.8%)
전체	115	전체	355

〈표1〉 구어전사자료 속의 담화표지 사용양상

　전사자료1은 오랫동안 사귀어 온 남(30대 초, 경상도) 여(20대 후반, 경상도) 사이에서 이루어지는 일상적인 대화이며 전사자료2는 집사(40대 초, 전라도)와 신도(30대 초반, 서울) 사이에서 이루어진 대화이다. 성, 나이, 직업 등의 차이에도 불구하고 '그러니까'의 담화표지로서의 사용이 고루 분포되었음은 이의 사용이 보편성을 획득하였음을 보여 주는 바이다.

　더군다나 이들 자료 이외에 학생들의 토론담화를 전사한 자료를 더하여 분석해본 결과에서도 '그러니까'가 접속부사로서 사용된 것보다 담화표지로서 사용된 경우가 더 많았다.

자료 항목	전사자료1	전사자료2	전사자료 (토론담화)
[이유, 근거]접속부사	5	11	3
담화표지	4	31	65

〈표2〉 구어전사자료 속의 '그러니까' 사용양상

　지금까지 본 것처럼 담화표지 '그러니까'는 구어에서 더 의미를 갖는 것임이 확실해져 담화표지로서의 기능을 획득하였다고 볼 수 있겠다.

■ 형태적 고정성

　다음으로 형태적 고정성을 살펴볼 차례인데, '그러니까'는 지시대상의 심리적 거리에 따라 '이러니까/저러니까'와 상보적인 분포를 보인다. 그러나 담화표지 '그러니까'는 접속부사와의 관련성이 낮아지면서 대용지시의 '그'의 특성에서 벗어나 있다. 따라서 아래 (4)처럼 상대방의 말에 동의를 표하는 담화표지는 오직 '그러니까'만이 가능하다.

(1)　가. 오늘도 늦게 일어났구나. {그러니깐/저러니깐/이러니깐}

　　　늘 지각이지.

　　나. 갑: 그러게 왜 나에게 시비를 걸어.

　　　을: {그러니깐/*저러니깐/*이러니깐}

(1)은 접속의 기능을 벗어난 '그러니까'는 이에 걸맞게 오직 '그러니까'로만 쓰이고 있음을 보이고 있어 담화표지로서의 가능성을 엿보이게 한다.

또한 담화표지로 사용될 때 '그러니까'는 축약된 '근까'로 자주 나타나, 접속부사로서의 느낌을 지우고 있다.

(2)　가. 오늘도 늦게 일어났구나 {그러니까/그니깐/*근까} 늘 지각

　　　이지.

　　나. {그러니까/ 그니깐/ 근까}

　　　언니도 그--

　　　지금 뭐--

■ 고정된 어순 실현[30]

한국어의 통사적 구조는 주어가 문장의 처음에 오고 서술어가 문미에 오며, 문장이 확대될 경우에는 문장과 문장 사이에 접속부사, 접속

---

30 강소영(2007, 2008)에서는 주어나 서술어 그리고 선, 후행절처럼 문장의 앞, 끝 그리고 앞과 뒤로 일정 자리가 정해진 예들을 대상으로 연구를 진행하면서 '어순 도치'란 용어를 사용하였다. 이는 전통적인 용어이며 연구의 대상의 특성에도 어울리는 용어였다. 그러나 본고는 위치의 자유로움을 특징으로 하는 부사어를 연구대상으로 하기 때문에 어순이 뒤집혔다는 도치 대신 어순에 변화가 있다는 개념을 받아들여 '어순변동'이라 이름 지었다.

어미가 위치하여 선행절과 후행절을 순서대로 연결시키는 것이 자연
스럽다. 그런데 실제 대화에서는 문장 사이에 있어야 할 접속부사가
그들의 분포 환경을 무시한 채 나타나고 있어, 문의 순서에 괘념치 않
아 보이는 예들이 다수 나타난다.

(1) 가.   그리고 행여는 긍정적인 것만,

          포함돼 있는--,

          그런--,

          요즘 누가 행여 쓰나= 근데?

   나. 여성: 힘드냐고=

          ①.........(9)예 [이랬어@@@]

      남성: ....(10)그러니까 뭐래.

      여성: 뭐라 [그랬더라]

      남성: [때려치래?]

      여성: 아니 아,

          학원을 좀 줄이라고.

      남성: 거봐,

          아빠도 그러지.

      여성: 그래갖고,

          .②.(2.3)근데 그 다음 날 엄마가 막,

          그, 마음이 아프잖아 엄마가,

   다.   ①그니깐

          그–언니두

          지금

          애들한테 조 짜고

기본 뭐--

② 기본적인 그–틀만 있는 상태인 거[지 얘]

     들이

라. J   그런 거지.

그래 가지고 이제--

다모가 확 돌아갖고,

K   ① @@

그걸로 확 도나?

…(2.4)죽었다는 사실로 확 돌아?

J   ②,,(1,2)그렇지.

③그니깐 죽는 순간에,

자기의 가슴을 뚫은 사랑이,

(1)은 원래의 문장과 문장 사이라는 위치에서 벗어난, 담화표지 '그런데/그래 가지고/그러니까'의 예이다. (가)는 문두에 있어야 할 '그런데'를 문장 끝에 위치시킨 예이며, (나)는 여성화자의 말(힘드냐고 물어봐서 '예'라고 답했다(①)→다음날 엄마가 야단치셨다(②))에 다른 이야기가 끼어 있어서 둘 사이의 연결고리를 찾기가 어려운데, 화제복귀의 '그래 가지고'로 이를 극복하는 예이다. (다)는 선행 문장이 없는데도 '그러니까'를 사용한 예이며, (라) 는 중간에 다른 화제가 개입(①)되어 이에 대답한 뒤(②) 자신이 원래 하려는 화제로 다시 이끄는 데 '그러니까'를 사용한 예이다.

(1)에서 특히 '그러니까'는 선행 문장이 없이 새롭게 시작하는 대화에서 사용되고 있음을 볼 수 있는데, 자료의 분석결과 억양단위 맨 앞에서 실현[31] 되고 있었다. 억양단위란 순간적으로 떠오른 화자의 생

각이 하나의 통일된 억양곡선으로 실현된다는 점을 포착하여 이를 기준으로 대화를 전사하는 담화분석의 시각을 반영한 용어이다. 본고는 한 번에 떠오른 정보의 양을 한 줄의 억양단위로 전사함으로써 발화자의 머릿속에 떠오른 정보 흐름이 명시적으로 드러날 수 있다는 장점을 가지고 있어, 구나 절 대신 억양단위를 기준으로 하여 담화자료를 전사하였다.[32]

(1-다)는 억양단위를 기준으로 하면 '그니깐/ 언니도/ 지금/ 애들한테 조짜고/ 기본/ 기본적인 틀만 있는 상태이다, 애들이'와 같이 분절되어 있다. '언니네 반 아이들도 조를 짜놓은 기본적인 틀만 상태이다'와 같은 내용전달은 문어에서나 가능한 것이며, 즉흥적으로 이루어지는 구어담화에서는 화자의 머릿속에 때로는 한 어휘만, 때로는 전체 문장이 현현된다. 따라서 이러한 억양단위를 기준으로 하였을 때 '그러니까'는 모두 억양단위 맨 앞에 위치하고 있음이 특징적이다.

■ 생략가능성

'그러니까'는 토론이 오가는 상황에서 어휘나 문장이 틀렸을 경우

---

[31] 접속부사는 문장과 문장의 접속 시 중간에 오는 것이 자연스럽다. 그러나 이들의 위치는 문장과 문장을 연결하는 접속부사로서의 위치를 고집하지 않고 단어의 분절 뒤 문장을 연결하는 지점, 말머리를 열 때(의미기능 설명할 때 다시 나올 것이므로 여기서는 구체적으로 기술하지 않는다.) 등 억양단위 맨 앞에 위치함을 알 수 있었다.

[32] 이 글에서는 억양단위(intonation unit)를 한 줄로 표시하고, 말의 분절(truncated intonation unit)는 -- 로, 단어분절(truncated word)는 -로, 말의 겹침(speech overlap)은 [ ]로, 음의 고저(termanal pitch)는 각기 ↗↘로 표기하였다. 그리고 말끝을 일부러 늘여 자신의 감정을 반영하는 경우에는 =로 표기하였다. 이처럼 담화의 운율적 단위인 억양단위로 전사함이 구어체 담화를 분석하는 데에 유리할 수 있음은 선행 연구에서 여러 차례 지적된 바 있다.(Chafe 1979, 1994, 김해연 2001, 전영옥 2003, 강소영 2008 등)

이를 수정하기 위해 사용되는 담화표지로서 기능하기도 한다. 그런데 이때의 '그러니까'는 말이 틀려서 수정하는 경우이므로 의미상 연결고리가 별다르게 필요 없는 상황이며, 따라서 얼마든지 생략가능하다.

(1)   가. 패러디가 인격권과 충돌하지 않는--

       그니깐

       패러디가 그-인격권과 상충되지 않는다고

       그렇게 설명을 하셨잖아요 근데

    나. 패러디가 인격권과 충돌하지 않는--

       패러디가 인격권과 상충되지 않는다고

       그렇게 설명을 하셨잖아요. 근데

   (1)은 '충돌한다'는 어휘의 사용이 적절하지 않아 말을 분절하고 새로운 어휘를 찾아 문장을 수정한 예이다. (1)은 말이 틀렸을 경우이므로 선행절이 이유나 원인으로 기능하지 않으며 따라서 담화표지 '그러니까'의 예라 할 수 있는데, 말이 틀렸을 경우에는 (1-나)처럼 분절하고 별다른 수식어 없이 재수정하는 경우가 비일비재하여 '그러니까'의 생략은 매우 자연스러워 보인다.

(2)   가. 그 문제를=

       해결을--

       그 문제를 해결된다고 하셨는데

    나. 그로 인하여 신청인의 인격권이 침해하--

       침해되었다고 단정하기는 곤란하고

(2)는 자신의 발화에서 어색하거나 틀린 부분이 생겼을 때 말을 끊고 문장을 다시 시작하거나(가) 틀린 단어를 직접 수정하여 발화한 (나)예이다. 이처럼 말의 수정은 '그러니까' 없이도 가능하며 따라서 (나)처럼 '그러니까'의 생략은 자연스럽다. 이는 문장의 명제 내용에 영향을 끼치지 못하는 담화표지의 전형적인 특징이며, 따라서 '그러니까'는 담화표지로서의 기능을 가지고 있음을 알 수 있다.

지금까지 몇 가지 특징을 근거로 '그러니까'를 담화표지로 볼 수 있음을 논하였다. '그러니까'를 담화표지로 인정한다면, 이는 이유나 원인의 접속부사 이외에 어떠한 의미기능을 가지고 있을까? 다음 절에서는 '그러니까'의 사용 환경이 어떻게 나타나는지 구체적인 담화자료를 토대로 분석을 해보려고 한다. 특히 자료의 성격을 고려하여 토론담화에서 '그러니까'를 사용하는 대화참여자의 대화 전략으로 살펴보려고 한다.

3) 담화표지의 의미기능

패널토론은 패널과 방청객 그리고 사회자까지 얽혀 자기 의견의 정당성과 타인의 의견이 가진 비논리성을 적극 피력하는 장이기 때문에, 논의과정 중인 주제에 대한 자신의 지배력을 보여주면서 동시에 다른 이들과의 말싸움에서도 밀리지 않는 말차례 지배력을 보여주어야 한다. 결국 토론담화를 이끄는 과정에서 보이는 화자의 태도란 패널토론을 지배하려는 화자의 담화전략을 달리 이르는 말로 해석이 되며, '그러니까' 역시 토론담화를 매끄럽게 이끌어나가기 위한 전략적 사용 장치로서의 면모가 보인다.

■ 수정과 시간 벌기 전략

토론담화는 단일 주제 아래 다양한 화제들이 예측불가능하게 나타나고 있으므로 자신이 원하는 바대로 대화를 이끌기가 쉽지 않다. 특히 말실수가 일어난 경우에는 자신이 하려는 말을 이어나가기가 어렵다.

'그러니까'의 사용은 이를 극복하기 위한 방법으로 쓰였는데, 아래 예문은 적절한 말을 고르지 못하여 말이 분절된 경우이다.

(1)　　가. ①패러디가 인격권하고 충돌하지 않는--

　　　　　②그니깐 패러디가 그-

　　　　　인격권과 상충되지 않는다고

　　　　나. 내가 피해자에게 그렇게 하면은

　　　　　그만큼의

　　　　　③나-나에게도 오는 피해--

　　　　　④그러니까

　　　　　나에게도 오는 그런--

　　　　　피해자가 느낀 그런 거를 나도

(1)은 단어를 잘못 선택하였거나(①) 말이 꼬여 의사를 제대로 전달하지 못했을 때(③) 이를 분절하고 수정(②, ④)하고 있는 예문이다. 토론담화는 논제에 등장하는 주요 개념들을 바르게 정의하는 데서부터 운영의 미가 살아난다. 따라서 전달의 차이로 인해 생길 수 있는 오해를 없애기 위해 방법을 강구하게 되며, '그러니까'는 이를 위한 한 장치이기도 하다. 더구나 잠깐의 휴지 뒤에 바로 말을 이어야 하는 말의 분절(1-나의 ③)상황과 달리 '그러니까'의 발음 시간만큼 시간을 확보하게 돼 적절한 단어나 문장의 선택에 용이로움을 가진다.

■ 동일 대상 지시로 화제 구조 지배

입장과 경험이 서로 다른 대화 참여자들이 하나의 주제를 놓고 격론을 벌이는 과정은 흡사 전쟁터와 같다. 그러나 주제와 찬성 측, 반대 측이 정해져 있기에, 서로가 서로의 논의를 보충설명하고 상대방의 논의에 반박을 가하는 등 화제의 확산, 전환, 정리와 같은 상황들이 가시적으로 드러날 수 있다. 물론 이 과정에서 담화표지들의 사용이 활발할 것으로 기대되는데, 아래에서처럼 '그러니까'는 논쟁 중인 대화에 끼어들어 자신의 입장을 설명하고 앞선 화제를 확산해 나가는 과정에 나타난다.

(1)　　A: 실효성도 없는 마당에

　　　　　이게 인권– 범죄자의 인권까지 무시해 버리는

　　　　　[그런 논리]가 되거든요

　　　B: [그니까] 제가 생각하기는

　　　　　저희 나라가 지금

　　　　　고위형 저위형이 있으면

　　　　　고위형은 공개를 하기 때문에

　　　　　교–교육 측면에서 보면 조금 덜하고

　　　　　저위형 위주로 교육을 하고 있기 때문에

　　　　　아까 말씀드린 그

　　　　　고위형이 교육을 하게 될 때 얼마나 교화할 수 있느냐

　　　　　여기에 대해서는

　　　　　저희가 통계치를 가지고 있지 않아서

　　　　　말씀을 해드릴 수가 없어서 죄송한데요 이제

앞에 생략된 부분에서는 중죄를 저지른 이들(고위형)을 교육으로 교화시킬 수 있는지, 그 실효성을 입증할 수 있느냐고 물었었다. A는 이에 대해 교육을 택하지 않고 사형을 시키는 것 역시 실효성도 없고 인권을 무시하는 거라며 역공을 취하고 있다. 두 사람의 아슬아슬한 논쟁을 지켜보던 B가 이 상황에서 개입하기 위해서는 나름대로의 방법이 강구되어야 하며, 이는 '말겹침+그니까'의 사용으로 나타났다.

말의 겹침으로 일단 자신의 말차례가 돌아오자, B는 의견대립상황에서 자신이 A와 동일한 입장에 있음을 말하고 있다. 단지 A보다는 좀 더 자세하게 고위형 교육의 실효성을 왜 말해줄 수 없는지(교육을 하지 않기 때문에 교화의 실효성을 논하는 것 자체가 현재로선 불가능함)를 부연설명하고 있다. 따라서 이런 경우 사용된 '그러니까'는 자신이 첨언하여 논의를 심화시키는 내용이 앞선 사람과 동일한 논지임을 지시하게 된다. 그래서 그의 의견이 어느 쪽인지를 분명하게 보여주고 있다.

물론 이는 자신이 어느 편인지를 보여주는 효과를 가짐과 동시에 동일 논의의 확산, 참여자들의 주의 집중을 함께 가져오기도 한다. 토론담화에서 선행하는 일차 문장-그것이 자기의 논지이든 같은 편의 논지이든-에 대한 문자 그대로의 내용반복은 보이지 않는다. 일차적으로 제시된 문장에 발화자의 인식작용이 개입이 되기 때문에 언제나 논지는 강화, 확산되기 마련이다. 따라서 '그러니까'의 지시에 의해 어느 한 편의 논지보강이 이루어진다는 신호를 받게 되면 토론참여자들은 상대방의 논의가 어디로 흘러가는지 주의를 집중해서 듣게 되며 이에 따라 화자의 대화구조 지배력은 커지게 된다.

동일논의의 지시는 다음과 같이 상대방의 질문 일부를 동일하게 수용하여 차례대로 논박해 가는 과정의 첫머리에 나타난다.

(2)   K   ① 근데 후기가 나와 있는데

            왜 재범자는 그렇게 많아요?

      청중   @@@[@]

      S   ②[그러니까 재범자들도 생각했는데요

            공개를 하면은

            실효성이 높아야 한다는 제 생각인데

            ③ 실효성이 높아지면은

            그 범죄자가 줄어야 되잖아요

            그래야 실효성이 있다고 생각하는데

            ④ 근데 역으로 생각해 보면은

            예를 들어 2001년도에

            성범죄자가 만 명이었어요

            그런데

            2005년도에 원래 추세라면

            이만명이 되어야 하는데

            만 팔천 명이 된 거예요

            그럼 이 백 명 줄이는 효과가 있었잖아요

  (2)는 성범죄자들을 교육하면 재범률을 낮출 수 있다는 이점을 주
장한 상태에서 재범자가 많다는 질문이 들어온 경우(①)이다. 청중의
웃음에서 알 수 있듯이 교육의 효과만 강조해 온 S가 속한 편은 역공
을 당한 상태다.[33] 이때 S는 자신들도 재범자의 숫자가 많음을 알고

---

[33] K는 재범률과 재범자의 많고 적음은 다른 차원의 것인데, 재범자의 숫자가 너무
  많다는 점만 고려하여 질문을 던진 것이다. 따라서 상대방에게 재범률과 재범자
  의 숫자를 구별해 달라는 역공을 바로 취할 수도 있으나, 청중의 웃음과 S의 태도

있다는, 일부 동의(②)로 시작하고 있다. 그리고 상대방의 의견을 다시 정리한 뒤(③) 반박(④)으로 이어지고 있다. 상대에게 허를 찔렸으나 당황하지 않고 상대의 질문을 적극 수용하여 이를 논박해 나가는 위기대처능력을 보이는 대목이다. ②의 '그러니까'는 상대편의 질문에 적극 동의하며 이를 수용하여 화제로 놓겠음을 표시하는 동일논의지시기능을 가졌다고 할 수 있다.

마지막으로 동일지시는 그 대상이 현재 논의하고 있는 화제인 경우도 있다. 기획되지 않은 채 현장에서 즉발적으로 튀어나오는 말은 때로는 불필요하다고 여겨지는 경우도 있다. 따라서 말의 분절이 일어나는 경우, 원래의 화제로 자연스럽게 복귀하는 것이 필요하며, 따라서 앞에서 논제로 삼은 화제를 지시하는 '그러니까'는 화제복귀의 전략적 사용과 맞물린다.

> (3) ① 어, 근데 제가 읽은--
> ② 그니깐
> 처음엔 우리가
> 파병을 하는 데에는
> 재건 사업 하고
> 그 다음에 전투병 재건지원병
> 이렇게 했잖아요

(3)은 불필요한 정보를 생략(①)하고 현재 다루고 있는 화제로 복귀할 (②)때 '그러니까'가 쓰인 예이다. 이 경우 '그니깐'은 앞의 화제와

를 보아서는 기습을 당한 형국이었다.

동일함을 지시하고 있지만, 동시에 부가적인 말은 잊고 앞의 화제로 돌아간다는 화제복귀를 표시하기도 한다.

■ 말차례에서 주도권 잡기

일반적으로 담화가 자연스럽게 진행되려면 한 사람의 말이 끝나는 시점과 다음 사람의 말이 시작하는 시점이 적절하게 맞아야 한다. 그런데 실제 담화는 정해진 대본이 없이 불규칙적으로 자유스럽게 말을 주고받기 때문에 말차례를 엄격하게 지키는 것은 매우 어렵다. 다른 이가 말을 끝내기도 전에 또 다른 이가 말을 할 수도 있고, 심지어 중간에 상대방의 말을 끊고 자신의 말을 내뱉기도 한다. 이와 같은 순간에 자신의 말차례를 자연스럽게 확보하기 위한 다양한 장치들이 마련되는데[34], '그러니까' 역시 그 하나의 방법에 해당한다.

(1)　　A: 실효성도 없는 마당에

　　　　　　이게 인권– 범죄자의 인권까지 무시해 버리는

　　　　　　[그런 논리]가 되거든요

　　　　B: [그니까] 제가 생각하기는

　　　　　　저희 나라가 지금

　　　　　　고위형 저위형이 있으면

　　　　　　고위형은 공개를 하기 때문에

　　　　　　교–교육 측면에서 보면 조금 덜하고

　　　　　　저위형 위주로 교육을 하고 있기 때문에

---

34 이에 관한 자세한 논의는 임규홍(2001)을 참조할 것.

대화의 순서교대는 상대방의 말이 어느 정도에서 끝날지 예측가능하므로 자연스럽게 이루어질 수 있으나, 이는 달리 말하면 상대방의 말이 웬만큼 이루어졌다고 생각할 즈음 개입하여 자신의 말차례로 가져올 수도 있다는 것이다. (1)은 이를 보여주는 것으로 B는 A의 말이 끝나갈 즈음에 말을 시작하여 말겹침이 자연스럽게 이루어졌다. 이런 경우 명제내용에는 별다른 의미를 부여하지 않는 담화표지의 사용이 자연스럽다. 말겹침으로 제대로 의미가 전달되지 않을 상황임을 B 역시도 알고 있기 때문이다. 담화표시 '그러니까'의 사용이 필요한 순간이며, 이에 더하여 의미는 실리지 않았어도 말차례를 확보하는 데 지대한 힘을 가지고 있다. B가 A가 미처 다 말하지 못한 답을 진술, 반대편의 개입 자체를 차단할 수 있는 것을 보아도 알 수 있다.

아래 예 역시 동일하게 미처 질문이 끝나지 않았는데, 말을 시작하였으며 이는 말차례를 확보하여 자신들의 입장을 전달하려는 화자의 의지를 읽을 수 있다. 이런 경우 '그러니까'는 말차례에서 우위를 점하려는 화자의 담화전략의 일환으로 기능하게 된다.

(2)　　C　이쪽 팀에서는 그--

　　　　　상대적인 기준을 어떤 식으로

　　　　　너무 애매모호하게

　　　　　정의를 내리고 있지는 않아 해서요

　　　　　이쪽 팀은 그 애매모호한 것을 법률적으로 어떻게

　　　　　규정이 가능한[지]

　　　　Y　[그니]까 저희는

　　　　　광장히 범위를 크게 잡고 있는 편이예요

　(2)는 상대편에서 본인의 입장을 질문하는 경우로, 자신이 속한 팀원 중에서 누구든 대답을 할 수 있는 상황이다. 이런 경우 상대방이 물어본 내용을 받아서 본인이 대답을 하겠음을 표시하기 위해 명제 내용에는 별다른 영향을 끼치지 않고 그저 말차례잡기만을 표시하는 '그러니까'를 사용하고 있는 것으로 보인다.[35]

　지금까지 접속부사 '그러니까'가 원래 가지고 있던 통사적 특징을 벗어나 새로운 범주로 묶이는 어휘, 특히 담화를 이끌어가는 화자의 전략적 사용으로 담화표지란 이름 하에 묶일 수 있는 어휘임을 확인하였다. 그리고 (1) 말이 틀렸을 때 이를 위한 시간을 벌기위한 전략의 일환으로 사용하거나 (2) 동일 지시의 기능으로 상대방의 발언에 지지를 표명, 주의를 집중시키거나 앞선 화제로 복귀하는 기능을 수행하거나 (3) 여러 명이 참여하여 자신의 의견을 개진하는 토론담화의 특성상 말차례를 확보하기가 어려운데, '그러니까'는 이를 위한 전략적 장치로 사용되고 있음을 알아보았다.

　담화표지는 군더더기말로서 일상의 대화에서 간결하고 명확한 메시지 전달에는 장애가 될 수 있다. 그러나 맥락에 따라 이들이 화자의 의사소통을 원활하게 할 수 있기 때문에 이들의 선택은 불가피한 일이기도 하다. 실제 대화를 바탕으로 청자에게 상호 연관된 의미의 맥락을 이해하기 쉽도록 화자가 제공하는 적절한 신호들을 잡아내고, 이를 화제, 화자와 청자 그리고 시공간, 공손성, 청자의 정보량 등 상호관련을 맺을 수 있는 다양한 변인들을 설정, 심도 있는 연구를 행한다면 좀 더 흥미로운 결과들을 만나게 될 것이다.

---

35 이는 상대방이 물어본 내용과 동일한 내용으로 화제를 이끌어나가겠다는 화자의 입장을 반영한 것이기도 하다. 하지만 이에 더해 말차례를 확보하기 위한 화자의 담화전략도 개입되어 있으므로 우선 이 예는 말차례 확보에 넣어 처리해 두었다.

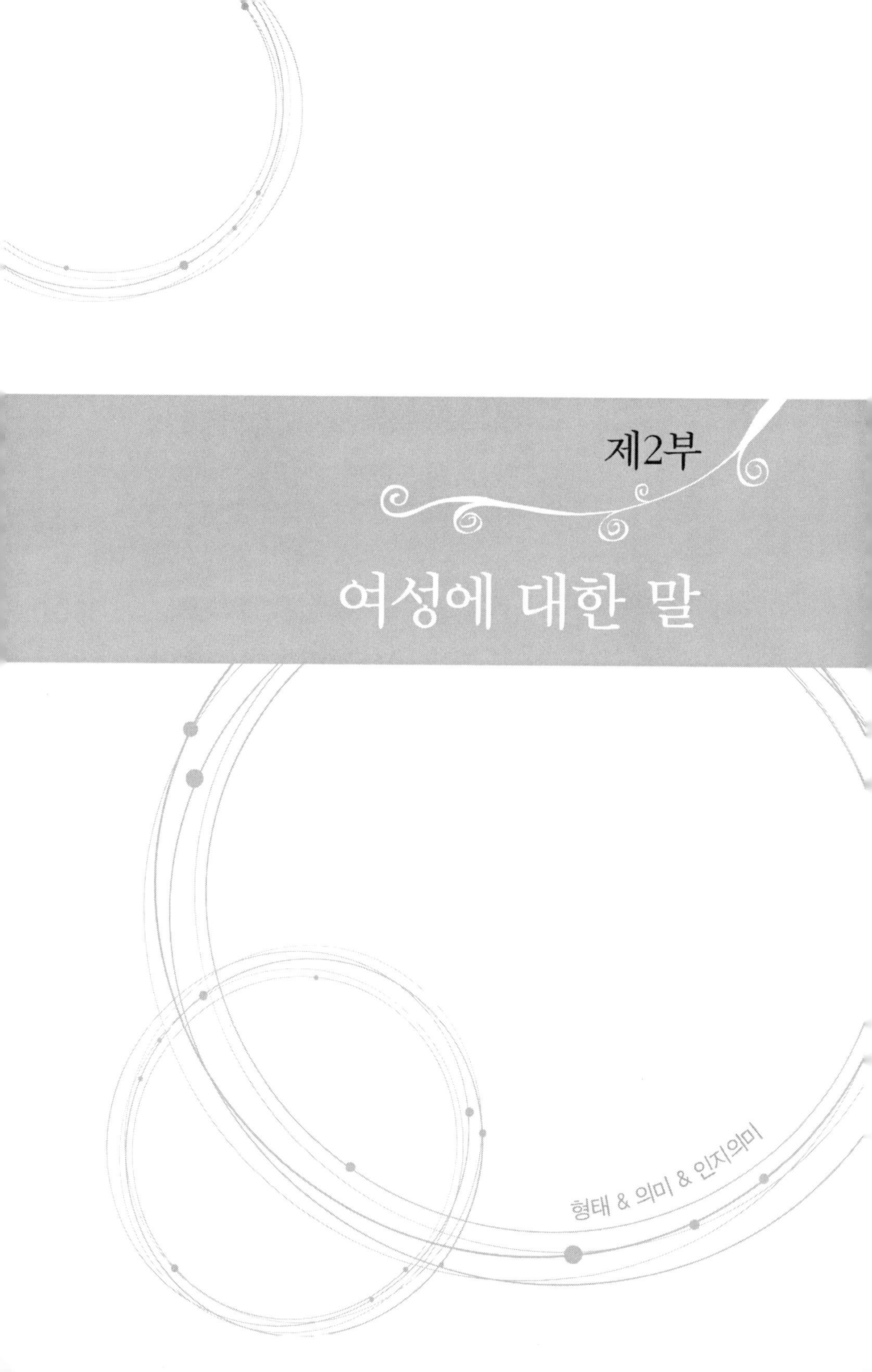

제2부

여성에 대한 말

형태 & 의미 & 인지의미

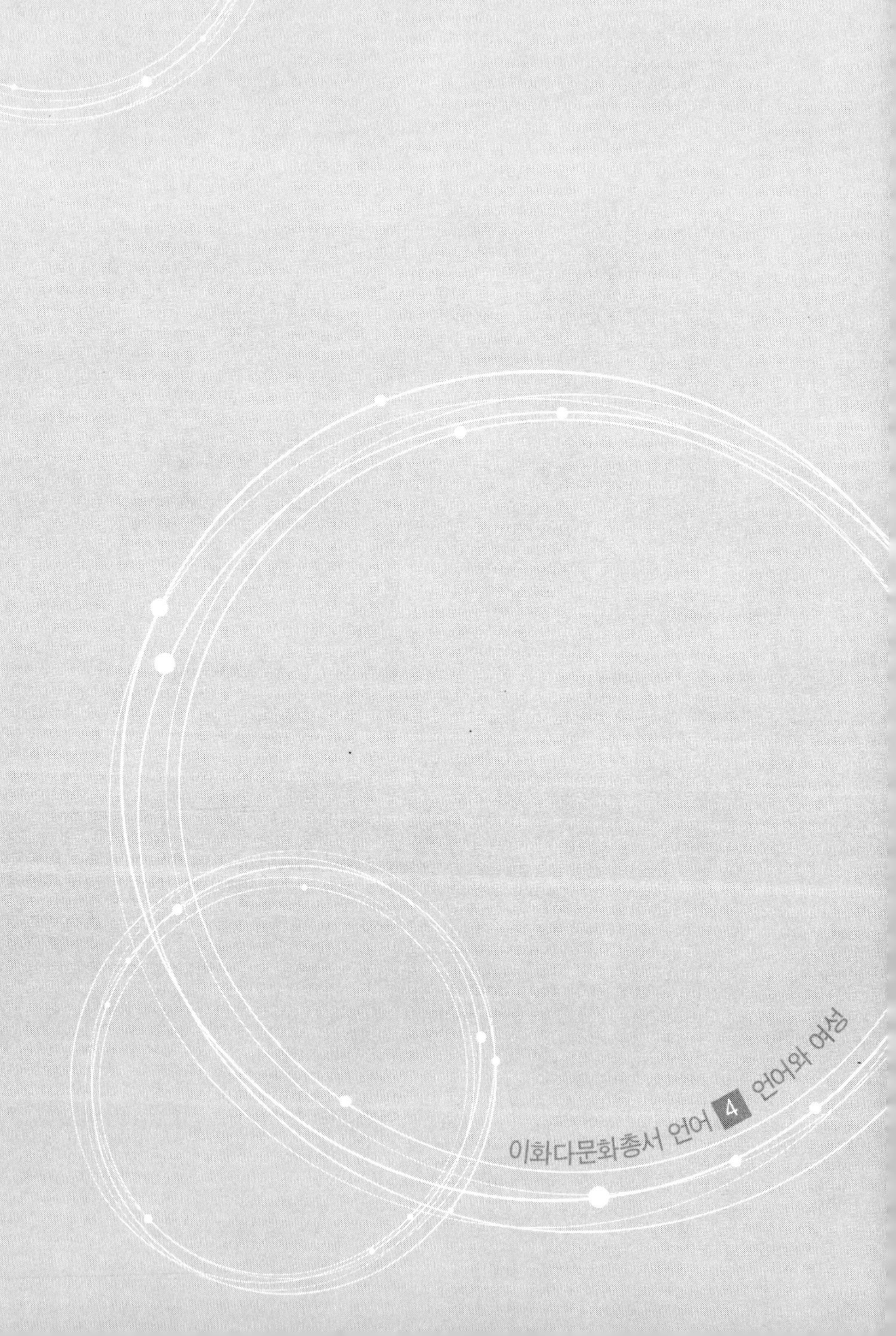
이화다문화총서 언어 4 언어와 여성

1. 여성에 대한 말: 형태

1) 우리말의 생성방식

OO녀, OO남과 같이 한자어 '남/녀'를 이용한 신조어들이 많아지고 있다. 우리말의 조어법을 생각하면 단어와 단어의 결합으로 새로운 어휘가 생겨나는 것은 자연스럽다. 조어법, 즉 새로운 말의 생성방식은 우리말의 어휘 생성 방식을 이해하여야 자연스럽게 이해가 될 것이다.

우리말의 어휘는 나, 너, 책, 가방과 같이 하나의 형태소로 이루어진 것도 있지만 대다수가 둘 이상이 모여서 하나가 된 것이다. 전자와 같이 하나의 형태소로 이루어진 단어는 단일어라 부르고 후자와 같이 두 개 이상이 결합하여 만들어진 단어는 합성어와 파생어라 부른다. 합성어와 파생어는 결합된 두 개 중에서 하나라도 혼자 쓸 수 없는 어휘인 경우 파생어로 처리하고 아닌 것은 합성어로 처리한다. 예를 들어, 지붕처럼 '집+웅'으로 구성된 경우와 논밭처럼 '논+밭'으로 구성된 경우를 비교하면 알 수 있다. 둘 사이의 차이점은 지붕은 단어를 이루는 구성성분 가운데 하나인 '웅'이 혼자서는 쓸 수가 없는 데 비하여 논과 밭은 각기 독립적으로 쓸 수 있다는 점이다. 전문적인 용어로 말하자면, 지붕은 실질형태소 즉 어근(語根, root)에 형식형태소 즉 접사(接辭, affix)가 붙는 것이고, 논밭은 실질형태소끼리 모여 새로운 어휘가 만들어진 것이다. 뿌리와 접사가 결합하여 만들어진 어휘는 파생어라 부르고 뿌리끼리 결합하여 만들어진 어휘는 합성어라 부르는 것이다.

합성어는 구가 아니라 단어이다

실질형태소, 즉 뿌리끼리 결합한 합성어 중에서 '첫사랑, 큰집, 밤낮'처럼 정상적인 단어배열법에 일치하는 경우는 단어와 단어로 이루어진 구와 구별하기가 쉽지 않다. 이를 테면 '내 친구는 밤낮 잠만 잔다' '그는 회사일이 바빠서 밤낮이 따로 없다'는 두 문장에서 어떤 '밤낮'이 합성어인가? 합성어라면 붙여 쓰고 구라면 띄어 써야 하기 때문에 문서를 작성할 때 반드시 알아두어야 하는 것이기도 하다.

이들의 차이점은 둘 사이에 다른 단어가 개입할 수 있는가, 그리고 이때 의미가 보존되는가이다.

(1)　　가. 내 친구는 밤낮(=항상) 잠만 잔다

　　　　　→ 내 친구는 *밤과 낮 잠만 잔다

　　　　나. 그는 회사일이 바빠서 밤낮(≠항상)이 따로 없다

　　　　　→ 그는 회사일이 바빠서 밤과 낮이 따로 없다

[항상]의 의미를 가진 '밤낮'은 사이에 조사를 넣었더니 어색하기만 하다. 물론 '항상'의 의미도 되살아나지 않는다. 그러나 밤과 낮 두 단어가 나란히 놓인 명사구인 경우는 조사 '과'를 넣었더니 자연스럽고 '잠자는 시간과 일하는 시간'이라는 원래의 의미로 해석하는 것도 자연스럽다. 겉으로 봤을 때는 동일하게 '밤낮'으로 보이지만 의미의 특수화가 수반되는 경우가 많기 때문에 단순히 두 단어가 나열된 것인지, 뿌리와 뿌리가 결합하여 하나를 이룬 것인지 검토할 때는 의미를 따져보는 것이 좋다.

파생어의 접사가 갖는 의미

합성어에 비해서 파생어는 앞에 접사가 붙는 접두파생어와 뒤에 접사가 붙는 접미파생어를 가려내야 하기 때문에 별다른 어려움은 없다. 단지 '가난하다, 미덥다, 거멓다' 등 명사 '가난'에서 '하다'가 접미하여 형용사로 바뀌거나 동사 '믿다'에 접사 '업'이 붙어 형용사가 되거나 형용사 어근 '검'에 접사 '엏'이 붙어 형용사가 된 예를 보건대, 우리가 인식하지 못하였지만 접사의 다양함을 고려하여 좀 더 자세히 들여다보아야 할 어휘가 있음을 염두에 두고 있으면 된다.

접두사 접미사는 의미를 가지고 있기 때문에 여러 어휘에 붙어 있는 접사들의 의미를 살려 새로운 단어의 의미를 이해하는 것이 필요하다. 이를 테면, '개떡, 맨손, 한겨울'처럼 앞에 '개-, 맨-, 한-' 접두사가 붙은 어휘와 '웃음, 덮개, 길이 ' 등 뒤에 '-음, -개, -이'가 붙은 어휘의 의미는 파생접사의 의미에 주목하면 추론가능하다. '개떡'의 '개'는 [함부로 되어 변변치 못한, 야생의]를 의미하는 '개'로 '개머리, 개살구' 등에 나타난다. '맨손'의 '맨-'은 [순전하게 다만 그것뿐]의 뜻으로 '맨머리, 맨몸, 맨주먹' 등에서 발견된다. '한겨울'의 '한'은 [한창, 가득찬]의 뜻으로 '한가을, 한밤중, 한여름' 등에 쓰인다. 따라서 개, 맨, 한 등이 붙은 또 다른 어휘를 보면, 접두사의 의미에서 그 어휘의 의미를 유추해 볼 수 있을 것이다.

우리말 내에서 한자어의 위치

지금까지 본 것은 고유어를 중심으로 설명을 한 것인데, 국어 어휘 목록에는 고유어 어휘만이 있는 것이 아니다. 우리말에는 한자어 역시 상당한 비중을 차지하고 있다. 한자는 글자 하나가 독립된 뜻을 가지고 있어서 서로 결합시키면 수많은 어휘를 만들어낼 수 있다. 이를테면 '여심, 질녀, 여배우, 신상녀'처럼 동일한 '여'의 앞이나 뒤에 한 글자(心, 姪)도 가능하고 두 글자 이상(俳優, 新商(品))도 가능한, 다양한 어휘들이 결합하여 새로운 어휘가 생산된다. 게다가 '女'가 결합된 어휘가 또 다른 실질형태소와 결합하여 '여자참정권 여자해방, 여류작가' 등의 합성어가 되기도 한다. 물론 합성어였다가 축약된 '여경(경찰), 여깡(깡패), 여우(여배우)'의 형태도 있고, 한자숙어류인 '남존여비, 남녀유별, 여필종부'와 같은 단어도 만들어낸다. 한자어의 생산력이 고유어보다 훨씬 더 높음을 여실히 보여준다.

한자는 글자 하나하나가 원칙적으로 독립성이 있고 품사가 고정적으로 주어지지 않아서 융통성이 많고, 더군다나 고유어라면 길이가 길고 복잡한 통사적 구성으로 표현해야 할 개념이 한자어로는 간단히 한 단어로 표현될 수 있는 경우가 많아서 생산력이 높다. 이를 테면 우리말로는 '문학 작품이나 만화, 또는 신문, 잡지 등을 즐겨 읽는 사람'이란 긴 구절을 한자로는 愛讀者라고 간단히 말할 수 있다. 앞서 보았던 ○○녀, ○○남처럼 앞에 어떤 사람인지 특징을 나타내는 어휘가 오기만 하면 뒤에 남/녀를 붙여 수많은 어휘를 만들어낼 수 있다. 그래서인지 '남/녀'를 이용한 조어법은 언중들 사이에 널리 퍼져 있으며, 이에 따라 사전에도 많은 수의 어휘가 등재되어 있다.

한자를 이용한 조어법은 단지 한자의 단어 생산력이 높다는 점에서만 주목을 받는 것이 아니라, 앞서 '여'가 붙어 만들어진 한자숙어류를 잠깐 보았을 때 눈치 챘을지 모르지만, 남존여비, 남녀유별, 선남선녀, 부창부수와 같이 남자와 여자의 어순이 성차적 특징을 반영하고 있다는 점에서 더욱 주목받는다. 부부의 화합하는 도리를 이르는 말인 부창부수(夫唱婦隨)는 남편이 앞서고 부인은 뒤에 오며, 젊은 남자와 젊은 여자를 귀하고 좋게 여기는 뜻으로 아울러 이르는 말인 선남선녀(善男善女) 역시 남자가 앞에 오고 여자는 뒤에 온다. 하물며 남자를 귀히 여기고 여자는 천하게 여긴다거나[男尊女卑] 남자와 여자는 종류가 서로 다름[男女有別]을 이르는 유교사상까지 더해지면 여성에 대한 성차별적 시선을 남녀어순과 맞물려 설명해 낼 수 있다.

이들 합성어의 어순과 관련하여, A와 B가 합성될 때 AB형과 BA형이 임의로 교체되는 것이 아니라 언중들의 심리기제를 강하게 반영하여 고정된 어순을 가지고 있음은 여러 학자들이 지적하였다. 클라크&클라크(1977:515)는 언어는 사람들의 머릿속에 체계를 만들고 그 체계는 언어를 재형성시킨다고 하였다. 아래는 언중의 심리기제가 반영된 합성어의 몇 가지 예시를 제시한 것이다.

(1) 시간의 흐름 인식

오늘내일/내일오늘, 조석/*석조, 오누이/*누이오빠,

여닫다/*닫열다

(2) 거리에 대한 인식

여기저기/*저기여기, 그럭저럭/*저럭그럭

(3) 방향에 대한 인식

앞뒤/*뒤앞, 상하/*하상, 가로세로/*세로가로,

우왕좌왕/*좌왕우왕

시간의 흐름은 언중들의 의식 속에 분명하게 자리 잡고 있어서 오늘보다 아직 오지 않은 내일을 미리 생각하지 않는다. 또한 아침이 먼저이고 저녁은 시간이 지나면 찾아오는 것으로 개념화하고 있다. 앞선 시간이 뒤따르는 시간보다 앞선 것으로 합성시키는 예는 우리의 시간관념을 반영한 것이다. 세대나 나이차가 있을 때 시간상 앞선 것이 먼저 오며, 동작이나 상태의 변화 시에도 시간변화의 기점이 된 요소가 앞에 오는 것도 동일한 이치다.

거리에 대한 우리의 인식은 가까운 데서 먼 데로 나아가며, 따라서 대상을 파악할 때 나에게 가까운 요소를 먼 요소보다 앞자리에 놓게 된다. '이, 그, 저'는 공간, 시간, 상황을 지시하는 대명사로, 각기 [+화자근칭] [+청자근칭] 그리고 [+원칭]의 의미를 가진다. 그런데 이들이 합성어가 될 때는 근칭의 '이/그'를 먼저 놓고 원칭의 '저'는 나중에 놓는 결합방식을 보인다. '국내외/*국외내, 연고전/고연전, 남북/북남회담'과 같은 예시 역시 이를 반영하고 있다.

방향은 화자가 위치하는 곳을 기준으로 대립된 공간 범주를 말하며, 심리학자들은 사람이 서 있을 때 그들의 앞과 지면 위의 공간이 지각하기 더 쉽다고 한다. 따라서 이러한 심리기제가 방향의 합성에도 영향을 미쳐, 우리는 앞과 위 그리고 가로를 앞자리에 놓는다. 물론 이는 지역마다 차이를 가지기 때문에 일부 일치하기도 하고, 동서남북:

north-south-east-west처럼 차이를 보이기도 하지만, 이 역시 각 지역의 문화, 심리적 기제가 합성어의 어순배열에 담겨져 있음을 보이고 있다.[36]

이와 같이 어순배열에서 당시의 문화를 읽을 수 있다면, 남성과 여성에 대한 우리의 전통적인 사고방식을 앞선 한자숙어류에서 읽어낼 수 있을 것이다. 즉, 전통사회는 남성이 사회적 지위를 가지고 사회의 일원으로 역할을 수행하고 있었으며, 여성은 그의 일부로 여겨졌기 때문에 남성을 우주의 중심으로 대하는 시선이 지배적이었으며, 이러한 사고방식이 남자가 앞서고 여자가 후행하는 한자숙어류를 양산하였을 것이라는 해석이 가능하다.

이는 다른 한자숙어류를 검토해 보아도 비슷한 결론에 도달하는데, 여자만이 오는 한자숙어 역시 마찬가지다. 여인결계, 여인금제 등은 '남'을 결합한 대응쌍이 존재하지 않는다. 여자들이 들어올 수 없도록 하는 지역[여인결계], 여성을 부정(不淨)한 존재로 보고 성소(聖所)나 성물(聖物), 종교적 의식 따위에 접근하거나 참가하는 것을 금하는 습속[여인금제]의 의미를 생각해 보면, 여성은 성스러운 의식에 참여하는 것을 거부당한 존재였음을 일러준다. 이처럼 공적집단에서 여성이 배제되었음은 덕이 높은 사람(군자), 도량이 크고 의협심이 강한 사람(호걸), 호연지기의 정신을 지닌 사람(대장부)은 남성형을 기본으로 하고, 여성은 이에 어중군자, 여중호걸, 여장부처럼 '여중-', '여-'를 결합시켜 새로운 어휘를 만들어 내는 데서도 알 수 있다.

지금까지 본 것처럼 우리말의 어휘구성방식에는 사회구성원들의 의식이 개입되어 있으며, 따라서 '남/녀'를 구성요소로 하는 일부 합성

---

36 이 부분의 예문이나 설명은 채완(1986), 임지룡(1992)의 논의를 받아들여 정리하였다.

어 목록에서 현대 여성의 사회적 위치를 가늠할 수 있는 어휘들을 만날 수 있을 것으로 예상된다. 따라서 이번에는 '남/녀'결합형들을 중심으로 현재 사회에서 여성을 어떤 식으로 바라보고 있는지를 분석해 보려 한다. 편의상 사전에 게재된 어휘들 중 '남/여'를 결합한 어휘들만 뽑아서 분류할 것인데, 이들 중에는 '남'을 결합한 어휘가 존재하기도 하고 없기도 하여서 이러한 불균형적인 현상이 어떤 사회문화적 함의를 가지는 것인지를 살피는 것은 자못 흥미로울 것으로 보인다

2) 유표와 무표 그리고 여성어

야겔로(1978)는 어휘체계에서 일반적으로 기본이 되는 일반항은 무표적인 형태로 나타나고 이에서 파생된 주변적 어휘들을 유표적 형태로 나타난다고 하였다. '남/녀'를 결합한 어휘들에 이를 적용하면, '남-'을 결합한 형은 존재하지 않는데 '여-'를 결합한 형이 존재하는 형태는 여성항이 유표적인 형태이며 이는 여성이 파생적, 주변적 존재임을 암시하는 것이 된다. 남성항이 무표적인 일반항으로, 여성이 유표적인 형태로 존재함은 남성항이 기본이 되기 때문에 굳이 부가적인 조어법을 이용해서 어휘를 만들 필요가 없었던 역사적 흔적을 보여주는 것이기 때문이다.

이러한 시각에서 여성관련 어휘들의 유형을 시도한 학자로는 구현정(1991), 김창섭(1994)을 대표적으로 들 수 있는데, 이들은 현재 대중들의 언어의식을 채록대상으로 한 『표준국어대사전』보다 앞선 시기의 사전류를 택하였으므로 다소 시차를 가진다. 여기서는 이들의 연구결과를 전제로 하여 『표준국어대사전』에 실린 어휘들을 대상으로

한 논의를 진행해 나가려 한다. 우선 『표준국어대사전』에서 '남/여'를 선행한 어휘를 찾아, 그 대응쌍을 찾고 이를 유형별로 분류하면 다음과 같다.[37]

    (1) 남성무표어: '남+X'항은 따로 존재하지 않고 '여+X'항만 존재하는 형

        사장, 시인, 비서, 호주, 황제, 장부, 중학교, 대학교, 신자, 중

    (2) 여성무표어: '여+X'항은 따로 존재하지 않고 '남+X'항만 존재하는 형

        창, 첩, 태, 일색

    (3) 남녀대등어: '남+X'항과 '여+X'항 모두 존재하는 형

        남배우-여배우, 남선생-여선생, 남성-여성, 남근-여근,

        남술-여술, 남성학-여성학

    (4) 남성단독어: '남+X'항만 있는 형

        남정네, 남편, 남근숭배, 남상주(男像柱), 남자결사

    (5) 여성단독어: '여+X'항만 있는 형

        여덕(女德), 여훈(女訓), 여급(女給), 여권신장

'남/녀'결합형이 모두 존재하여 남녀대등어로 규정된 어휘에는 남성-여성, 남자-여자, 남근-여근처럼 남녀 자체의 본질적 차이를 반영하는 어휘들, 주로 전문용어, 학술용어들이 많다. 이는 우리의 생활과 밀접하게 관련을 맺고 있는 일상어가 아니기 때문에 사회문화적 함의를 부여하기 힘들다. 따라서 이보다는 '남배우-여배우, 남선생-여선

---

37 구현정(1991)은 남성중심어, 여성중심어, 남녀평등어, 여성전용어, 남성전용어로 나누어 제시하였다. 그러나 스스로 지적하였듯이, '중심'이나 '전용'은 '존중' '권력(힘)' 등 긍정적인 의미를 함축할 수 있어 여성차별적인 시선을 드러내는 데 적절하지 않아 보인다. 따라서 무표, 유표의 개념을 드러내거나 적어도 중립적인 시선으로 이를 대할 수 있는 어휘를 선정하여 수정하였다.

생'과 같은 일부 직업군에 남녀대등어가 나타나는 현상에 주목을 요한다. 이는 특정 영역에서는 성별차가 존재하지 않은 남녀평등구조를 이루고 있음을 보여주는데, 한국 사회에서 빠르게 진행된 산업화의 흐름 속에서 여성의 사회진출이 계속해서 넓어지고 있어 남녀대등어의 변화는 여성의 지위상승을 보여주는 일례가 될 수 있기 때문이다.

여성무표어=여성차별어

남녀대등어를 기준으로 여성의 지위상승을 언급하였고 또한 앞선 분류기준을 보면 남녀대등어를 기준으로 남성무표어-여성무표어 그리고 남성단독형-여성단독형이 나란히 놓이게 되어서 언뜻 보면 남녀 모두 동등한 세상을 구현해 놓은 모습으로 보인다. 그러나 남성이 무표적인 어휘와 여성이 무표적인 어휘의 구체적인 의미를 따져 물으면 이는 달리 해석이 된다. 이는 여성무표어에서 확연하게 보이는데, '창, 첩, 일색' 등은 당시 사회의 어두운 부분인 화류계를 떠올리기 쉽다. 예인 집단이며 사교 모임의 중재자이기도 했으나 몸을 밑천으로 돈을 버는 기생(唱)이나 양반들의 노리개에 불과한 첩, 미모가 뛰어난 사람을 뜻하는 일색은 여성이 기본형이었다. 따라서 여성이 기본인 세상, 여성을 대변한다고 보이는 세상은 육체와 미모를 바탕으로 살아가는 세상으로 한정되어, 여성에게 남성과 동등하게 넓은 세상을 제공하지 않은 사회분위기를 보여준다.

'태' 역시 남태와 태가 대응쌍을 이룬, 여성이 무표형인 어휘이다. 여성이 무표형이므로 여성존중어인 것처럼 보이나, 이 역시 여성이 차별받으며 살아왔던 모습을 보여주는 어휘이다. 우리의 가정은 자손을 잇는 것을 가장 중요시 여겼다. 대를 이을 아들, 제사를 받들어줄

아들을 낳는 것이 여성에게 가장 큰 의무였다. 따라서 시집을 가기 전의 여성에게는 씨를 받으면 아들을 낳을 수 있다는 귀숙일을 열심히 외우게 했고, 임신을 하면 남자아이인지 여자아이인지를 판별하는 갖가지 방법에 따라 아들을 낳을 수 있도록 노력을 다하였다. 지금도 임신한 여성을 뒤에서 불러 왼쪽으로 돌아보면 아들이고 오른쪽으로 돌아보면 딸이라고 어른들이 말하는 것도 예전부터 내려오던 풍습으로, 남태가 왼쪽에 있기 때문에 왼쪽을 바라볼 것이란 생각에 의한 것이다. 이밖에도 남자아이를 낳고자 하는 많은 여성들의 염원을 담고 있듯 남자아이를 낳기 위한 갖가지 방법이 떠돌아다니는데. 이러한 배경 아래에서 보면 남태는 귀한 것이며 염원의 대상임을 반영한 어휘이다. 따라서 여태가 따로 존재하지 않는 '태-남태'의 대응쌍은 남태를 갖기 위한 습속만을 유표적으로 기억하고 살았던 사회 분위기를 반영한 것이며, 따라서 이에는 남성을 존중하는 사회분위기, 달리 말하면 여성은 차별받던 사회상이 반영되어 있다.

남성무표어=남성존중어

앞서 '여성무표어=여성차별어'임을 보았는데, 그렇다면 남성무표어는 어떨까? 주어진 몇 가지 예시를 보면 금방 눈치 챘겠지만, 사장, 호주, 황제, 장부처럼 높은 지위, 전통적으로 귀위를 가진 지위, 인물이 대상이다. 모두가 바라는 존재를 무표형으로 제시해 두고 이를 남성과 동일시하고 있음은 남성이 사회적으로 높은 지위, 바라고 원하는 직업을 점유하고 있었던 사회상을 반영한 것이다.

중학교, 대학교와 같은 학교명은 학교가 가진 권력에 주목하면 추측이 가능하다. 근대 이후 학제가 개편되고 학교가 설립된 뒤 학교는 문명과 이데올로기를 재생산하는 활동을 주로 담당하였다. 따라서 우리는 교육을 통하여 지식, 사회에서 용인된 가치의 체계, 인간다움을 드러내는 방식, 인간의 본성을 지킬 수 있는 방법 등을 배우고 문명적 생활을 영위한다. 그러므로 학제 개편 시 남성을 무표항으로 사용해 왔음은 문명을 선도할 인간의 개념에 여성이 삭제되어 있던 현실을 반영하는 것이라 할 수 있다.

신자, 중과 같은 종교 관련어 역시 마찬가지이다. 종교와 권력과의 상관관계는 원시 종교 단계부터 이야기해오던 바다. 예를 들어 삼국유사에 나오는 차차웅이 무당이라거나 금속기술자, 종교지도자인 야장이었다는 기사는 제정일치의 사회상을 말해주는 것이다. 이는 천주교, 기독교의 유입으로 종교의 자유를 부여받은 뒤에도 지속되어, 종교는 신도의 수에 힘입어 권력의 산출 기능을 가지게 되었다. 특히 가치체계 붕괴와 신흥 산업 자본주의가 우리의 삶을 피폐하게 만들면서 종교는 절대적인 영향력을 지니는 권력기구가 되었다. '신자, 중' 등 권력과의 상관관계가 밀접한 종교 영역 역시 남성이 무표항으로 나타나, 남성이 기본인 곳, 여성은 유표적인 곳의 영역이 어떠한 성격이었는지를 여실히 보여주고 있다.

여성단독어, 남성단독어

여성단독어는 오로지 여성에게만 해당하는 어휘들이므로, 여성의 삶의 여정이 고스란히 담겨 있다고 보면 되는데, 면면을 살펴보면 씁쓸한 맛을 감추기 어렵다. 우선 여덕, 여훈과 같이 전통사회에서 여성들에게 요구되었던 덕목이 제시되었다. 그리고 술집이나 다방, 음식점 등지에서 손님의 여러 가지 심부름을 하는 사람이나 가게나 관청, 회사 등지에 고용되어 여러 자질구레한 일을 하는 사람(여급), 즉 사회에서 그다지 선호하지 않은 일을 했던 사람이 여성단독어로 제시되어, 그동안 여성이 사회에서 가질 수 있었던 직업이 어떠하였는지 알 수 있다. 또한 남성보다 못한 처지에 있었던 여성의 위치를 확연하게 드러내는 여권관련어가 다수 들어있다. 이들은 *남권, *남권신장 등의 대응쌍인 남+X항이 존재하지 않아, 남성은 그들의 권리를 따로 주장할 만큼 불공정하게 대우받아 본 적이 없음을 보여준다. 따라서 여성단독어는 사람이라면 누구나 태어나면서부터 당연히 가지는 기본적 권리를 여성만이 누리지 못하고 살아왔으며, 남성과 '다른 것'을 배우고 남성과 '다른' 영역에서 일하고 살아왔던, 즉 사회적, 경제적, 법적 불평등을 받으며 살아왔던 여성의 모습을 보여주는 예시라 하겠다.

그렇다면 남성단독어는 어떨까? 남성지칭어인 남정네, 남편, 남성존중어인 남근숭배, 남상주(男像柱), 그리고 모권제 사회에서의 남성조직체였던 남자결사가 그 예인데, 이들은 한 눈에 봐도 남성차별어로는 보이지 않는다.

먼저, 남정네의 '남정'은 15세 이상의 젊은 남자로, 군역이나 부역 등 나라의 구성원으로서 의무를 지닌 자를 이른다. 그런데 이에 대응하는 여정이 존재하지 않았다는 것은 여성은 나라의 구성원으로 계산되지 않았음을 보이는 것이며, 따라서 여성을 남성의 부속물로 대해 왔던 성 차별적인 시선을 읽을 수 있다.

남편은 여편은 아니지만 여편네가 있으므로 남녀평등어로 분류할 수 있을 듯하다. 그러나 '여편>여편네'로의 변화과정에 깃들인 여성차별적인 태도를 이해하면 이 역시 여성차별어로 이해할 수 있다.

(1) 가. 俱夷는 블근 녀펴니라 ᄒᆞ논 ᄠᅳ디니(월인석보1:9)

나. 녀편은 남편의 長幼로ᄡᅥ ᄎᆞ례ᄒᆞ고 身의 長幼로ᄡᅥ ᄎᆞ례ᄒᆞ디 말라(가례언해 2. 18)

다. 녀편ᄂᆡ 드러 안자 겨서 대뎐 ᄂᆞ치 하ᄯᅩᆼ ᄇᆞᄅᆞ디 마ᄅᆞ쇼셔 ᄒᆞ니(서궁일)

라. 내 무식한 녀편ᄂᆡ라 ᄌᆞ시 아라 듯지 못ᄒᆞ고(한중록)

중세에는 '녀편'이 일반적인 여성을 지칭하는 어휘였으나, 근대로 오면서 남편의 대응쌍으로써 쓰여 [妻]로 의미가 축소되었다. 그러다가 '녀편'에 복수의 접미사 '−네'가 붙은 '녀편네'가 이를 대체, 사용되었고, 복수의 '여편네'는 불특정 다수의 표현이 비난의 대상이 되기 쉬운 과정에 편입되어 결국 비속한 표현과 공기하는 어휘로 바뀌었다. 현재 [자기 아내 / 결혼한 여자를 얕잡아 부르는 말]의 의미를 가진다. 이와 같은 어휘변화 과정을 고려해 보면 '남편'의 대응쌍인 '여편'이 없는 것은 여성을 하찮게 여기는 사회의 흐름을 함축하고 있는 현상이라 할 수 있다. 즉 여성을 지칭하는 단어들의 의미론적 손상을 통해 역사적으로 여성과 여성의 행위를 하찮게 여기거나 비하하는 사회의 분위기를 읽을 수 있으며, 따라서 '남편 / 여편네'는 남성단독어가 남성존중어이며 여성차별어임을 보여주는 예라 하겠다.

남성단독어의 나머지 예시도 마찬가지여서 '남근숭배', '男像' 역시 남성을 존중하는 사회분위기를 담고 있다. 남근숭배는 풍요와 다산을 상징하는 남근을 숭배하는 사상을 말하는 것으로, 원시시대부터 현대까지 정자를 생명의 근원, 힘의 원천으로 숭배해 온 남근 흠모를 이른다. 이러한 분위기 때문에 옛 건축물에는 남신의 형상을 새긴 기둥(남상주)만이 존재하였다. 누구나 흠모하고 갈망하는 영역에 여성항(여근

숭배, 여상주)이 존재하지 않는다는 것은 남성을 존중하는 사회 분위기를 여실히 보여주는 것이다.[38]

마지막으로 제시된 남자결사는 주로 모권제(母權製) 밑에서 여성이 남성을 지배하는 것에 대한 반발로 결성되어, 여성을 배제하고 기피하는 집단을 이르는데, 이 역시 여자결사란 어휘가 존재하지 않는다. '여+X'항은 없고 오로지 '남+X'항만 존재하는 것은 여성과 달리 남성은 성별이 다른 누군가의 아래에서 지내는 것에 극력 저항하였음에 주의 깊은 시선을 던졌음을 말하는데, 이는 남성중심의 사회를 기본으로 놓고 바라보는 시선이 전제되었기 때문에 가능한 현상이며, 따라서 남자결사 역시 남성존중어에 해당하는 예시라 하겠다.

지금까지 '남/녀' 결합형을 사전에서 골라 분류하고 남녀대응쌍을 만들어 살펴보았다. 여성과 관련한 어휘를 분류하고 그들의 의미를 중심으로 분석하다 보면, 그동안 여성들을 대하는 사회의 시선이 언어를 통해 구체적인 모습으로 우리에게 다가온다. 남녀대등형을 제외한 나머지 유형 모두가 여성차별어, 남성존중어의 다른 이름일 뿐이어서 그동안 여성들이 처하였던 현실이 어떠하였는지를 실감나게 인식할 수 있다. 물론 이전보다 사회는 진보되었으며, 따라서 여성은 평등한 사회로 진입하였다는 항변의 시각도 있을 수 있다. 서로의 시각

---

38 여성의 여근 숭배도 여러 문화권에 존재하고 있었다. 청나라의 원매(袁枚)가 쓴 『자불어(子不語)』라는 책에 기록된 내용을 보면 '큰 바위의 모습이 여음과 같아 매년 명절 밤에 남자들이 아침까지 바위를 지켰는데, 경비가 해이한 틈을 타서 장난삼아 막대기로 바위의 오목한 곳을 막으면 아녀자들이 간음으로 달아나지 않는 이가 없었다. 또한 이를 돌덩어리로 막았더니 아녀자들의 소변 줄이 막혀 심지어 목숨을 잃는 이도 있었다.'와 같이 기록되어, 여근 역시 신성시되었음을 보인다. 그러나 사전에 등재된 어휘로만 생각할 때, 즉 남근숭배와 대응되는 여근숭배란 단어가 존재하지 않는 것은 남성이 존중받는 사회였음을 보여주는 예시로 처리하였다.

차가 존재하는 문제는 역시 객관적인 자료를 제시함으로써 논증을 마쳐야 확실해지는데, 다음 절에서 역사적으로 어디에서 어느 곳으로 발전의 과정을 밟아왔는지를 살펴보려고 한다. 이는 우리의 사전이 본격화되기 시작한 개화기부터 현재까지의 사전 속의 어휘를 대상으로 하여 분석할 것이다.

3) 시대별 어휘목록의 변화에 담긴 언중의 의식

조선시대까지 여성들은 유교적 가부장제의 통제 속에서 생산과 가사의 과중한 부담을 지고 인간 이하의 대우를 받으며 살았다. 일찍이 개화사상에 눈뜬 진보적인 여성들은 여성이 교육을 받아 지식이 생기면 남자에게 억눌리지 않고 인간다운 삶을 살 수 있으리라고 기대했다. 이 길은 묘하게도 남성 지식인의 지지로 힘을 얻게 되었는데, 이는 당시 일본의 강압에 의해 문호를 열고 문명개화와 부국강병의 길을 꾀하던 지식인들이 자주적인 근대화가 좌절된 이후 교육을 통해 국민의 역량을 기르려는 교육구국운동을 일으킨 것과 맞물려 있다. 물론 제국주의의 침략으로 국가가 위기 상황에 몰리자 문명에 눈뜬 현모양처를 양산하여 부국강병의 초석을 이루고자 하였던 남성 지식인들의 생각이 바탕에 깔려 있었지만, 외래사상의 영향, 산업방식의 변모, 서구교육제도의 도입, 전통적 가치관념의 와해가 잇따르면서 여성의 역할과 지위에 변화가 찾아오기 시작했다. 전통적인 가족관념과 가부장제의 권위는 여전하였기에 여성들이 바라는 만큼 변화가 일어나진 않았지만, 적어도 전통적 여성관은 도전을 받았고 새로운 여성관이 도래한 것만은 틀림없는 사실이었다.

이러한 변화는 교육에서 시작되었고, 이러한 흐름은 개화파와 선교사들이 세운 여학교를 비롯하여 수십 개의 여성대상교육기관의 탄생에서 비롯하였다. 그동안 내외법에 얽매여 문 밖 출입조차 할 수 없었던 조선의 여인들에게 개화된 세계의 학교교육은 그 자체로 획기적인 일이었고 학교를 오가는 여성들의 모습을 거리에서 목도하는 일은 결국 많은 사람들에게 여성의 사회참여를 당연한 것처럼 받아들이게 하는 데 일조하였다. 사회에서는 일정 이상의 교육을 받고 사회의 새로운 개혁주체로 탄생한 이들을 신여성이라 불렀는데, 당시 모든 매체에서 그들의 일거수일투족에 관심을 둘 만큼 교육받은 여성의 등장은 사회에 센세이션한 일이었다. 봉건제도 아래에서 가정 내 살림만 도맡아하던 구식여성과 차별하기 위하여 '新'을 붙인 신여성은, 학교 교육만이 아니라 신문, 잡지 등 다양한 매체에 등장하는 남녀평등 사상과 여성교육론 등을 흡수, 국가재건과 중흥의 사업을 이끌어갈 지도자로 성장하였다.

그러나 이들을 대상으로 기획된 잡지『신여성』을 통해 바라본 남성 지식인들의 여성을 대하는 시선에는, 시대적 한계일 수도 있으나, 신여성을 전통적 여성과 크게 다르지 않게 바라보는 태도가 목격되기도 하였다.『신여성』은 여성을 사회변혁의 동반자로 여기겠다는 남성들의 선언이 반영된 잡지이며, 이에 따라 이돈화, 김기전, 박달성, 주요섭 등 당대 유명인들이 집필진으로 참여했고, 당시에도 정치적 쟁점이 될 만큼 급진적인 글이 실리기도 했다. 그러나 개화된 세상으로 나아가기 위해 자녀교육을 담당할 어머니가 필요하며, 이에 신여성이 대상으로 놓이게 됨으로써, 여성의 교육은 결국 어머니로서 갖춰야 할 자세를 탐구하는 쪽으로 흘러가게 되었고, 결과론적으로 유교사회의 여성교육론과 별반 다를 바 없는 흐름이 형성되었다.

완벽한 개화는 아니었지만, 개화기는 서구문물의 유입으로 전통적 가족구조에 변화가 일었고 여성의 사회적 지위 역시 재고를 거듭하였던 시기이며, 따라서 이러한 변화를 받아들여 새롭게 형성된 여성관은 어떠한 모습이었을지, 다음 절에서 어휘의 변화를 통해 재구해 보려고 한다.

전통적인 여성의 직업군

사전에 등재된 어휘는 당시의 언어가 아니라 십 년 전, 아니 백 년 전에도 사용되었던 어휘이다. 따라서 사전의 어휘목록 속에는 전통적 관념에 따라 여성을 대하던 시선이 반영되어 있어 여성어 연구에 사전은 적절한 자료이다. 게다가 사회가 급변하고 있을 당시에는 혼란한 상황을 표현할 어휘들이 우후죽순으로 생겨나기 때문에 거듭 편찬된 사전마다 어휘목록에도 변화가 나타날 수밖에 없어 어휘목록에 나타난 변화를 따라가다 보면 새롭게 형성된 여성관 역시 드러날 것으로 보인다.

근대 이전 자료는 주로 『운회옥편(韻會玉篇, 1537)』『삼운성휘보옥편(三韻聲彙補玉篇, 1751)』 등의 자전과 『어록해(語錄解, 1657)』『역어유해(譯語類解, 1690)』 등의 유해(類解) 등을 참조하여 어휘의 의미를 파악할 수 있다. 그러나 이들은 한자의 자형, 어원 등을 밝히기 위함이 목적이었으므로, 사실상 한국어 사전 편찬은 근대 이후에 본격화되었다고 할 수 있다. 특히 1920년 조선총독부에서 펴낸 『조선어사전』을 시작으로 본격적인 한국어사전들이 나왔다고 보면 되는데, 물론 『조선어사전』은 조선의 통치를 위해 일본이 자료를 수집하고 일본어로 번역을 해둔 대역사전이므로 한계를 가지고는 있다. 그러나 일본의 자료수집이 광범위하였고, 조선어학회에서 발간한 『조선말큰사전』의 어휘목록과도 차이를 보이고 있어 개화기 이후 급변하는 우리말의 변화를 살피는 데는 반드시 필요하다고 판단하여, 『조선어사전』부터 연구 대상으로 넣는다.

먼저 『조선어사전』에 실린 '여'가 결합한 어휘들 중 여성직업명만 가나다순으로 나열해 보면 다음과 같다.

女工, 女伶, 女卜, 女僧, 女侍, 女醫, 女主, 女皇

이들 중 다수는 주인:여주, 황제:여황과 같이 남성항이 무표항이며, 여성은 '여'를 유표적으로 붙여둔 남성무표어이다. 남성이 기본이며 여성은 이에 표식을 더하여야 여성을 지칭하는 어휘가 될 수 있음은 사회 곳곳의 직업군은 남성이 기본적으로 향유하는 대상이며 여성은 시간이 흐르면서 필요에 의해 부가된 존재였을 뿐임을 알려준다. 물론 사회의 생산체계의 변화에 따라 현재 여공은 공장이나 기업에서 일하는 여자를 뜻하지만, 당시 여공은 집에서 길쌈질하는 여성을 의미하는 차이를 가지고 있다. 의미의 차에서 기인하지만, 여공은 工匠 즉 공방에서 연장으로 물품을 만들던 남자와 대응쌍을 형성하지 않는다. 사회의 변화에 따라 직업군 역시 변화되고는 있지만 아직까지는 변화의 조짐만 확인할 수 있을 뿐이다.

더구나 여성단독어인 여복의 존재는 침모, 매파처럼 전통적으로 여성들이 직업으로 가지고 있던 영역이 보잘 것 없었음을 보여주어, 산업화의 일꾼, 사회참여의 범위가 확대된 여성의 사회진출 등을 논하기에는 시기상조임을 알 수 있다.

여성의 직업군에 변화가 목격되는 것은 『조선말 큰사전』을 검토하면서부터이다. 1920, 30년대 발간된 잡지는 서구문물의 유입으로 새로운 어휘들이 생겨날 때마다 유행어사전, 모던사전 등의 이름을 붙여 신문명어휘들을 따로 정리해 두었다. 물론 일부 어휘는 임시어, 잠재어로 머물렀을 것이며, 일부는 사전에 표재어로 등재될 만큼 사회에서 지속적으로 영향력을 발휘하기도 하였을 것이다. 따라서 사전에 등재된 어휘의 목록을 검토하여 당시 여성사회를 지배하였던 담론을 재고해 보는 것은, 사회전반의 흐름이었음을 보이는 바가 될 것이기 때문에 의미가 있다.

우선 『조선어사전』과 『조선말 큰사전』의 '남/여' 결합형을 비교한 뒤, 이를 성별 특징을 가지고 있는 어휘인지를 살피기 위해 앞서 세웠던 기준에 따라 나누어 보았다. 결과를 제시하면 다음과 같다.

> 가. 남녀대등어: 여공/남공, 여성/남성, 여성미/남성미, 여복/남복,
>   여술/남술
> 나. 남성무표어: 경찰/여경찰, 장군/여장군, 기와/여와
> 다. 여성무표어: 창/남창, 일색/남중일색
> 라. 남성단독어: 남진종, 남편, 남근
> 마. 여성단독어: 여령, 여식, 여태, 여화, 여혜, 여필종부

남녀항 모두 존재하는 남녀대등어는 직업이나 지위(여공, 여복), 지칭어(여성/남성), 신체 외모관련어(여성미/남성미, 여색/남색), 소유물(여술/남술), 사상(여존남비/남존여비) 등 다양한 분포를 보인다. 서구문물의 유입으로 전문학술용어의 사용이 늘어났음이 눈에 띈다. 여성무표어는 직업(창/남창)과 외모(일색/남중일색) 두 항목만이 있었다. 이는 남성무표어가 직업(경찰/여경찰), 지위(왕/여왕, 장군–여장군), 사물(기

와–여와), 사상(남녀동권, 남녀유별)과 같이 다양한 부류와 많은 가짓수 (33개)를 가진 것과 대조적이다. 의미 역시 성과 외모로 한정되어 남성의 공적 영역 활동과는 차이가 있다. 남성단독어는 남편(지칭어), 남근(신체어)과 같이 남성존중적인 어휘인 데 비하여 여성단독어는 여적[남자의 마음을 어지럽힐 정도로 아름다운 자태] 여알[정사를 어지럽히는 여자] 여필종부[부인은 남편에 순종해야 한다]와 같이 사회에 해악이 되는 부정적인 이미지를 풍기거나 남성에게 순종적이어야만 하는 수동적인 여성형을 의미하고 있어 여성의 입장에서는 가치부정적인 어휘들로 분포되어 있음이 특징적이다.

여성의 진출이 이루어진 직업군

여성에게 씌워진 이미지와 방향을 달리하여 여성의 직업군에 어떤 변화가 있었는지를 살피려고 한다. 이를 위해 『조선말 큰사전』을 대상으로 새로이 생겨난 어휘목록을 뽑고, 이를 [+남성] [+여성] 그리고 성별 지표가 따로 없는 [+일반] 세 항목으로 나누어 정리해 보았다.[39]

  (1) 남녀대등어

〈일반항〉	〈남성항〉	〈여성항〉
스님	남스님	여스님
직공	남공	여공

---

39 이는 김창섭(1999)에서 제시한 기준으로, 후행 서술되겠지만 인간을 분류하는 기본틀이기도 하다.

(2) 남성단독어

〈일반항〉	〈남성항〉	〈여성항〉
X	남진종	X

(3) 남성무표어

경찰	X	여경찰
학생	X	여학생
점원	X	여점원

(4) 여성무표어

창	남창	X
사당	남사당	X

(5) 여성단독어

없음

상위어 일반항 아래 남성항과 여성항이 모두 존재하는 것으로 성차에 구애받지 않는 모습은 남녀대등어에서 확인된다. '직공/남공/여공' 같은 경우는 『조선어사전』에는 남공이 등재되어 있지 않았으나 『조선말 큰사전』에는 등재되어 있고 의미 역시 동일하게 기술되어, 공장에서 일하는 여성과 남성의 위치가 비슷해졌음을 알 수 있다.

남성무표어는 제시된 것 이외에도 여신자, 여교원, 여배우, 여류문인, 여류비행가, 여류시인, 여류작가 등 많은 수의 어휘들이 있다. 이들은 『조선어사전』에 없었다가 『조선말 큰사전』에 실린 어휘들이 대부분이어서 이는 1920년대 1930년대의 사회변화양상을 지시하는 어휘라 하겠다. 특히 직업군의 변화를 보이는 예시에 해당하여, 사회의 변화로 여성의 사회활동이 공식화되었음을 알려주기도 한다. 물론 아직 '여무, 여악' 등 고래(古來)의 제도로 당시 사용환경의 제약을 받아가는 어휘들도 있지만, 대부분은 여교원, 여배우 등과 같이 새로이 생겨난 직업을 말하거나 여권, 여존남비, 남녀평등(권)과 같이 여성의 지위에 대한 각성을 담고 있는 어휘들이다.

국어의 일반적인 단어형성규칙에 따르면 일반항/남성항/여성항의 균형형이 기본이지만, 여성이 어떤 사회에서 직업, 지위를 가지는 것이 현실에서 유표적인 현상으로 여겨진다면 그러한 경우 여성을 가리키는 '여+X'항은 여성을 유표화하면서 만들어지게 된다. 그리고 그 비중이 무거워져 남성의 존재가 가지는 비중과 동일한 관계가 형성되었을 때 남성항이 출현하는 과정을 고려하면(김창섭 1999:96), 앞서 제시된 남성무표어는 여성의 사회활동이 본격화되었지만 아직까지 남성과 대등하게 여겨질 만큼 활발한 활동을 보이지는 않고 있음을 보여준다. 더구나 신분이 미천하거나 외모와 성을 팔아 삶을 영위해가는 직업군(창, 사당)에 이르면 여성의 사회활동이 양지에서 마음껏 이루어지는 시대는 아니었음을 알 수 있다.

남성형, 여성형 어휘의 분포차는 현대에 오면서 많이 희석되었다. 1992년 편찬 작업에 착수하여 현재 우리가 즐겨 사용하는 『표준국어대사전』으로 연구범위를 넓혀보면, 이들 어휘 역시 남녀대등어, 남성무표어, 여성무표어, 남성단독어, 여성단독어 다섯 유형으로 나뉘어진다. 여기서는 여성관련 어휘들의 사적변천과정을 고찰하고 있으므로 이들을 정리하지는 않는다. 단지 『조선말 큰사전』과 『표준국어대사전』을 비교하여 어휘항목에 변화가 보이는 것만 제시해 보이면 다음과 같다.

- 부류에 변화가 없는 형: 여승/남승, 시인/여류시인, 창/남창, 여알,
  남편

- 부류에 변화가 보이는 형①: 학생/여학생 → 남학생/여학생
  ②: 교장/여교장, 비서/여비서,
  의사/여의사

남녀대등어(여승/남승)이나 남성무표어(시인/여류시인), 여성무표어(창/남창) 그리고 여성단독어(여알), 남성단독어(남편) 모두 이전과 현재가 동일하여 이 어휘를 둘러싼 사회문화적 함의에 변화가 없음을 보인다. 그러나 『조선말큰사전』에 남성무표어(학생/여학생)이었다가 현재 남녀대등어(남학생/여학생)로 바뀐 것도 있다. 앞서 여성항이 없다가 여성의 존재가 문제가 될 만큼 크게 느껴지면 여성항이 출현하고, 이어 그것이 굳어진 경우 남성항마저 출현하여 남녀대등형으로 바뀔 수 있음을 지적하였다. 이는 여기에 해당하는 것으로, 공부는 남성의 전유물이었다가 여성의 고등교육을 받는 비율이 높아져 교육의 기회균등이 현실화되자 현재 남녀대등어로 바뀐 것이다. 이러한 목록에는 '남고생/여고생, 남교사/여교사, 남사원/여사원, 남사무원/여사무원'이 있다. 직업군의 다양화와 함께 성과 외모를 무기로 한 여성의 직업실태에서 벗어나고 있음이 유의미한 결과이다.

그러나 새롭게 나타난 어휘들 목록은 아직까지 대응형인 남성항이 존재하지 않아, 여성의 파워가 여실하지 않다고 여기는 언중들의 의식을 담은 것도 있다. '간첩/여간첩, 교장/여교장, 군인/여군, 급사/여급, 기사/여기사, 기자/여기자, 대학생/여대생, 비서/여비서, 순경/여순경, 승무원/여승무원, 의사/여의사, 장군/여장군, 중학생/여중생, 차장/여차장, 행상/여행상' 등이 그 예인데, 아직은 사전에 남성항이 표제어로 등재되지 않는 남성무표형이어서, 이 분야에서의 여성의 사회진출정도를 대하는 일반인들의 인식을 보여주고 있다.

4) 소결

어렸을 때 영어를 배우면서 대명사가 왜 그리 많은지 의아해했던 기억이 날 것이다. 우리말에는 주어일 때는 '그가', 목적어일 때는 '그를', 복수일 때는 '그들'과 같이 격조사 '-가/을'이나 복수의 접사 '-들'을 붙이기만 하면 되는데, 영어는 모두 모양이 다르다. 거기다 성별표지가 반영되어 3인칭은 he와 she로 나뉘어 격변화를 하기 때문에 외워야 할 게 너무 많아서 짜증이 났을 수도 있다.

한국어는 성의 구별이 언어에 반영되어 있지 않기 때문에 성(sex)을 선택의 기준으로 고민할 필요는 없다. 그러나 문법적인 체계 내에서 이루어지는 성 구별은 없을지라도 사회의 관념이 개입된 성 구별은 존재한다. 이를 테면 의사나 변호사란 직업을 들었을 때 남성을 떠올리는 반면, 비서나 간호사란 직업을 들었을 때 여성을 떠올리는 것을 예로 들 수 있다. 이는 의사나 변호사, 비서와 간호사로 일하는 사람의 성별에 대한 고정관념이 존재하고 있다는 말인데, 이들은 아저씨, 아줌마, 소년, 소녀와 같은 명사들이 남성/여성의 성별 자질에 의해 구별되는 것과는 다른 측면에서의 자질 부여이다. 사회에 위계질서가 생겨나고 성별에 의한 분업이 이루어지면서 해당 명칭에 대한 성별 고정관념이 생겨났고 따라서 아무런 설명을 해주지 않았는데도 일반인들은 특정 직업에 성별을 붙여 어떤 것은 남자를, 어떤 것은 여자를 선택한 것으로 해석가능하다.

이러한 해석을 1920년대 『조선어사전』과 1950년대 『조선말 큰사전』 그리고 현재의 『표준국어대사전』에 실린 어휘들을 중심으로 살펴보았다. 그 결과, 개화의 바람이 여성의 교육과 사회진출로 이어져 일정 부분에서의 남녀평등을 이루어냈음을 알 수 있었다. 그러나 아직까지 여성의 사회진출을 바라보는 언중의 의식에는 남녀평등에 대한 성급한 결론을 내리는 것을 경고하는 메시지가 담겨 있다. 1957년에 실린 선생이 현재 남선생, 여선생처럼 균형 잡힌 모습을 갖춘 것은 교육현장의 여선생이 언중에게 자연스런 모습으로 여겨졌기 때문이다. 그러나 아직까지 남의사, 남판사 등은 실리지 않아 특정 영역에서의 여성 역할에 대한 편견이 여전함을 보여준다. 전통적 고정관념에 사로잡힌 성별이데올로기를 없애고 남녀가 평등한 사회로 나아가기 위해서는 여성 스스로 행동에 나서는 수밖에 없다. 주위에 여의사, 여판사의 모습이 자연스럽게 여겨지는 그날, 남성은 남판사, 남의사로 불릴 것이며, 언중의 사회인식 체계 역시 바뀌어 새롭게 편찬될 사전에는 남녀대등어가 대폭 증가할 것으로 기대한다. 모든 단어들이 남녀 공히 있는 균형 잡힌 모습이 되는 것을 목표로 한 단계씩 걸음을 옮기는 꾸준한 노력이 필요한 때이다.

더 읽을거리: 신여성

1) 여성에 대한 고정관념

조선이라는 중세봉건질서가 무너진 이후 근대라는 새로운 시기가 본격화되었던 1920년대 사이에는 국제정세에 어떻게 대응하느냐를 두고 가치관의 차이를 보인 다양한 지식인 집단이 있었다. 이른바 국수주의자들, 즉 유교적인 봉건질서와 전통적 지식을 고수하려는 지식인들이 있었는가 하면 계몽담론가들, 즉 일본에 대응하여 우리민족을 이끌어갈 지도자를 열망하였던 지식인 부류도 있었다. 후자와 같이 애국적인 민족담론을 펼쳤던 지식인들은 『소년』과 『청춘』으로 이어지는 근대 잡지의 주요 필진–최남선, 이광수 등–과 연결되고 중첩되면서 근대 지식의 계보를 형성한다. 그리고 이들의 계몽담론은 천도교의 강력한 후원으로 발간된 『개벽』을 통해 민중들에게 전파되어 갔다. 『신여성』은 바로 개벽의 집필진들이 자주적이고 부강한 국가 건설을 위한 지식인 집단 속에 여성을 포함시켜 그들의 문제와 처지를 공개적으로 토론하도록 한 담론의 장이었다. 따라서 여성들에게 신세계를 엿보게 해주었던 『신여성』의 집필진들의 의식구조를 살피는 일은 한국 최초의 종합 월간지 『소년』(1908~1911)부터 『청춘』(1914~1918), 『개벽』(1920~1926), 『신여성』(1923~1926)으로 이어지는 지식인의 지적 흐름을 읽어내는 과정에서부터 시작해야 할 것으로 보인다.

■『소년』, 소년을 위한 잡지

한국 최초의 종합잡지『소년』은 최남선이 미래의 지도자를 꿈꾸는 조선의 소년들에게 서구 문명을 흡수하여 강력한 조선을 만들기를 염원하여 발간한 잡지이다. 그의 목소리를 통해 이를 확인해 보면 다음과 같다.

(1) 눈에 보이는 바와 귀에 들리는 바가 남다르게 비상히 신경을 충격하여 아무리 하여도 구경꾼의 마음으로 모든 사상을 접할 수가 과연 없으며 이렇게 신경의 감수가 점점 이상하여지는 동시에 "나라로 돌아가라! 나라로 돌아가라"하는 소리가 무상시로 귀의 고막을 때리는지라.　　　　　　　　　　　　　　('발행의 기원' 중에서)

(2) 〈소년〉의 목적을 간단히 말하자면 신대한의 소년으로 깨달은 사람 되고 생각하는 사람 되고 아는 사람 되어 하는 사람이 되어서 혼자 어깨에 진 무거운 짐을 감당케 하도록 교도하자 함이라.

　　　　　　　　　　　　　　　　　　　　　('소년의 포부' 중에서)

최남선이 일본으로 유학 갔을 때 눈과 귀를 자극하는 신문명에 충격을 받고 이를 전파하기 위해 돌아와 소년에게 지도자로서의 책무를 깨닫게 하고자『소년』을 창간하였음을 보여주는 예문이다. 이를 뒷받침하듯『소년』의 일부를 전문입력하여 통계처리한 결과 고빈도 어휘의 목록에 오른 것은 '소년(청년)', '나라', '우리', '세계', '학교(교육)', '국민' 등이었다. 이러한 어휘들은 대체로 조선('나라')의 부흥, 즉 신대한을 건설하기 위하여 소년이 해야 할 구체적인 방향을 지시해주고 있다. 이들과 호응하듯 동사의 고빈도 어휘 목록 역시 [배호다(배우다)]로 대표되는 '보다/듣다/쓰다/얻다/가지다' 등의 분포가 단연 돋보였다. 그러나 이 잡지에서 교육의 대상은 '소년'이었지 '소녀'는 아니었다. 여성은 애초에 배제된 채 기획되었음은 배움의 대상으로 피터대제나 워싱턴, 나폴레옹과 같은 남성 위주의 위인을 선택하여 기재한 것으로도 확인할 수 있다.

이는 여성관련 어휘의 사용례에서도 발견된다. 몇 권의 의미있는 호수만을 선정하여 말뭉치를 구축, 통계를 내본 결과, 여자, 여성, 계집, 마누라, 아내, 부인 등 여성관련 명사들의 사용이 드물었으며 가장 많이 나오는 계집아이 역시 355번째 순위를 기록하고 있어, 집필진의 편향된 시각을 알 수 있다.

빈도수만의 문제가 아니라 내용을 하나씩 검토해 보아도 아래와 같이 여성비하적인 시각을 드러내는 글이 눈에 띠어 『소년』의 집필진이 여성에 갖는 태도는 진보적이지 않았음을 알 수 있다. 아래는 여성을 성적 웃음거리로 삼은 글로, 당시 '여성=성적유희의 대상'으로 여겼던 사회의 분위기를 보여준다.

> (3) 그런지 저런지 모르는 마누라는 그 갓옷을 입고 천연하게 집으로 가노라니까 길가의 사람들이 마누라의 등을 보고는 씩씩씩 웃고 가오. 자기는 암만 생각하여도 알 수 없소. 그리 하다가 친절한 사람이 일부러 와서 등에 붙인 쪽지를 떼어주는 것을 본 즉 소경에게도 보일만한 대자로 자기의 이름을 쓰고 그 밑에 『헐고 닳은 놈』이라고 주를 내었소.　　　　　(소천소지, '헐고 닳은 사람' 중에서)

최남선에게서 특별한 여성관의 변화를 엿볼 수 없는 이유는 최남선에게는 '소년'만이 관심의 대상이었기 때문이다. 최남선이 독자의 바다에 대한 이해를 높이고 모험정신을 강화시키기 위하여 실었다는

『걸리버여행기』, 『로빈슨크루소』 등이 가진 경향성을 보아도 이는 짐작이 간다. 이를 테면 『로빈슨 크루소』는 19세기 말 대표적인 소년 모험 소설, 즉 남성의 꿈, 민족과 제국을 건설하기 위한, 전쟁에 이기기 위한, 새로 얻은 식민지를 탐험하기 위한, 혹은 공업적 상업적 부를 발전시키기 위해 활동했던 남성들의 세계를 묘사한 책(류시현 2009:53) 이었다. 그러므로 이런 종류의 책을 뽑아서 번역, 게재한 『소년』에 오로지 소년에게 심어줄 새로운 사상, 강건한 개척정신만이 들어있을 뿐, 여성을 향한 새로운 지식이 빠져있음은 어쩌면 너무나 당연한 것이기도 하다.

■ 소년의 연장선상에 선 『청춘』

『청춘』은 『소년』의 연장선상에서 출판된 잡지로 단지 구독의 대상 연령에서 차이가 날뿐, 만리장성 등 명승지 소개, 동물, 식물, 광물, 유명한 인물이나 서양의 놀이 소개 등 내용의 편성과정이 『소년』과 비슷하다. 따라서 고빈도 어휘 목록 중 '사람, 일, 노력, 사랑, 세계, 학교'(명사)와 '하다, 되다, 보다, 알다'(동사) 등은 『소년』과 겹치는 것이어서, 결국 『청춘』 역시 세계의 문물을 배우고 익혀 사회에 기여하는 사람이 되어야 함을 역설한다.

동일 맥락에서 상태나 현상을 그리는 형용사 부분의 고빈도 어휘 목록에 등재된 '넓다, 높다, 작다, 많다, 크다, 있다, 없다, 다르다' 등도 역시 현재의 우리와 다른 세상, 우리가 지향할 세계를 보여주고 이를 체험한 자신의 경험을 늘어놓는 데 많이 이용되었다. 다음의 용례는 세상의 모든 것을 측정하고 이를 우리의 것과 비교하였던 지식인들의 생각을 유추할 수 있는 예이다.

하느냐.   ('군자의 길' 중에서)

사회의 구제를 위하여 필요한 일을 나열하면서, 유혹에 빠지기 쉬운 물건으로 술과 담배를 들었다. 술은 자주 여자와 함께 남자의 유희의 대상으로 놓였던 것으로 집필자가 사회에 모범을 보여야 할 대상으로 남자를 상정하고 있음을 알려준다. 또한 사치, 낭비하지 말고 근검해야 함을 강조할 때도 여자와 뒹굴기만 하는 오입쟁이란 단어를 사용하였는데, 남성비하어인 오입쟁이를 명시적으로 내세움으로써 독자를 남자로 상정함을 뚜렷하게 보이고 있다.

무엇보다 여성에 대한 집필진의 시각을 더욱 뚜렷하게 보여주는 것은 여성을 자신보다 더 못한 존재로 기술하는 아래와 같은 예문이다. 아래는 아내의 용례에서 뽑은 예이다.

(5) 값이 싸니 놀부 내외가 치과의에게 와서『충치를 때자면 얼마나 듭니까』『20전으로부터 5원까지오』『빼자면은?』『한 개에 25전이오』놀부가 계집더러『그러니 빼고가는 편이 돈이 덜 들겠네』

(6) 천하사를 가르치리라는 뜻을 품은 자는 먼저 그 아내를 가르쳐야 할지니

놀부가 아내를 비하어 '계집'으로 지칭하고 있는 예는 아내의 사회적 위치를 보여주는 바이며, 당연히 이런 자세 아래에서 아내는 학생처럼 남편의 가르침을 받아야 하는 대상이 되어, 여성을 남성과 동일한 인격체로 대하지 않는 집필자의 시선을 보여주고 있다.

■ 여성지식인에서 '여성'의 의미

후속 잡지 『별건곤』에서 청년을 지도하고 당국을 탄핵하고 시사비평에 앞장 선 조선 유일의 대표적 사상 잡지였다고 자평하였던 『개벽』. 『개벽』은 현실문제를 분석하고 나름대로의 타개책을 제시하는 등 독자들의 의식 수준을 개조하고 향상시키는 데 도움을 주었다. 이는 '문제, 사회, 문화, 계급, 이상, 운동' 등 고빈도 어휘 목록에서 전의 잡지들과 뚜렷한 차이를 보이는 데서 여실히 보이며, 이들 고빈도 어휘목록의 특징은 창간호 권두언 「논설 세계를 알라: 시급히 해결할 조선의 2대 문제」에 잘 나타나 있다.

> (1) 우리의 할 일은 만코 만하 매거하야 논할 수는 업슴니다 만은 위선 우리의 시급문제는 오즉 두 가지 뿐이니 일왈 교육문제 일왈농촌문제이라 함니다. (중략) 교육의 보급을 위하야 군면리에 곳 교육회를 조직하라 함니다. 그리하야 군면리에 각히 학교 하나씩은 곳 설립하라 함니다. 그리하야 재산이 잇스면 잇는 대로 교육사업에 제공하고 자제가 잇스면 잇는 대로 교육장으로 인도하라 함니다. 여차하고야 우리도 남과 가티 문명의 영광을 어들 것임니다. 행복된 생활이 머지 안이할 줄 자기함니다. (중략) 이에 나는 농촌문제 해결은 이러케 하고자 함니다. 즉 빈부문제부터 해결하자 함니다. 다시 말하면 지주와 소작인 문제해결이외다.

위에 내용을 고빈도 어휘목록 속에 오른 일부 어휘를 이용하여 해석하면, 필자는 교육문제('문제')는 당국이 학교를 1개씩 더 설립하고 조선인들은 교육회를 설립하여 신문화('문화')의 수입에 열성을 다하면 해결될 것으로 보고 있다. 그리고 농촌의 소작인 문제를 해결('계급')하기 위해 지주에게는 소작료를 인하해 줄 것을 요구하고 농민에게는 농회를 조직('운동')하여 생활의 풍족을 누리라고 주장한다. 현재 우리가 처한 현실을 진단하고 해결책('이상')까지 깔끔하게 제시한 글이 인상적이다.

　이러한 시대인식은 여성문제에도 이어졌는데, 다음과 같은 글을 들 수 있다.

> (2) 오조선인에 재하야는 기백년래-인습에 잠든 꿈을 일조에 돌파하고 소하야도 신생활이라 하는 참신한 이름이나마 듯게 되엇다. 그래도 제법 인도 정의 소리도 들어 보앗고 평등 자유의 부르지짐도 응하야 보앗고 사회문제도 나서 보앗고 부인문제도 토의하야 보앗다.　　　　　　　　　　　　('경신년을 보내면서' 중에서)
>
> (3) 노동문제 부인문제라함 도 필경컨대 차문제에 연결한 내면적 의의가 유할 것이로다.(중략)인인이 차 인격을 구유한 이상에는 하인이던지 동일한 평등의 상에 립할 것이 아니냐. 연한데 왕왕히 경험상 차별상에 구속하며 혹은 형이상적 이상체를 립하야 시등 인격의 존재를 인용치 아니하는 고로 과거에 재한 제폐풍이 생하엿던 것이로다.　　　　　　　('문화주의와 인격상 평등' 중에서)

　부인문제를 토의하였다는 지식인의 움직임을 보고하거나 여성이 평등한 인격체임을 분명하게 공표하여 여성을 대하는 지식인의 시선에 변화가 있음을 보였다. 그러나 아래 「조선인이 본 조선의 자랑」에서는 여성의 정조를 자랑'거리'로 내세운 데다 이를 통해 여성을 性의 영역으로 유표화하고 있어, 여성을 대하는 남성지식인의 이중적인 시선이 느껴진다.

(4) 자기의 정조라 하면 재산보다도 생명보다도 더 귀중하게 녁이엿습
니다. 지금에도 어느 지방을 가던지 렬녀의 정문이나 비각이 잇는
것을 보면 그 얼마나 우리의 사회와 국가에서 여자의 정조를 소중
히 녁이엿스며 또 여자 자신도 그 얼마나 관념이 깁펏겟습니까. 나
는 중국이나 미주에 잇슬 때에 그 나라 사람들에게 항상 조선 여자
의 정조를 자랑하엿고 또 그 사람들도 항상 충찬하엿습니다. 그런
데 근래 여자의 풍기가 해이해지는 것을 보면 참으로 가슴이 압푸
고 뼈가 제림니다. 엇지하던지 우리는 이 자랑거리를 영구히 보존
하야 남에게 수치가 되지안토록 하여야 되겟습니다.

('조선인민의 자랑할 만한 것들' 중에서)

이처럼 여성과 남성의 경계선을 긋고 여성을 육체의 문제로 집중시
키는 남성지식인의 한계를 보이고 있다 하여도 『개벽』은 여성의 문제
를 공론화한 첫 번째 대중잡지였음은 확실하다. 그리고 이러한 『개벽』
집필진들의 여성에 대한 관심은 새로운 지면의 창출로 이어져 『부인』
『신여성』과 같이 여자를 대상으로 한 잡지를 출판하기에 이르렀다.
이는 여성을 대상으로 한 신지식을 상정하였다는 의미를 담고 있기도
하며, 지식인의 범주에 여성을 포함시켰다는 선언적 의미를 담고 있
는 명칭이기도 하다.

그러나 여성을 대상으로 하는 잡지들의 고빈도 어휘목록이 '여자,
여성, 여학생, 남자, 사랑, 번민, 결혼' 등인 것을 보면, 자유연애와 결
혼으로 이어지는, 그리고 결국은 가정 내로 향하는 여성들의 모습이
강조되었음을 알 수 있다. 이것이 여성을 독자로 상정한 잡지들과 이
전 잡지들이 구별되는 지점이다.

여성이 남성지식인과는 구별된 영역 안에서 다루어졌음은 아래와

같은 글에서 분명하게 나타난다.

> (5) 부부생활을 하는 데는 물론 남편이나 아내나 둘 다 노동자(勞動者)가 되어야 합니다. 내 말은 곧 각기 제 직업을 가져야 한단 말입니다. 그래서 서로 남의 직업에 대해서는 불간섭주의(不干涉主義)를 써야 하리라고 생각합니다. 남편은 아내의 일을 또 아내는 남편의 일을 간섭할 생각을 말고 다만 서로 돕고 위로해 주기를 도모하여야 할 것입니다. 그러나 아내 되는 이는 특별히 가정밖에 나가서 사회적 직업을 갖지 아니해도 상관이 없습니다. 그것은 아내는 집에서 집안일을 잘 다스려 나아가는 것 아이들을 기르는 것 그것도 또한 남자가 취하는 사회적 직업보다 못하지 않은 아니 그보다 훨씬 더 귀하고 값가는 노동이기 때문입니다. 아내는 집안일을 돌보고 남편이 밖에 나가서 벌어온 돈으로 같이 생활을 하는 것은 곧 아내는 남편의 집일을 보아주고 월급을 받아 사는 것과 똑같이 됩니다. 그러니 조금도 가정경제로나 사회생산으로나 손실되는 것이 없습니다.　　　　　　　('결혼생활은 이렇게 할 것' 중에서)

여성도 직업을 가지고 가정을 책임져 나갈 수 있다는 전향적인 의식이 보이는 기사이지만 이는 얼마든지 뒤집을 수 있는 전제였다. 결국은 현모양처를 여성의 이상적 모델로 용인하게 되고 더 나아가 배운 여성이 집안에 머무르는 것을 사회경제적으로 손실이 아님을 주장하여 여성의 배움의 가치를 무화해 버린다. 이는 '여성지식인'에서 '지식인'을 뺀 채 '여성'으로만 근대를 살아갈 수 있다고 생각하는 남성들의 의식을 반영하고 있다.

지금까지 미래의 지식인, 나라를 이끌어갈 지도자들을 육성하기 위해 창간된 잡지들의 특징을 고빈도 어휘 목록과 유의미한 예문들을 토대로 검토하고, 여성은 지식인 집단에 상정되지 않거나, 상정된다고 하여도 지식인은 곁다리일 뿐, 여전히 '여성'에만 방점을 놓고 있음을 살펴보았다. 이러한 태도는 잡지의 독자를 여성으로 상정하였다고 하여도 잡지 집필진의 대부분이 남성이었기 때문에, 그것도 남성과 여성이 동등한 존재임을 절실하게 깨닫지 못한 남성이었기 때문에 야기된 것으로 보인다.

여성 담론의 흐름이 과거부터 어떤 식으로 흘러오고 있는지 살펴보고 있으나, 여기서 끊는다 해도 별로 다를 바가 없을 만큼 현실의 여성의 삶은 여전히 고단하다. 남성지배이데올로기의 견고함을 강조하는 다양한 사례들이 출현하고 있으며, 따라서 그 아래에서 핍박받는 여성의 삶은 사회의 선전만큼 그리 해방되지도, 자유롭지도 않은 상태이다. 과거와 현실까지의 여성의 삶의 굴곡을 계속 조망하여야 할 이유이기도 하다.

2. 여성에 대한 말: 의미

1) 여성다움과 남성다움의 요소

"남자는 하늘, 여자는 땅." 1991년도에 인기리에 방영되었던 〈사랑이 뭐길래〉에서 남자 주인공 대발이가 아내에게 자주 하던 말이다. 지아비 부(夫)자가 하늘 천(天)자에 상투 하나 얹어 만들어진 글자라며 하늘같은 남편에게 지극정성을 다해야 한다고 겁 없이 떠들던 남자들이 다소 많았던 시절이었다. 시간은 흘러 흘러 2012년. 그건 조선시대의 이념이며 드라마의 소재로나 가능할 것이라 주장한다면, "정말 그래?"라고 묻고 싶다.

물론 생명의 씨앗을 품은 대지의 여신을 생각하면 여성을 땅에 비유한 것이 여성비하적인 것은 아니라는 설명도 가능하고, "남자는 하늘, 여자는 하느님"이라고 바꾸어 말하기도 하고, 심지어 "요즘은 하늘은 값도 안 쳐주지만 땅값은 너무 비싸니까 여자가 땅이라는 말에 너무 기분 나빠할 필요가 없다.”는 말도 한다. 세상이 바뀌었다는 말을 하고 싶은 언중의 마음은 이해하지만, 정말로 내 마음 깊은 곳에 우리의 남녀는 동등한 자리에 위치하고 있을지 궁금하다.

여성/남성이 가져야 할 성질이나 특성

몇 해 전에 학생들이 남녀대학생을 상대로 남성다움과 여성다움의 연상어휘를 조사한 적이 있었다. ‘남자/여자’는 태어난 사람 즉 생물학적인 성의 구별을 말하는 것이며, ‘남성/여성’은 사회학적인 성의 구별을 말하는 것이므로, 남자와 여자가 사회에서 살아가기 위해 필요로 하는 자질을 조사하기 위해서는 어근은 ‘남성/여성’이어야 한다. 그리고 여성과 남성이 사회를 살아가는 데 필요한 자질을 정의하는 데는 ‘-답다’나 ‘-스럽다’를 접미하는 게 적절하다. 사전에서 접사의 의미를 조사한 결과, ‘-스럽다’는 [그러한 성질이 있음]의 뜻을 더하는 접미사이며, ‘-답다’는 [성질이나 특성이 있음]의 뜻을 더하는 접미사였기 때문에 이들을 우선대상으로 놓았다.

그러나 남녀대학생들의 설문조사에는 여성답다, 남성답다가 연구대상으로 사용되었다. 사실 국어사전의 표제어를 기준으로 하면 [보기에 여자의 성질을 가진 데가 있다]의 ‘여성스럽다’를 연구대상으로 삼아야 마땅하다. ‘여성답다’는 표제어로 등재되어 있지 않기 때문이다. 그러나 ‘-답다’와 ‘-스럽다’의 의미사용상의 차이를 보면, 여성이 가진 성질, 특징을 표상하는 어휘로 ‘여성스럽다’보다는 ‘여성답다’가 더 적절하다. 다음은 ‘-답다’와 ‘-스럽다’의 의미차를 보이는 예이다.

(1) 가. 대설 {절기답게/*절기스럽게} 이른 아침부터 함박눈이 내렸
     습니다

     나. 어버이로 된다는 것은 쉽지만 {어버이답게/*어버이스럽게}
     된다는 것은 매우 어렵다

     다. 나는 고개를 갸우뚱 하면서 사람 사는 거란 무엇일까 하는
     황당한 생각이 생각답지 않게 손끝을 저리게 하는 {어른스
     러운/*어른다운} 기분을 느끼곤 했다

     라. 철원 네를 둘러싼 기층민중어 그러니까 {속담스런/*속담다
     운} 언어군에 관한 것

[그러한 성질이 있음]의 의미를 더하는 접미사 '–스럽다'와 [성질이
나 특성이 있음]의 의미를 더하는 접미사 '–답다', 둘은 사전상의 정의
로는 구별이 쉽지 않다. 그러나 (1–a, b)에서는 '–스럽다'가 (1–c, d)
에서는 '–답다'가 사용제약을 받는 데 주목하여 의미를 구별할 수 있
다. a, b는 대설은 눈이 많이 내려야 하는 날이며, 어버이라면 이러저
러한 것을 갖추어야만 한다로 해석이 되어 '–답다'는 그러한 성질이
나 특성을 '반드시 가지고 있어야 함'을 의미하는 접미사라 할 수 있
다. 즉 '–답다'는 어떤 성질이나 특성이 '있다'는 것이 아니라 성질이
나 특성이 '있어야 함'을 이르기 때문에 사회에서 살아나가기 위해 여
성이 가져야 할 성질이나 특성을 표상하는 어휘로 '여성답다'를 내세
우는 것이 적합해 보인다.

이에 반하여 '–스럽다'는 아이가 어른이 가질 수 있는 고민을 해본
다든가 기층민중어가 속담처럼 느껴지는 등 원래 가지고 있지 않았던
것을 가졌을 때 접미하는 것이 자연스러워 보인다.[40] 따라서 본래 여
성이 가지고 있다고 여겨지는 것을 찾아보려는 설문의 성격상 학생들

이 제시한 '여성답다'가 '여성스럽다'보다는 더 적절해 보인다.

이러한 추정은 남자와 여자에게 어떠한 성질이 있음을 뜻하는 단어로 물망에 오른 남자답다, 남성답다, 남성스럽다, 여자답다, 여성답다, 여성스럽다 총 6가지의 어휘들의 사용양상을 통해서도 드러난다. 물론 이들은 모두 과거 사회가 규정해 놓은 여성/남성의 특징, 자질을 의미하고 있다.

(2)　가. 여성의 자립이나 성공은 그 동안 사회가 규정해 온 여성다
　　　　움에 어긋나기 때문에
　　나. 여성은 남자들이 규정한 여자다운 삶에 매달리며 남자 같은
　　　　여자가 되지 않으려고 노력하며 살아왔다
　　다. 과거의 여성들이 여성스러움을 강요당할 수밖에 없었던 조건
　　라. 남자는 남자답고 여자가 여자답다는 것이야말로 마지막까
　　　　지 남을 명언
　　마. 남성은 남성답게 여성은 여성답게 행동해야 한다는 고정관념

그러나 말뭉치 자료의 예문을 유형별로 분류한 결과, '여성/남성답다'만이 중립적으로 사용되고 있었다. 먼저 '여성답다'가 사용된 예문을 들면 다음과 같다.

(3)　가. 아내와 어머니 그리고 주부로만 살아와 어느덧 이러한 여성
　　　　다운 특징은 제2의 본성이 되었다

---

40 송철의(1977)에서도 'X스럽다'의 X가 [+Human]의 체언일 때는 [그와 같이 못났다]의 뜻으로 쓰이며, X가 높은 신분이나 지위의 [+Human]체언일 경우는 [그만한 자격이 없는데 있는 것처럼 행동한다]는 뜻으로 쓰인다고 지적하였다.

　　나. 유순하고 연약하며 민감하고 감상적인 성격이 이상적인 여
　　　　성다움으로 제시된다
　　다. 편집인이 기대한 소위 여성적인 기사—잡다한 내용으로 가
　　　　득 찬—를 쓴 것이 아니라 진짜 여성다운 글을 썼던 것이다
　　라. 여성(정치인)이 자신의 특별한 사명을 깨닫고 여성다움을
　　　　담대히 견지하며

　전통적인 여인상을 여성다움으로 표현하거나 주체적으로 자신의
사회적 역할을 충실히 수행하는 여성상이 여성다움으로 표현되었다.
따라서 다른 이들이 말하는 여성다움에서 살짝 벗어날 수도 있으며,
배짱 두둑하게 굳게 지키고 유지시켜야 할 속성으로 언급되기도 한
다. 결국 '여성다움'은 전통적인 여성상만이 아니라 남성과 대등하게
살아가는 여성의 모습도 반영할 수 있는 어휘라 하겠다.
　이에 반해 '여자답다'는 전통적인 여인상을, '여성스럽다'는 외모지
향적인 여성상만을 형용하고 있어서 긍정과 부정을 다 함께 의미하는
'여성답다'와는 구별된다.

　(4)　가. 스스로의 힘으로 성공하는 것은 사회가 요구하는 여자다움
　　　　　과는 모순이 된다
　　　나. 애교 있고 순종적인 여성은 사무능력이 떨어져도 여자다운
　　　　　것으로 점수를 얻고

　사회에서 남자와 동등하게 살아나가는 구성원으로서의 자질이 여성
에게는 중요하지 않으며, 따라서 전통적인 가치관에 부합한 여성의 자
질을 여자답다는 묘사대상으로 하고 있다. 이는 여자답다로 검색한 모

든 용례에서 나타난 현상이었으며 따라서 '여자답다'는 전통적 지배이데올로기 체제 아래에서 규정된 여성의 모습을 반영한 어휘라 하겠다.

'여성스럽다'는 이에 더해 옷, 장식, 몸매의 선, 외모 등 겉모양도 대상으로 한다. 물론 이는 '여성답다'로 대체, 가능하지만, '여성스럽다'는 '여성답다'처럼 중립적인 의미를 가진 예가 없어 구별된다.

(5)　　가. 입술선을 둥글게 하고 전체적으로 바같으로 확대해서 그리면 여성스러운 느낌을 준다

　　　　나. 여성스럽던 거추장스러운 것, 프릴장식, 리본 등을 두르고 다녀야 했던 어렸을 때

이러한 점은 남성 관련 단어군 역시 동일하다. '남성스럽다'는 빈도도 낮고 전통적인 남성의 이미지로 국한돼 있으며, '남자답다'는 남성이 벗어나야 할 자질, 고정관념임을 지적한 예시만 있어서 남자가 사회를 살아가는 데 필요한 자질을 정의하는 용어로는 부족해 보인다. '여성답다'와 동일하게 '남성답다'만이 중립적으로 사용되고 있다.

(6)　　가. 진정한 의미의 남성다움이란 결코 여자를 유린하거나 위축시키는 게 아니라

　　　　나. 남성과 여성이 각각 남성다움과 여성다움을 인식하고 자신의 성을 일치시키는 데 있다

'진정한 의미'의 수식을 받아 지향점이 되기도 하고, 전통적 이데올로기에서 벗어난 가치중립적인 사용 환경 아래 쓰이기도 하여, 남자에게 필요한 자질을 정의내리는 데 '남성답다'를 선택하는 게 적절하

다고 본다.

'여성/남성다움' 연상어휘의 분류

남녀 대학생의 설문조사는 첫 해는 현장설문조사(신촌 일대)를, 두 번째 해는 인터넷 카페를 이용하여 진행되었다.[41] 그 결과 해마다 빈도수의 차이는 보이었지만 1,2 순위에는 큰 변화가 없었다.

여성다움		남성다움	
여성응답자	남성응답자	여성응답자	남성응답자
치마	치마	근육	근육
긴 머리	긴 머리	운동	힘
청순	청순	터프함	자신감
분홍색	화장(품)	힘	군대
상냥함	여성연예인	양복	주먹
아름다움	순결	키	지도력
꽃	하이힐	강인함	거칠다
비너스	상냥함	책임감	자동차
흰 피부	향기	카리스마	당당하다
화장	S라인	자동차	의리
부드러움	단아함	군인	지위
참함	섬세함	용감함	자존심
애교	연약함	박력	포용력
얌전함	조신함	매너	강인함
하이힐	애교	눈썹	노동

〈표1〉 여성다움과 남성다움의 연상어휘 목록

---

41 2007년 8월 신촌 일대에서 20대 148명(남성 60명, 여성 88명)을 설문조사한 결과와 2008년 11월 인터넷 상에서 110명(남성 50, 여성 60명)을 설문조사한 결과를 합한 것이다. 2007년 조사에서는 따로 품사를 지정하지 않았기 때문에 형용사 목록은 상대적으로 빈도수가 높지 않았다. 심지어 여성과 남성을 합쳐 1번 나온 항목(현명하다, 해맑다, 온화하다, 섹시하다, 단정하다, 청결하다, 조심스럽다, 아기자기하다 등)도 있었다. 따라서 2008년 인터넷 상에서 형용사만으로 한정하여 '여성다움'하면 연상되는 단어를 조사, 함께 반영하였다.

여성답다고 생각되는 여성은 치마와 긴 (생)머리를, 남성답다고 생각되는 남성은 큰 키와 근육(식스팩)의 외양적 징표로 표현되었다. 그리고 여성이 주로 사용하는 화장(품), 하이힐과 같은 사물로 여성다움이 연상되었고, 남성에게 의무적인 군대와 남성의 옷인 양복에서 남성다움이 연상된다고 답하였다. 이외에도 남성다움과 여성다움의 자질을 보이는 형용사들도 대답에 나왔는데, 여성다움으로는 청순하다, 상냥하다, 아름답다, 부드럽다, 단아하다, 얌전하다 등등이 연상되었고, 남성다움으로는 거칠다, 강인하다, 당당하다, 용감하다 등이 연상되었다.

이들 중에서 형용사는 대체로 '-하다', '-답다'를 접미하고 있었음에 주목하였는데, '-하다, -답다'의 [성질이나 특성이 있음]은 여성다움 즉 '사회에서 여성으로서 살아가기 위해 있어야 할 특성'라는 의미와 통하였기 때문이다. 따라서 이들을 연구대상으로 선정하고, 여성/남성다움의 연상어휘들을 분류하기 위해 우선 각 형용사별로 대상이 되는 항목이 어떠한 것인지를 따져 이들이 절대적 또는 상대적으로 남성/여성 묘사어인지를 살펴보았다.

민현식(1995)에서는 절대와 상대의 개념을 '(여성)에 대해서만' '(여성)에 대해서 더'라고 정의하였다. 그런데 여성다움과 남성다움의 연상어휘들 중에는 오로지 남성만이, 오로지 여성만이 묘사대상인 경우는 없다. 모두 '더 많이' 나타날 뿐이다. 따라서 모두 상대여성(남성)어라 불러야 할 것이나, 특정 어휘는 양 그 자체로 우위에 있는 경우도 있다. 따라서 여성/남성에 대해서만 쓰이든, 여성/남성에 대해서 더 쓰이든, 둘 모두 양 그 자체로 우위에 놓인 것은 절대우위에 놓인 것으로 처리한다.

대신 여러 항목 중 가장 높은 빈도수를 차지하였다고 하더라도 여

타 항목의 출현빈도수를 합한 것보다 낮은 경우는 경쟁우위로 분류한
다. 경쟁우위란 비교우위에 놓인 개별 기업이 소유하고 있는 특징에
기인하는 우위를 이르는 말로, 현재 남녀, 동식물, 문화요소 등 개별
어휘의 빈도수에 기인하는 상대적 우위를 이르는 데 적합해 보인다.
예를 들면, 씩씩하다, 용감하다의 경우를 들 수 있는데, 이들 두 어휘
는 남성, 여성, 일반항 그리고 동식물, 문화적인 요소까지 다양한 대상
을 묘사대상으로 한다. 그런데 용감하다는 가장 높은 빈도수를 보이
는 남성(64회)이 다른 항목들을 모두 더한 것(92회)보다는 낮은 빈도를
보이고 있어서, 씩씩하다와 같이 남성(42회)이 다른 항목들의 빈도를
합한 것(21회)보다 더 높은 빈도를 보인 것과 비교가 된다. 이런 경우
'씩씩하다'는 남성이 가장 우위에 있는 남성절대우위어가 되고 '용감하
다'는 남녀, 동식물, 문화요소 등 개별 어휘빈도수에 비해 남성이 비교
우위에 있는, 따라서 남성경쟁우위어로 분류한다.

　물론 수적 우세를 나타내는 어휘들을 절대우위어라 부를 경우, 그
하위에 묘사대상이 누구인지에 따라 인간절대우위, 여성절대우위, 남
성절대우위 등등의 분류가 가능하다. 이는 경쟁우위어 역시 동일하
며 묘사대상에 따라 여성경쟁우위, 남성경쟁우위 등으로 나누어 분류
할 수 있다.

　이런 체계 아래에서 여성/남성다움의 연상어휘들이 사용된 실제 예
문을 계량화하여 보면[42], 우선 남성다움 관련 어휘들은 자연, 문화 등

---

42 연구대상으로 삼은 어휘들이 사용된 예문을 합하면 총 7868 어절이었다. 그런데
　　말뭉치자료를 검색하면 앞뒤를 자르고 일부 어절만 보여주기 때문에 일부 예시는
　　묘사대상을 판단하기가 어려웠다. 문학작품은 찾을 수가 있었지만, 잡지 신문자
　　료 등은 추적이 용이치 않아 총 258어절은 연구대상에서 제외하였다. 물론 이로
　　인해 오류가 생길 수도 있겠지만, 아름답다, 단호하다, 착하다, 순수하다, 당당하
　　다 등의 분포를 보면 남녀, 동/식물, 자연, 문화 등 항목에 따라 높고 낮음에 차이

인간을 둘러싼 것이 대상인 경우가 인간을 묘사대상으로 하는 경우보다 많음이 눈에 띈다. 공통성어가 인성어보다 많은 셈인데, 인성어는 사람이 지닌 속성이나 특성을 기술하는 것을 말하며 공통성어는 사람과 사물이 가진 속성과 특성을 함께 기술하는 것을 말한다. 예를 들면, 단호하다, 대범하다, 강건하다는 오로지 인간만을 대상으로 하여 그들의 외모, 태도, 성품을 묘사하고 있으므로 인성어이고, 씩씩하다, 용감하다 등은 동식물, 문화요소와 같이 인간이 아닌 명사가 대상인 경우가 많아 공통성어이다. 다음은 인성어 '단호하다'와 '대범하다'의 예시이다.

(1) 가. 인수는 단호하게 거절하였다

　　 나. 전 국민의 단호한 통대 선출 사기극 거부의지를 표명하기
　　　　 위해

가 많이 나타나 이의 해석에는 큰 무리가 따르지 않을 것으로 생각한다. 아래는 여성다움과 남성다움의 묘사대상별 쓰임 현황을 정리한 표이다.

문화	자연	동/식물	인간			연상어휘		인간			동/식물	자연	문화
			남	여	일반	여성	남성	남	여	일반			
			1	26	2	청순하다	단호하다	103	31	138			
		7	44	107	185	착하다	대범하다	8	5	17			
93	2	4	24	20	395	순수하다	강건하다	4		3			
201		72	15	354	70	예쁘다	당당하다	194	86	119	9		21
7	3	4	55	79	25	얌전하다	용감하다	64	23	51	18		
		1	8	48	4	상냥하다	멋있다	45	16	24		16	49
3			5	13	3	참하다	강인하다	32	10	27	13		9
308	134	4	62	62	245	따뜻하다	늠름하다	31	3	8	4	2	1
301	45	41	173	76	135	부드럽다	훤칠하다	26	1		5	1	1
1407	577	57	65	439	267	아름답다	씩씩하다	42	1	15	1	3	1
13		2	3	8	1	단아하다	건장하다	51		1	2		

다. 국제적인 대북 식량지원에 대해서도 정부가 대범하게 행동
해야 함은 물론이다.

라. 웬만한 충격에도 눈도 꿈쩍 않을 대범한 한국인

인성어 중에서 '단호하다'와 '대범하다'는 여성이 대상인 경우도 있지만 '강건하다'는 남성이 절대우위에 놓인 어휘이다.

(2)　가. 지도부가 강건할 경우 일회성 국지성이 극복될 수 있다

나. 신체는 온전한 놈이 아니지만 강건한 깡다구가 되고 싶었다

앞에서도 밝혔지만 이들을 제외하고 나머지는 공통성어이며, 사람 특히 남성이 우위에 놓인 어휘였다.

(3)　가. (그에게도)날렵하고 씩씩한 느낌을 주는 듯 싶던 시절이 있
었다

나. 늠름하고 좋은 육신으로 일어서 있는 한 수컷인 신이고자
하는

다. 그 사람이 너무나 당당하게 버티고 있었으므로 나는 주춤주
춤 다가갔다

라. 브라이언의 삶에 대한 강인한 정신력에 혀를 내두르기만 하는

여성다움의 연상어휘는 '청순하다'를 제외한 나머지 모두가 공통성 어였다.

(4)　가. 요즘은 여고생들의 청순한 가랑머리도 보기가 힘들어졌다

　　나. 한 송이 도라지꽃처럼 청순하게 살아가려는 이 땅의 여인

　　다. 그 일로 가물치에게 반한 참한 계집 하나 소개해 달라는 부
　　　　탁마저 거절당할까

　　라. 퍼어런 바다 밑에 영감 묘자리 하나 참허게 마련해 드릴 틴게

　　남성다움의 연상어휘에 비해 여성다움의 연상어휘는 공통성어인 경우가 많은 데다, 공통성어인 어휘도 아래와 같이 묘사대상이 사물인 어휘가 다수 분포하여, 그 아래에 인성절대우위어만 있는 남성다움의 연상어휘군과는 차이를 가진다. 이른바 물성절대우위어로 처리할 수 있는 어휘가 눈에 띄는데, 아래 ‘아름답다’가 그 예시다.

　(5)　　가. 여자는 누구나 한두 군데는 아름답다

　　　　나. 아이를 위해 자신의 목숨을 내던지는 부모님의 아름다운 마음

　　　　다. 평범하고 남루한 일상의 공간을 아름답게 잡아낸 해피투게
　　　　　　더의 영상이 인상적이었어요

　　　　라. 우리는 조상들의 일상생활 용구를 아름답게 장식하기 위한
　　　　　　미적 감각을 본받아야겠어요

　　아름답다는 여성, 일반항, (영상 안에 잡힌)자연환경, 생활도구 등 인간과 사물을 대상으로 하는 공통성어이다. 이 중에서 문화적인 요소의 사용이 절대적이어서, 동일한 공통성어 중에 사람이 묘사대상으로 더 많이 놓이는 씩씩하다, 용감하다, 강인하다 등의 남성다움의 연상어휘들과는 대조적이다.

　　그나마 지금까지 봤던 남성다움과 여성다움의 연상어휘들은 인간과 인간을 둘러싼 자연, 문화환경을 대상으로 그들의 성질과 상태를

묘사한 소위 성상형용사들이었다. 그러나 여성다움의 연상어휘들 중에는 이들과 달리 감각기관을 통하여 외부의 자극을 알아차리는 감각형용사도 있다. '따뜻하다'를 예로 들어보면 다음과 같다.

(6)　가. 영원한 나의 안식처, 따뜻한 가슴을 가진 여자

　　　나. (눈이)솜이불처럼 강아지똥을 따뜻하게 덮어 준다

　　　다. 술을 마시는 것이 사람의 몸을 따뜻하게 해준다는 것을 반
　　　　　증해주는 예이다

　　　라. 날씨가 따뜻하면 오히려 꽃이 잘 피지 않는다

'따뜻하다'는 [기온, 수온 등 인간의 몸 전체에 적당히 온기를 부여하는 물질과 접촉하였을 때 느껴지는 온도감]에서 알 수 있듯이 감각형용사이다. 그러나 인간과 인간을 둘러싼 환경이 정겹고 포근하게 느껴지는 경우로 의미가 확대되었다. 물론 문화재나 자연 등 사물을 묘사대상으로 놓은 물성절대우위어이면서 국민, 내각, 지역 주민 등 중립적인 어휘의 사용예(245회)가 가장 많이 나타나 딱히 여성을 대상으로 한 묘사어라고 하기 어려운 어휘이다.

거기다 '부드럽다'는 물성절대우위어 즉, 인간을 둘러싼 문화환경에 가장 많이 쓰였지만, '인간'만으로 한정시켜 보았을 때 남성이 가장 많이 나타난(173회) 남성경쟁우위어였다.

(7)　가. 비료와 섞은 흙을 깔고 부드러운 겉흙을 5-6cm 정도 넣는다

　　　나. 그곳 음식은 달고 부드러우며 향기롭게 깨끗해서 인간의 요
　　　　　리와는 비교도 안 된다

　　　다. 어린아이들이 도망치는 것을 보고서 그는 부드러운 마음 속

깊이깊이 슬픔을 느꼈다

라. 한없이 약하고 부드러운 것이 라라의 참모습인 것이다

　지금까지 논의한 바를 종합, 정리하여 보면[43], 남성다움의 연상어휘에는 인성어의 숫자가 여성다움의 연상어휘들보다 많기도 하지만, 공통성어 중에서도 사람이, 그것도 남성이 절대우위에 놓인 어휘가 여성다움의 연상어휘에 비하여 많다는 것이 눈에 띤다. 문헌자료를 대상으로 한 이러한 결과는 남성중심이데올로기 아래에서 오랫동안 지내온 언어의 역사의 흔적처럼 남성다움의 자질은 사람들의 의식체계에 이미 자리를 잡고 있음을 보인다. 특히 여성에게 그 자질이 적용된 경우는 그다지 많지 않아 '남성다움'의 자질은 남성에게만 귀속된 것으로 받아들이고 있으며, 사회를 살아가는 데 남성들에게 필요한

---

43 가. 남성다움의 관련 어휘

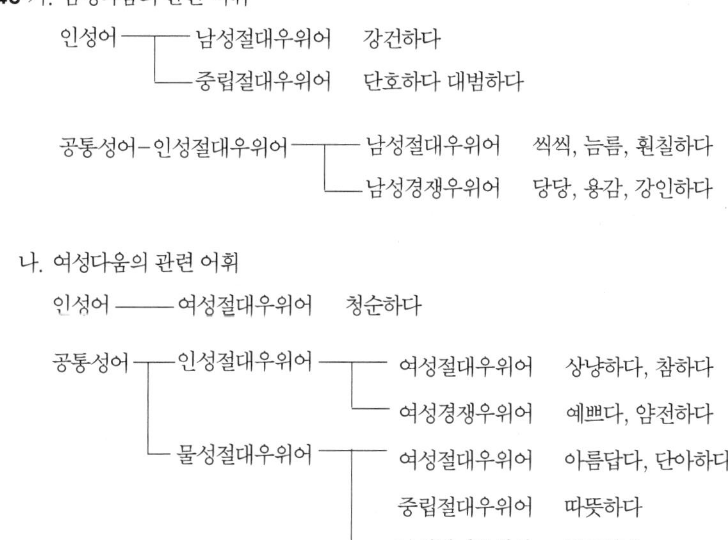

자질로 언중들이 무의식 속에 받아들이고 있음을 말해준다.

이에 비해 여성다움의 특징은 남성다움처럼 단순하지가 않다. 여성다움의 연상어휘들은 문화요소의 예술적인 미를 드러낸다거나(아름답다, 단아하다), 감각형용사에서 의미가 전용되거나(따뜻하다, 부드럽다) 하여, 성별 판단 이전에 '인간'을 주요대상으로 하지 못한 경우가 많다. 그리고 남성다움의 연상어휘와 달리 이들은 여성만이 아니라 중립적인 어휘들이 절대우위에 놓이거나 남성이 경쟁우위에 놓이는 경우마저 있어, 여성에게만 해당하는 자질로 보기에는 무리가 있어 보인다. 달리 말하면, 여성다움의 자질로 사람들이 생각해 오던 고유의 자질이 남성에 비해 그다지 많지 않았기 때문에 여성다움을 표현할 고유의 언어를 생각해 내지 못하였음을 말하는 것이며, 이는 앞서 보았듯이 사회의 준거기준이 되는 무표적 위치에 여성이 서 있는 어휘의 예를 발견하기 어려운 것과도 일치하는 결과이다. 다음 절에서는 이들의 구체적인 의미를 따져 여성/남성다움의 어떤 자질이 언중의 의식 속에 자리 잡혀 있는지를 살펴보려 한다.

2) 여성다움과 남성다움의 의미장

상대에 대한 우리의 평가는 눈, 코, 입 등 개별요소 하나하나가 독특한 인상을 부여하기도 하고 성품을 반영하는 행동, 태도가 이와 어우러져 평가를 좌우하기도 한다. 앞서 여성/남성이 어떠한지를 표현한 말은 모두 정서적인 자극에 유쾌하게 응하는 미감적 향유를 공통의미로 하고 있다. 우선 여성다움의 형용사들부터 예시를 들면 다음과 같다.

(1) 가. 예쁘고 똑똑해서 선생님에게 귀여움을 받고

나. 참한 색싯감이 있어요. 집안도 좋고 인물도 좋아요

다. 높은 분다운 우아한 몸가짐은 다른 나라 왕과 귀족들의 부
러움의 대상

라. 저절로 미소가 지어질 만큼 웃는 얼굴은 봄바람처럼 부드러
웠다

여성다움의 연상어휘들은 선생님에게 귀여움을 받을 수 있으며, 일등 신붓감으로 추천받을 만큼 그리고 다른 이가 부러워하고 환영할 대상을 묘사하고 있다. 이들은 모두 자극을 받은 사람들이 유쾌하게 응할 수 있는 상황이며, 따라서 예쁘다, 참하다, 우아하다, 부드럽다는 정서적인 자극이나 때로는 놀람의 상태에 유쾌하게 응하는 미감적 향유(하선규, 2006:303)를 공통의미로 하고 있다. 물론 이들은 자신에게 불쾌하게 다가오는 느낌들과 대조되며, 부정적인 데서 긍정적인 것으로 변화함을 묘사한다.

(2) 가. 상냥하고 깔끔했던 평소의 명희가 그럴 수 없이 우둔하게
느껴졌다

나. 돌같이 굳은 마음을 없애고 살갗처럼 부드러운 마음을 주며

부정적인 느낌(우둔하다)과는 다른, 예전의 모습을 '상냥하다'로 묘사하거나 굳은 마음을 없애고 나타나는 긍정적인 변화에 '부드럽다'가 사용되어 이들이 유쾌한 감정을 불러일으키는 어휘들임을 알 수 있다.

단, 여기서 유념할 것은 미감적 향유가 유쾌한 감정의 지속이라고

해서 향유의 대상이 반드시 보편적으로 즐거운 것일 필요는 없다는 점이다. 때로는 슬프고 고통스런 신체느낌에 대한 미감적 향유도 가능하며, 때로는 개인적인 것 따라서 시대의 변화에 맞지 않은 자신만의 미감을 향유하는 것도 가능하다.

(3) 가. 갑자기 죽음의 추억이 아름다운 것처럼 느껴질 때가 있다

나. 오히려 바락바락 대드는 그 아이가 더 예뻐 보이기까지 했다

다. 시원시원하기보다는 간결한 눈썹과 조그만 입술생김은 단아한 정서에 맞아 떨어진다

라. 단순히 비싼 옷을 골라 입는다고 해서 우아하게 보이는 것은 아니다

죽음이라는 고통스런 기억이 미적인 것으로 승화될 수도 있으며 다른 이들과 달리 경박스럽게 보일 수 있는 모습이 즐거움을 줄 수도 있으며, 현대의 미의 개념에서 비껴나 있는 것일 수도 있다. 따라서 비싼 옷으로 치장한다고 해서 긍정적인 느낌을 주지 않을 수도 있다. 미감적 향유는 느낌을 향유하는 주체마다 이를 느끼는 장면이 다를 수 있기 때문이다.

지금까지 본 것처럼 대상은 바라보는 주체의 시선에 따라 즐겁게 향유할 수도 있고 불쾌하게 받아들일 수도 있지만, 여성/남성다움의 관련 어휘들은 대상이 가진 특징을 유쾌하게 받아들이는 것이 공통적임을 알 수 있었다. 따라서 이들 어휘의 공통의미로 [미감의 향유]를 내세울 수 있는데, 그렇다면 인간에게 미감을 일으킬 수 있는 조건부터 생각해 보자. 소설을 쓸 때 작가가 만들어낸 인물이 생생하게 살아

숨 쉬게 하기 위해선 외양 묘사에 신경을 써야 하며 이것이 흡족치 않을 때는 내면 묘사에 치중하는 것처럼, 인물의 평가는 외양과 성품으로 이루어져 있다. 그렇다면 여성/남성이 상대에게 미감을 불러일으키는 요소도 외양과 성품으로 나뉠 것으로 판단된다. 그리고 타인, 제도, 이념, 보이지 않은 힘 등에 의해 통제될 때 자신의 성품이 어떤 자세를 취하도록 명령을 내리는지를 나타내는 태도의 기준 역시 타당해 보인다.

외양, 성품, 태도 중에서 가장 손쉽게 확인 가능한 것은 외적인 미이다. 이는 외형상으로 분명히 드러나기 때문인데, 아래에서 보듯 외적인 미감만을 나타내는 어휘소도 있지만 내면과 외면 모두를 묘사하는 것이 가능한 어휘소도 있다.

(4) 가. 나이 스물이 될락말락하고 용모도 단아했다
     나. 외모가 예쁜 여성보다는 마음이 예쁜 여성이 더 매력적이다
     다. 아놀드슈워츠제너거의 우람하고 건장한 체격에 매력을 느꼈다
     라. 강인한 이빨로 세상을 물어뜯으려는 듯하지만 온유하면서도 강인한 성격을 가진 사람이었다

대상이 주는 미감을 표현하였음은 동일하나 '단아하다/건장하다'는 외모만이, '예쁘다/강인하다'는 외모와 성품이 모두 대상으로 나타나 여성다움과 남성다움의 연상어휘들은 우선 내면과 외양의 포괄적인 묘사가 가능한지 아닌지의 여부로 나눌 수 있다.

이럴 경우 내면과 외양의 포괄적인 묘사에 제약이 없는 형용사에는 아름답다, 예쁘다, 참하다, 얌전하다, 강인하다, 당당하다, 늠름하다가

포함되고, 나머지는 제약을 받는 형용사로 나뉜다. 다시 외양과 내면의 포괄적 묘사에 제약이 있다는 것도 외양만이거나 외양/내면만을 묘사한다는 것인데, 이를 기준으로 보면, 외양만을 묘사하는 것(내면묘사에 제약이 있는 것)은 단아하다, 우아하다, 청순하다, 그리고 훤칠하다, 건장하다, 강건하다를 둘 수 있고 내면만을 묘사하는 것(외양 묘사에 제약이 있는 것)은 순수하다, 착하다 그리고 씩씩하다, 용감하다, 단호하다, 대범하다를 들 수 있다. 이를 기준으로 우선 여성다움과 남성다움의 어휘소들을 분류해 보면 다음과 같다.

미감의 향유					
+남성			−남성		
+외양과 내면 묘사에 제약		−외양과 내면 묘사에 제약	+외양과 내면 묘사에 제약		−외양과 내면 묘사에 제약
외양제약	내면제약	씩씩하다 용감하다 단호하다 대범하다 강인하다 당당하다 늠름하다	외양제약	내면제약	아름답다 예쁘다 얌전하다 참하다
없음	건장하다 강건하다 훤칠하다		착하다 순수하다	청순하다 단아하다 우아하다	

(신체적)우월성 VS 수동성

여성다움의 연상어휘들 중 [+외양], 즉 용모, 몸가짐, 맵시, 태도 등에서 다른 이에게 유쾌함을 선사하는 어휘소들 '우아하다, 단아하다, 청순하다'의 예시를 검토하면서 우선 눈에 띠는 것은 '청순하다'의 경우 성년이 된 여자를 묘사대상으로 하지 않는다는 것이다.

(5) 가. 덜 익은 풋과일 같은 청순미

나. 여고생 같은 청순함이 몸 전체에서 풍겼다.

다. 앳되고 청순해 보였다.

라. 물방울 같은 청순한 아름다움

'청순하다'에서 풍기는 미감은 덜 익은 풋과일 같은 것이다. 즉 맑고 깨끗한 물방울, 아직 세파에 시달리지 않은 앳된 모습을 묘사하고 있어, 애티를 지닌 여자 아이, 여고생 등 성년이 되지 못한 사람들이 묘사대상이다.

이에 반해 우아하다와 단아하다는 '雅'의 예에서 유추할 수 있듯이 일정 이상의 연령에 도달한 사람이 대상이었다.

(6) 가. 귀부인들에게 우아한 품위를 지니게 하였던

나. 뒷모습만으로 기대하던 이상의 우아하고도 원숙한 여인이었다

다. 얌전하고 단아한 가정부인이 매만져 나가는 살림집이요

라. 나이 스물이 될락말락하고 용모도 단아하며

'雅'는 『한한대사전』을 참조하면, ①'正' 곧 법도에 맞다, 바르다 ② '不俗' 곧 高雅하여 속되지 않다(高雅不俗)의 의미를 가진다. 바른 것, 속되지 않은 것을 이르는 말로, 인간의 인품, 도덕성과 결부되어 쓰였음을 말하고 있다. 도덕적 우월함에 기반하여 사용되던 '雅'가 심미적인 판단을 위해 이용되었음이니, '우아하다, 단아하다'는 인간이나 사물이 지닌 격이 높은 인상 즉 품위를 묘사하고 있다고 보인다.

물론 선비, 한옥 등 간결하고 소탈한 미감을 묘사하는 데 단아하다

가 쓰인 데 비해 우아하다는 다른 것보다 우월한 미감을 묘사하는 데
사용되어 구별된다.

(7)　　가. 우아하고 정중한 아름다움을 지닌 궁중음악에 대한 평가

　　　　나. 여기저기 높고 우아한 궁궐이 즐비하였다.

　　　　다. 초창기의 한글 글꼴에는 단아한 아름다움이 있다.

　　　　라. 정연하고 단아하게 석대를 쌓고 추녀와 현판에 금물을 입힌
　　　　　　금불각

　　남들과 다른 능력이나 지위를 가진 자를 묘사하던 '우아하다'는 대
중, 서민의 문화와는 다른 궁중음악, 궁궐을 묘사하는 데에 쓰였다.
그에 비해 '단아하다'는 네모반듯한 틀에 나란히 놓인 한글의 글꼴이
가져다주는 미감, 요란하게 장식을 더하지 않고 돌만 가지런히 올린
석대가 가져다주는 미감을 표현하고 있다. 더하지도 않고 덜하지도
않는 균형감, 그래서 단정함까지 가질 수 있는 미감이 '단아하다'에 반
영되어 있는 것이다.

　　여성의 외양을 묘사하는 형용사들이 앳된 사람의 미감과 성숙한 이
의 미감을 표현하는 것으로 나뉘는 데 비해 남성의 외양을 묘사하는
형용사들은 주로 신장과 골격처럼 육체의 미에 초점을 맞추고 있다.
여성과 남성의 외양적 자질이 서로 다른 환경에서 만들어졌음을 읽을
수 있는 부분이다. 우선 남성다움의 연상어휘들, '건장하다, 훤칠하다,
강건하다'는 서로 겹치기도 하고 다소 다른 영역을 지시하고 있기도
하지만, 몸의 골격이 다른 이들보다 우월한 신체조건을 가지고 있음
을 의미하는 어휘소이다.

(8) 가. 운동으로 단련된 그의 건장하고 완강한 체격

나. 작품의 처음 부분에 나오는 건장한 장골의 사나이

다. 1m93의 훤칠한 키에서 우러나오는 우렁차고 구성진 목소리

라. 송옥은 키가 훤칠하고 얼굴도 비교적 허여멀쑥하게 생긴 아이
였다

다부진 몸매를 의미하는 '완강하다'는 물론이고, 기운이 세고 큼직하게 생긴 **뼈대**를 의미하는 장골과 공기하고 있는 '건장하다'에는 골격의 훌륭함이 의미성분으로 들어 있다. 물론 '훤칠하다'는 용례에서도 확인했지만 신장의 우월함이 의미성분으로 들어 있다. '강건(強健)하다'는 앞선 '건장하다'를 대체, 표현하는 것이 자연스러워 체격의 우월함을 묘사하는 데 '건장하다'와 의미가 겹치기도 한다. 그러나 '꽃샘추위에서도 강건하시기 바랍니다'처럼 '건강하다'와 대체해도 무방한 예문이 다수 나타나서 육체적, 도덕적 질병 등 모든 비정상적인 상태에서 벗어났음을 표현하는 어휘소라 하겠다.

지금까지 본 것처럼 여성과 남성의 외양을 묘사하는 형용사들이 사회를 살아가는 여성과 남성의 자질로 제시되었다. 그러나 여성은 겉모습을 나이를 먹고 안 먹고로 구별하는 데 비해 남성은 체격, 키, 뼈대와 같은 육체적 조건을 구체화하여 그들이 살아온 길을 느끼게 한다.

외양과 내면 묘사에 제약					
+남성			−남성		
외양제약	내면제약		외양제약	내면제약	
없음	골격	키	착하다 순수하다	+앳됨	−앳됨
	건장하다, 강건하다	훤칠하다		청순하다	우아/단아하다

예전에 잘못된 식습관과 운동부족 등으로 건강이 나빠진 학생들에게 '건강한 육체에 건강한 정신을'이라는 로마 구호를 내세운 적이 있었다. 이는 개화기 이래 서구의 흐름과 궤를 같이 하는 우리에게 당연한 흐름이기도 하다. 그러나 이에는 내전, 군부독재의 흐름 속에서 타인과 싸워 승리를 쟁취하려는 군인의 이미지가 광범위하게 퍼져, 결국 남성다움은 남성의 신체구조를 결정하는 특정한 기준에 의거하여 판단되기 시작한 역사적 배경(조지 L 모스 184~191)과 맞물려 있기도 하다. 달리 해석하면 여성은 여전히 겉으로 보기에 어려보이느냐, 아니느냐의 미감으로만 판단하는 데 비해, 남성은 나라의 무사안녕을 위해 육체적으로도 기여를 하고 있느냐, 아니느냐를 판단의 기준으로 내세우고 있어, 사회의 분위기가 여성/남성다움의 연상어휘들 속에도 반영되어 있음을 말해주는 것이기도 하다.

남성다움의 자질 중 내면만을 묘사하는 형용사는 없다. '씩씩하다, 용감하다, 단호하다, 대범하다, 강인하다, 당당하다, 늠름하다'와 같이 겉으로 드러나는 모습이면서 남을 대하는 태도가 의미 안에 복합적으로 들어 있다. 이들은 정신과 육체의 조화로움 속에서 다른 이를 대하는 '강인하다, 당당하다, 늠름하다'와, 불굴의 정신력으로 상대를 대하는 주체의 태도를 묘사하는 '씩씩하다, 용감하다, 단호하다, 대범하다'로 나뉜다.

(9) 가. 건강하고 씩씩하던 로마의 정신은 차츰 병들어 썩어가기 시작했다

   나. 씩씩하고 참된 어린이가 되자

   다. 내 일 남의 일 가림 없이 용감하게 덤벼들고야 마는 아버지

   라. 연안경비정이 호기 있고 용감하게 구조를 외치며 출동했다

인간은 자신의 생각대로 일이 되어가든 그렇지 않든 간에 자기의 의기가 제대로 발휘될 수 있도록 내 안에서 끊임없이 솟아나는 기운을 느끼며, 이를 곧게 발휘될 수 있도록 노력하며 살아간다. '씩씩하다'는 내 안에서 끊임없이 솟아나는 기운이 발휘되는 것의 의미를 지녔으며, '용감하다'는 이 기운을 두려움을 뚫고 발현시키는 태도를 말한다. 따라서 씩씩하다와 용감하다는 [기세 높음]과 [不動의 도전의식]이 남성에게 필요함을 느끼는 사람들의 사고방식을 담은 것이라 하겠다.

'단호하다'는 거절하다, 배척하다, 쐐기를 박다 등의 서술어와 호응을 이루고 '대범하다'는 넘기다/뛰어넘다 등의 서술어와 호응을 이룬다. 따라서 '단호하다'는 하나를 다른 하나와 분리시켜 사안을 확실하게 만드는 태도를 말하며, '대범하다'는 사소한 것에 얽매이지 않는 초당적이고 초월적인 태도를 말한다.

    (10)   가. 맹자는 전통질서와 신분제를 부정하는 민중중심의 이론을
           단호하게 배척했습니다
         나. 외무부측에 완곡하게 그러나 단호하게 반대하고 나섰다
         다. 조그만 이익에 목숨 걸고 아귀처럼 싸우지 않는 대범하고
           그릇이 큰 사람
         라. 여당이 가슴을 열고 먼저 실천하는 초연하고 대범한 자세를
           갖출 때이다.

不動의 도전의식이나 초당적인 大人의 자세 또는 결단력 있는 태도 등은 앞서 남성다움의 외양적 미감에 사회의 안녕과 국가의 부국강병을 위하여 혈혈단신으로 뛰어다니는 전사의 이미지를 담은 것과 연결돼 있다. 과감하게 결단을 내리면서 동시에 한없이 관용적인 태도를

취해야 함은 전쟁터의 장군이나 국가의 지도자에게 공히 필요한 덕목이므로 따라서 남성다움의 연상어휘들은 각기 모두 세부적인 의미에서 변별되는 면을 보이긴 하지만, 공통적으로 대장부로서의 남성을 원하는 사회구성원들의 염원을 담고 있는 어휘소들이라 할 수 있다.[44]

이에 반해 여성다움은 따뜻하다, 부드럽다, 상냥하다와 같이 원래의 의미에서 새로운 의미로 변화한 예들을 제외해 버리면[45] '얌전하다, 참하다, 예쁘다, 아름답다' 넷이 외양과 내면의 미감을 표현하는 어휘로 남는다. 어휘의 수에서 차이가 나는 데다 이들의 의미 역시 남성다움 관련 형용사들만큼 다양하고 구체적이지 못하다.

'아름답다, 예쁘다'는 일반적으로 다른 형용사들로 대체해도 무방할 만큼 의미가 추상적이며, 이는 달리 말하면 다른 모든 어휘소들의 상위어로서 사실상 세부적인 자질을 묘사하는 데는 적절치 않다는 것이다. 따라서 여성에게만 요구되는 여성다움의 자질을 구체적으로 생각하지 않은 언중들의 의식을 반영하는 것이기도 하다.

---

[44] 정신력과 육체의 건강함을 기본으로 하는 '늠름하다, 강인하다, 당당하다'의 세부적 의미도 비슷하다. '당당하다'와 '늠름하다'는 상대방에게 전혀 굽히지 않고 전진해 나가는 [떳떳함]을 기본의미로 하되, '늠름하다'는 기품, 품위와 같은 [품격 높음]의 의미를 가진 어휘들과 공기되는 점이 다르다. 이 둘의 떳떳한 자세는 씩씩함과 용감함을 기본으로 하며, 따라서 이들 역시 대장부나 지도자의 덕목에 해당하는 어휘라 하겠다. 물론 '강인하다' 역시 '갖다/존속하다/견디어내다' 등과 공기하는 데서 알 수 있듯이 어려운 과제나 맹수와의 싸움 등 곤경을 이겨내고 살아남음이 특징이다. 이 역시 이기옥(2005)에서 정리하였듯, (1) 모든 여성적인 것에 대한 거부 (2)큰 수레를 끄는 사람이 되는 것(성공) (3)강한 느티나무처럼 자신감에 넘치고 강한 것 (4)결과에 상관없는 공격성, 용기 등 남성이 갖추어야 할 덕목을 제시하는 데 일조하고 있다.

[45] '따뜻하다'는 온몸에서 전해지는 자극을, '부드럽다'는 살갗을 통하여 바깥의 자극을 알아채는 기본의미에서 파생되었고, '상냥하다' 역시 성녕ᄒ다(手工하다)에서 의미가 변화(민현식, 1995:29)하여, 출발에서부터 의미의 영역에 차이가 있었던 단어들이므로 여성다움을 묘사하는 형용사 목록에서 제외한다.

나머지 '얌전하다, 참하다'는 대체로 전통사회에서 결혼 적령기에 이른 여성에게 많이 사용되어 對사회적인 의미를 가진 남성다움의 연상어휘들과는 차이가 난다.

(11)　가. 머리에 물동을 이고 가는 뒷모습조차 얌전한 저 처자

　　　　나. 얌전한 색시가 있어. 말도 고분고분 잘 듣고

　　　　다. 어디 참한 구석이 있어야 시집을 가지

　　　　라. 옆집 김 씨네 색시, 아주 참한 색시라우.

'얌전하다'와 '참하다' 둘 모두 조용하고 침착하여 보기에도 좋은 여성, 더할 나위 없는 여성의 모습을 묘사하고 있는 어휘소임이 분명한데, 그런데 그 중에서 '얌전하다'는 순종적인 태도를 의미하는 변별적 자질을 가지고 있다.

(12)　가. 전통적으로 얌전하다는 것은 웃어른 말씀을 잘 듣고 어른들이 시키는 대로 하는 것을 말한다

　　　　나. 다른 소수민족들처럼 문제를 안 일으키고 얌전하게 살고 있었다

　　　　다. 교구민들은 항의하지 않고 얌전히 순응했다

　　　　라. 각서 쓰고 얌전히 있겠어 아니면 공사를 다시 시작할까

소수민족, 교구민(종교의 전파, 신자의 지도 따위를 위하여 편의상 나누어 놓은 일정 구역 내의 사람들), 채무자처럼 다른 이들에게 지배를 받을 수밖에 없는 사람들이 묘사 대상이다. 따라서 이들 속에 사용된 '얌전하다'는 시키는 대로 한다는 순종적인 의미를 가지고 있는 것이며, '얌

전하다'를 여성다움의 자질로 뽑아낸 일반인들의 의식에는 여성에게 강요되었던 남성중심의 이데올로기가 남아있다고 해석할 수 있겠다.

결국 남성다움의 연상어휘들은 남성들이 사회에서 살아나가기 위해 필요한 자질을 구체적으로 시현해 놓았는데, 여성다움의 연상어휘들은 수도 많지 않으며 전통사회에나 적합한 자질을 가진 어휘소를 포함하고 있어, 아직은 사회활동에 적극 참여하고 있는 여성의 모습은 배제한 채 전통적 관념대로 여성을 인식하는 일반인들의 모습을 살필 수 있었다.

여성다움을 둘러싼 사회, 문화적 함의

앞서 남성다움과 여성다움의 연상어휘들이 갖는 공통된 의미, 변별되는 의미를 살펴보고, 남성다움은 사회의 흐름을 선도해나가는 대장부, 전사로서의 이미지를 가지고 있는 데 비해, 여성다움은 아직은 앳되고 미성숙한, 때로는 전통적 이데올로기를 담은 여성의 이미지로 국한하여 표현되고 있음을 이야기하였다. 여성에 대한 이런 불공평한 시각은 이들 연상어휘들의 출현빈도를 성별로 나누어 유의미한 결과를 뽑아내보면 또 다른 결과가 나오기도 한다. 우선 여성다움의 연상어휘를 성별로 빈도수를 내어 그 순위를 정리하면 다음과 같다.

여성	전체	남성
청순하다(32)	청순하다(62)	청순하다(30)
상냥하다(22)	상냥하다(34)	순수하다(20)
아름답다(22)	부드럽다(30)	예쁘다(19)
부드럽다(18)	순수하다(26)	상냥하다(12)

참하다(14)	아름답다(23)	부드럽다(12)
얌전하다(11)	단아하다(20)	단아하다(10)
단아하다(10)	예쁘다(19)	착하다(8)
따뜻하다(8)	참하다(16)	따뜻하다(6)
도도하다(7)	따뜻하다(14)	연약하다(5)
순수하다(6)	얌전하다(12)	우아하다(4)
우아하다(6)	착하다(12)	조신하다(4)
착하다(4)	우아하다(10)	섬세하다(3)

〈표1〉 성별 여성다움의 연상 어휘 조사 결과

위 표에서 첫 번째로 두드러지는 특징은 남녀 분포 모두에서 '청순하다'가 1위에 오른 것이다. 그리고 전체 분포와 다르게 여성은 '아름답다'를 상위에 분포시키고 있음에 비해 남성은 '예쁘다'를 상위에 위치지우고 있음도 특징적이다.

우선 성숙한 여자를 이르는 '여성다움'을 제시어로 내놓고 조사하였음에도 불구하고, 남녀 모두 공히 '청순하다'를 여성다움의 첫 번째로 연상했다는 사실은, 사회적으로 바람직한 여성상이 어떤 것인지를 묻는 여성다움의 답으로서는 바람직하지 않아 보인다. 청순하다는 외양에서 앳됨이 풍기는 사람([+미감향유], [+내면과 외양 묘사에 제약], [+외양], [+앳됨])으로 분석되는 어휘소로, 특히 우아하다, 단아하다와 비교하여 [+앳됨]이 변별되는 자질이었다. 이런 청순하다를 남녀 공히 여성다움을 들었을 때 첫 번째로 연상해 냈음은, 여성은 여전히 사회적으로 성숙하지 않아도 되는 대상으로 여기고 있음을 은연 중에 드러내는 것을 보여, 여성의 사회진출이 활발함에도 불구하고 여전히 미성숙한 사람, 누군가의 보호 아래 놓여 있는 사람 즉 전통적인 여성관으로서 현재의 여성을 바라보고 있음을 알 수 있다.

그러나 여성이 여성에게 바라는 이상적인 모습으로 '아름다운' 여성을 꼽았음은 긍정적인 현상으로 보인다. 남성이 생각하는 여성에게 필요한 특질, 자질로 '예쁘다'가 우선순위에 놓였음과 비교하면 더욱 바람직한 결과로 보인다. '아름답다'와 '예쁘다'는 다른 어휘소들의 의미를 총칭적으로 표현하는 상위어였지만, '아름답다'는 성숙한 인간의 미감을 표현하고 있어 '예쁘다'와 구별된다.

(1) 가. 그녀같이 {예쁜/*우아한/*참한./*부드러운} 귀를 가진 사람
         들은 귀를 뚫거나
     나. 소라의 {예쁜/우아한/*참한/*부드러운} 다리를 보면서
     다. 참한 색시만이 할 수 있는 (아름다운/?예쁜) 덕행이었다.
     라. 사람을 위해서나 일을 위해서나 말없이 자기를 (아름답게/*
         예쁘게) 바치는 소유자

(1)은 아름답다와 달리 '예쁘다'는 용모의 묘사에 활발하게 이용될 수 있음을 보이는 것으로 의미영역이 '아름답다'와 구별된다. 예문을 봐도 '예쁘다'와 달리 '아름답다'는 다른 이를 위해 자신을 희생하는, 성숙한 인간으로서의 도리를 실천해 나가는 행위에서 우러나오는 미의식이 발현되는 모습을 형상화하고 있다. 따라서 사회의 일원으로서 사회의 목적과 원칙이 자신의 가치체계가 되어 이를 받아들임으로써 그에 기여하는 바를 찾으려는 [+對사회적] 움직임이 '아름답다'의 변별적 자질이며, 여성들이 '예쁘다'가 아니라 '아름답다'를 여성다움에서 연상해 내었다는 것은 여성들 스스로는 달라진 여성의 위치를 인식하고 있음을 말해준다.

물론 아직까지 남성은 단순한 심미적 의미를 쫓아 예쁜 여자를 우

선시할지 모르나, 여성이 생각하는 여성이 좀 더 고차원적인 미감을 전달해 줄 수 있는 대상으로 굳어져 가면, 이 긍정적인 힘이 사회에서 힘을 발현하여 언젠가는 남성들까지도 변화시킬 수 있기 때문에, 현재로서는 여성들에게서라도 이 대답이 나왔음을 의미 있게 바라보고 있다.

3) 소결

지금까지 여성담론을 다루는 여성학자들은 전통 고수자로서의 여성, 가정을 지키는 여성 등의 여성상이 여전함을 지적하면서, 전통적인 어머니상 즉 순종적이며 가정을 지키도록 규범화된 질서를 여성에게 강요하는 사회의 움직임을 비판적으로 논하였다. 그러나 근대 이후 새로운 가치질서의 유입에 따라 사회에서 제시하는 여성상에도 변화가 일어났고 육체적 단점을 극복할 수 있는 정보통신기술의 발달에 힘입어 성별분업을 뛰어넘은 이상적인 여성상의 등장을 외면할 수는 없는 시대가 되었다. 그렇다면 사회의 흐름과 여성다움과 남성다움을 둘러싼 사람들의 의식 사이에는 어떤 관계가 있을까? 이런 단순한 질문에서 시작되어 여성다움과 남성다움의 연상어휘들이 갖는 공통적 의미, 변별적 의미를 분석해 본 결과, 여성에게 아직까지 덧씌워진 전통적인 여성상을 확인하는 것이어서 헛헛함을 주기도 했다.

우리의 전통에서는 인간이 도달하여야 할 궁극적 목표로 이상적 인격의 완성을 설정하였다. 이는 자기 성숙만이 아니라 타인의 완성과 자기가 사는 사회의 안녕에도 관심을 가짐을 의미한다. 이에 호응하듯 남성다움의 연상어휘들은 조화로운 대인관계를 위해, 세상을 크게 만나고 의미를 부여할 수 있는 능력, 지나침을 억제할 수 있는 능력, 나와 너의 어려움을 극복하려는 의지가 주가 되는 정서적 감정 등 자기를 넘어서 타인과 사회로 관심을 넓히는 인격의 성숙과정을 거치고 있음을 볼 수 있었다. 그리고 서구 사회와의 교류 속에서 사회와 국가의 안녕을 위해 끊임없이 싸워나가는 전사로서의 이미지마저 더해 과거로부터 현재까지 끊임없이 발전해 오는 남성상을 읽을 수 있었다.

이에 비해 여성다움은 아직까지 전통적 가족이데올로기 아래에 놓였을 때와 동일한 가치들이 다수 존재하고 있어서 아쉬움을 남긴다. 단지 여성들만이라도 對사회적 움직임에서 향유되는 미감을 가진 '아름답다'를 여성다움의 우선조건으로 꼽고 있음을 통해, 여성의 주체적인 자아를 찾으려는 움직임이 이어질 것임을, 그리고 이러한 움직임이 여성에 대한 인식의 변화를 가져올 것임을 예측하게 하여, 아직까지는 우리 사회의 긍정적인 에너지를 확인할 수 있음에 희망을 걸어 본다. 언젠가 남녀 모두 공히 평등한 세상에서 남성다움과 여성다움의 어휘를 들었을 때 비슷한 자질을 연상해 낼 수 있는 날이 오리라고.

더 읽을거리: 의미장

1) 성분분석과 의미장

　의미장은 어휘에 체계를 부여하는 방법 중 하나로 개별 어휘를 의미장 속에 조직화시키는 일이다. 이는 하나의 어휘가 개별적으로 존재하지 않고 개념상 인접하는 어휘들과의 관계 속에서만 의미를 갖게 됨을 전제로 한다. 이를 테면 '아주 잘함-잘함-노력요함'이라는 성적 체계에서 '잘함'은 '아주 잘함-잘함-보통-노력요함-못함'에서의 '잘함'과 의미가 다르다. 5단계나 3단계와 같은 서로 다른 '전체'를 전제로 하여 그 속에서 인접한 어휘들과 상호연관되며, 특정한 방법으로 서로서로를 정의하기 때문이다. 이처럼 하나의 상위어 아래 의미상 밀접하게 연관된 어휘들을 모으고 그들의 상호간 그리고 상위어와의 관계를 규명하는 것은 독일 중심의 장(field)이론가들에 의해 개발된 것으로, 개별 어휘의 의미변화에 주목해 왔던 종래의 방식에 획기적인 발상의 전환으로 평가받았다. 따라서 우리학계에서도 의미장 이론을 받아 들여 상호 연관된 어휘들의 체계화를 시도해 보는 움직임이 늘고 있는데, 이번 장에서는 여성다움과 남성다움의 연상어휘들의 의미를 의미장으로 꾸며보기 위해 이론적 배경이 되는 성분분석과 의미장에 대해 알아보려고 한다.

■ 낱말과 어휘소

전통적인 견해에서 의미론의 연구 대상은 낱말[46]이었다. 낱말의 독자성에 주목하여 의미기술의 대상이 되는 언어적 단위를 낱말(word)로 본 것이다. 낱말이란 무엇인가? 사전적 정의를 옮겨보면 다음과 같다.

> 자립성(自立性)과 분리성(分離性)을 가진 말의 최소 단위. 의존 명사나 보조 용언과 같은 준자립어(準自立語)와 형식 형태소인 조사(助詞)도 이에 속한다. 예를 들어, '바람이 불다'에서 '바람', '이', '불다'가 낱말에 해당된다.

위 정의에서 자립성과 분리성을 가졌느냐의 여부가 낱말을 결정짓는 데 기준이 됨을 알 수 있다. 그런데 낱말에는 '나무, 사람, 다섯' 등의 명사나 '아주 조금' 등의 부사처럼 자립적으로 쓸 수 있는 것뿐 아니라 자립성이 다소 약한 조사와 보조 용언도 포함하고 있다. 준자립어 중에서 조사를 예로 들면, 이들은 어미와 달리 다소의 분리성이 있음이 특징이다. 즉 조사 '가' '을'을 예로 들면 '책-만-을, 여기-서-부터-가'처럼 명사와의 사이에 다소의 분리성이 있어서 자립성이 있는 말, 낱말로 인정하는 것이다.

그러나 준자립어의 목록에 어미는 포함되지 않는다. 동사나 형용사 뒤에 붙어 활용을 하는 어미는 시제나 양태를 나타내주기에 실제 발화에서는 필수적이다. 그러나 이는 동사나 형용사의 어근에 의존적이며, 그 결과 동사나 형용사의 어간은 단독으로는 낱말이 될 수 없고

---

46 낱말과 단어는 동의어이다. 본 절에서는 의미장 이론을 전개시키는 데 기여한 바가 큰 어휘의미론 연구자들의 용어를 받아들여 '낱말'을 주로 사용하여 논의를 전개하려 한다.

'부-니, 불-어서, 불-었-다'처럼 반드시 어미가 결합되어야만 낱말이 된다.

그렇다면 여기에서 드는 의문은 '부니, 불어서, 불었다'는 서로 다른 세 낱말인지 아니면 낱말 '불다'의 세 형태인지이다.

(1) 가. 불면 꺼질까 쥐면 터질까

나. 바람이 불었다

다. 분다 분다 하니까

이 문장에서 '불면, 불었다, 분다'를 낱말 '불다'의 세 형태라고 하려면 기존의 낱말의 정의만으로는 설명하기가 어렵다. '불면, 불었다', '분다'는 추상적인 단위 '불다'가 구체적으로 실현된 형태이기 때문이다. 즉 '불면, 불었다, 분다'를 서로 다른 세 낱말이라 부를 때는 사용한 말을 말하는 것이고 낱말 '불다'를 말할 때는 잠재적으로 머릿속에 기억되어 있는 언어체계의 한 요소, 최소의 어휘적 단위를 말하는 것이다. 이렇게 하면 기존의 낱말의 정의 아래에서 '불다'만이 낱말의 예시로 제시됨을 이해할 수 있을 것이다.

어휘의미론에서는 활용형이 아니라 기본형인 '불다'를 대상으로 최소의 어휘적 단위로 상정한 후 이를 어휘소라 부른다.[47] 음운론에서는 음소로, 형태론에서는 형태소를 기본단위로 하듯이 의미론에서 의미를 맡은 단위로서 어휘소를 설정해 놓은 것이다.

다른 학문과의 일치성을 보이는 것 이외에도, 이처럼 어휘소를 설정하고 나면, 동음이의어의 설명 역시 간명해지는 이점이 있다. 동

---

47 어휘소의 설정 과정에 대한 이론적 배경은 양태식(1992), 『국어구조의미론』을 참고하여 기술하였다.

음이의어란 우연이 음성이 같은 것일 뿐, 서로 별개인 어휘들을 말한다. 아래 '물은'은 의미 해석에 따라 중의적으로 해석이 가능한, 즉 겉으로 보기엔 한 단어 같지만 서로 별개의 두 단어로 해석가능한 문장이다.

내가 물은 것은 어떡하고 여기에 있느냐?

한 가지는 내가 물어본 내용을 말함이요 또 한 가지는 내가 물어준 돈을 말함이다. '물은'은 두 어휘소 '묻다' '물다'에서 왔지마는 활용을 하면서 우연히 같은 음운론적, 표기법적 형태를 취한 것이다.

지금까지 본 것처럼, 어휘소는 어휘부의 기본적 단위가 되는 것으로, 활용하는 경우 기본형으로 간주되는 단위이며, 언어의 현실적 실현을 가능케 하는 추상적이고 중립적인 단위이며, 최소의 의미적 단위이다. 따라서 의미를 맡는 언어적 단위에서 가장 작은 것은 어휘소이며, 어휘소가 언어내적 화맥이나 언어외적 화맥에 따라 실현된 것을 낱말이라 구별하는 것이 적절할 것이다.

■ 성분분석 → 의미장

의미의 기본단위를 어휘소(lexeme), 즉 화맥마다 바뀌는 활용형이 아니라 기본형으로 상정하면, 그것은 최소단위가 아니라 의미성분(semantic component)이라는 더 작은 단위로 분해될 수 있다. 이를 테면, 사전에 기재된 '날아가다'의 의미는 [날아서 움직여 가다]인데, 이는 날다, 움직이다, 가다 세 가지 동사가 포함되어 있어서, 최소한 세 가지 의미성분으로 분해될 수 있다. 물론 우리가 강, 시내, 하천, 개울, 바다 등 흐르는 물줄기를 표현하는 다양한 단어들의 의미를 정확하게 폭과 깊이까지 들이대면서 구분하지 못하는 것처럼, 단어의 의미를 확연히 선을 그어 이야기할 수는 없는 불분명한 것으로 보는 입장에서는 단어의 의미를 더 작은 단위로 분해한다는 것은 감히 시도할 수 없는 일이기도 하다.

그러나 소리가 화자나 발화환경에 따라 약간씩 다른 음성으로 실현되더라도 추상적인 음소를 세울 수 있듯이, 의미 역시 화자나 화맥에 따른 개인차를 배제한 추상적인 단위를 설정할 수 있다. 왜냐하면 같은 시대에, 동일한 언어를 사용하는 사람들이 서로 큰 오해 없이 서로 말을 주고받을 수 있는 것은 동일한 단어에 대해 동일한 의미를 전제하기 때문이다.

무엇보다 새로운 단어의 의미를 유추하는 과정을 고려해 보아도 어휘소의 설정과 어휘소를 의미성분으로 분해하는 것이 타당함을 분명히 이해할 수 있다. 예를 들면 '산낙지녀'라는 낱말을 처음 듣는 사람도 '산낙지'가 가진 특성을 고려하여 이 신조어의 의미를 유추하게 된다. 즉, 낙지는 여덟 개의 발에 수많은 빨판이 있어서 물을 빨아들이는 것이 특징이며 위험을 느낄 때 먹물을 뿜고 도망치는 성질도 가졌다. 이 중에서 산낙지녀는 낙지의 빨판이 가진 흡입성을 이용하여 새롭게 만들어진 어휘이다. 이처럼 낙지의 의미특징이 다수이며 그 중 하나만을 이용하여 또 다른 단어를 만들어내는 과정은 낙지의 의미는 더 작은 단위(=의미특징)로 분해될 수 있음을 명시적으로 보여주는 바이다. 이처럼 물질이 분자와 원자로 구성되는 것과 같이 어휘소는 몇 가지 미세한 의미소로 분석될 수 있다는 입장을 취하는 것을 성분분석(componential analysis)이라고 한다.

성분분석의 이론은 음운론과 인류학에서 출발하였으나 최근 들어 의미론에서 더욱 각광받고 있다. 음운론에서의 성분분석은 유럽의 후기 구조주의자들에 의해 주도되었는데, 트루베츠코이(N. Trubetzkoy, 1969:89)가 제시한 산스크리트어 폐쇄음 체계가 대표적이다.[48]

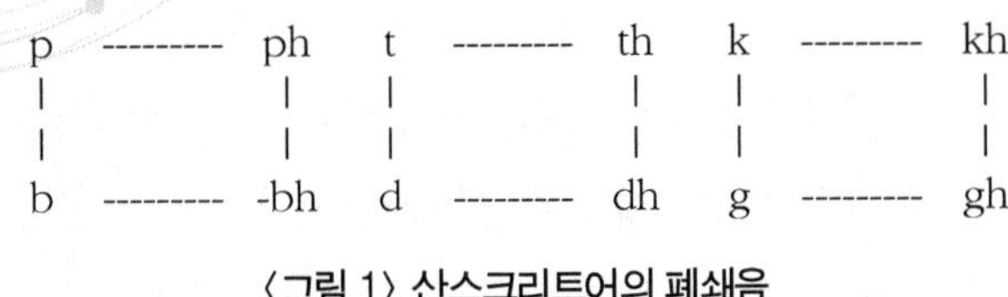

〈그림 1〉 산스크리트어의 폐쇄음

그림1의 폐쇄음들은 조음위치에서 볼 때 좌로부터 각기 양순음(입술 사이에서 나는 소리), 치음(혀끝과 윗니 사이에서 기류가 장애를 받아 나는 소리), 연구개음(입천장 뒤쪽의 연한 연구개 부분과 혀의 뒷부분 사이에서 나는 소리)으로 파악되는데, 이는 기(aspiration)과 공명도(sonority)에 의해 구분된다. 즉 위의 p, ph, t, th, k, kh와 아래 b, bh, d, dh, g, gh는 윗부분이 목청을 떨지 않는 무성음이며 아랫부분이 목청을 떨어 울리며 내는 유성음이다. 유성음은 무성음보다 멀리서까지 들리는 공명도가 더 크므로 위아래는 공명도(sonority)에 의해 구별되는 셈이다. 그리고 p, b, t, d, k, g 와 ph, bh, th, dh, kh, gh의 구별, 즉 왼쪽과 오른쪽의 구별은 알파벳 h로 표현된 자질 즉 공기를 세게 내뿜어 거세게 나오는 기식성(aspiration)에 의해 구별된다.

기와 공명도를 기준으로 가장 왼쪽 즉 양순음 계열의 음소만 성분을 표시해 보면 다음과 같다.

---

[48] 성분분석에 대한 내용은 이관규(1986), 임지룡(1992) 등을 참조하여 정리한 것이다. 좀 더 자세한 내용은 Nida(1975), Lions(1977), Cruse(1986) 등을 참조할 것.

/p/	양순음 & 무성음 & 무기음
/b/	양순음 & 유성음 & 무기음
/ph/	양순음 & 무성음 & 유기음
/bh/	양순음 & 유성음 & 유기음

이렇게 기술해 놓으면 /p/와 /b/ 그리고 /p//b/와 /ph//bh/의 공통점과 차이점을 한눈에 식별할 수 있는 장점이 있다. 음소 상호간에 공통적인 자질로 묶임으로서 동류를 이루고 다른 음과 변별적인 자질을 지님으로써 대립을 이루어 음소의 조직이 체계적으로 드러나기 때문이다.

음소와 마찬가지로 어휘소의 의미 역시 내부구조를 도식화시켜 그러낼 수 있다. 이를 테면 말순이, 또순이, 끝순이, 말자, 숙자, 삼월이, 사월이와 같은 여성의 이름을 나타내는 어휘소들은 접사의 형태에 성별표시가 나타난다. 순한 여자아이로 자라기를 바라는 마음에서 넣은 '순'과 일본식 이름명명 방식을 수용하여 넣은 '자' 그리고 단지 언제 태어났는지만 중요하게 여겨 태어난 달이 이름의 첫 자인 방식은 여성의 이름짓기의 전형적인 예시이다. 물론 이들은 족보에 올릴 만큼 훌륭한 한자 성명과 호까지 가지고 있던 남성의 이름짓기 방식과 확연히 구별된다. 이와 같이 남성, 여성의 이름이 형태, 의미론적 차이를 보일 경우, 여성은 공통항이 되어 그 아래에 성품이나 시공간 또는 역사적인 배경 등을 토대로 그들 사이의 차이점을 비교하는 방식으로 의미성분을 추출, 체계화시킬 수 있다.

성분분석의 또 하나의 출발점은 미국의 문화인류학자들이 아메리카 인디언 언어의 친척명칭을 분석한 시도이다. 크뢰버(A. Croeber, 1909)는 친척관계 어휘를 분류하기 위해 세대, 혈연관계, 직계, 성별 등과 같은 성분을 기준으로 삼았다. 그리고 이는 나이다(Eugene A. Nida 1975: 34)에서 체계화되어 [성별] [세대] [직계]라는 의미성분을 통하여 친척어의 기본적인 구조는 다음과 같이 그려졌다.

	직계		방계		탈직계	
	남	여	남	여	남	여
세대+1	부	모	삼촌	숙모	사 촌	
세대 0		자신	형제	자매		
세대-1	아들	딸	조카	질녀		

〈그림 2〉 친척어의 기본구조도

성분분석은 어휘소의 의미를 가장 원초적인 의미의 원자들로 분석하여 그 이상 분해할 수 없는 성분들을 추출함으로써 좀 더 보편적인 의미의 표현을 가능하게 하려는 데 목적이 있다. 따라서 어휘소의 의미에 대한 성분분석의 원리는 음소를 몇 개의 변별자질로 분해하는 방식과 비슷하다. 우선 어휘소의 모든 의미소에 다 있어야 하는 종류(공통적 의미자질)와 그렇지 않은 종류(개별적 의미자질)를 가려내어 공통적 의미자질 아래 개별적 의미자질을 배열한다. 친척명칭어를 예로 들면, 인간, 친척은 공통적이고 계통, 성별, 세대 등은 개별적이다. 공통자질은 같은 어휘체계를 이루고 있는 어휘소들의 의미소 간의 관련성, 비슷함의 유형을 드러내는 것이며, 개별자질은 어휘체계 안의 특정 어휘소나 한 어휘소에 붙어 있는 여러 의미소들 중 특정 의미소를 기술하기 위한 것, 즉 변별자질로 사용될 수 있다.

좀 더 구체적인 예를 들면, [자신에게 혈통을 직접 이어 준 남자의 의미를 가진 아버지는 성별로 '남자'여야 하며 남자 중에서도 혈통을 잇기 위해서 필요한 조건 즉 '결혼'과 '자식을 둬야 함'이 의미소이다. [남자] [결혼을 하다] [자식을 두다]의 의미소 중에서 결혼을 한 남자는 가족을 형성함이 그 전제조건이며, 성별이 남자라는 것은 인간이라는 것을 전제하므로 여기까지 고려하면 [인간] [남자] [결혼] [가족] [자식을 둠]으로 의미소를 나열할 수 있다. 그러나 [인간]은 동물 수컷과의 대비가 없는 한, [남자]이면 모두 인간에 포함되므로, 어머니, 딸, 아들 등 인간의 가족 내에서의 의미관계를 따져 물을 경우는 잉여적 자질이 되어 삭제한다. 결국 아버지의 의미성분은 [남자] [결혼] [가족] [자식을 둠]으로 정의되는데, 자식을 둔 사람은 윗세대, 자식은 아랫세대로 나뉘므로 자식을 둔다는 의미는 좀 더 명시적인 것으로 대체, 아버지는 [남자] [결혼] [가족] [윗세대]로 정의된다.

결국, 의미장을 그리기 위한 성분분석은 상호연관된 어휘소들의 영역을 설정하고 그 안에서 공통적 자질과 변별자질을 가려냄이 핵심인데, 이를 쉽게 골라낼 때는 비례식을 많이 이용한다. 이를 테면 아버지와 관련이 있는 어머니, 아들, 딸, 아주머니, 아저씨를 대상으로 설정하고 각 항목의 공통적 자질을 가려내면, 우선 아버지와 어머니는 자신에게 혈통을 직접 이어 준 남자, 여자이므로 '직계 윗세대 남성'인 아버지와 '직계 윗세대 여성'인 어머니로 대립된다. 즉 '윗세대 남성 : 윗세대 여성=아버지 : 어머니'와 같이 비례식이 성립되는데, 이 경우 대립의 기준은 세대와 성별이다. 아들과 딸은 결혼하여 낳은 자식이므로 앞선 어휘소들과는 세대의 차이로 나뉜다. 따라서 '직계 아랫세대 남성 : 직계 아랫세대 여성=아들 : 딸'의 비례식이 성립된다. 이 경우 대립의 기준 역시 세대와 성별이다. 따라서 '아버지, 어머니, 아들, 딸'은 성차와 세대차를 두 축으로 하여 그림을 그릴 수 있다. 물론 아저씨, 아주머니가 직계가족이 아니라는 점을 염두에 두고 그려진 것이다.

	남성	여성
윗세대	아버지	어머니
직계	자신	
아랫세대	아들	딸

〈그림 3〉가족관계어의 의미장

의미의 세 차원이 나타나는데, 이를 바탕으로 의미성분을 식별하면, 성별, 직계, 세대 차원으로서 각 차원은 다른 쪽과 상보관계에 있으므로 [+MALE]와 [−FEMALE] [+DIRECT FAMILY]와 [−INDIRECT FAMILY], [+UPPER] [−DOWN]은 동등한 자격을 갖는다. 따라서 네 어휘소의 의미는 각각 [MALE] [DIRECT] [UPPER]의 각 성분을 결합한 것이 된다. 이들 어휘소의 의미성분을 보이면 다음과 같다.

아버지　　　　　[+MALE][+DIRECT FAMILY][+UPPER]

어머니　　　　　[-MAEL][+DIRECT FAMILY][+UPPER]

아들　　　　　　[+MALE][+DIRECT FAMILY][-UPPER]

딸　　　　　　　[-MALE][+DIRECT FAMILY][-UPPER]

한 단어의 의미를 구성하고 있는 의미성분이 다른 단어의 의미성분과 변별되는 지점을 찾아 보여야 하는 성분분석의 구조상, '+/−' 기호로 표시함으로써 의미성분의 유무를 명시하는 것은 변별자질을 드러내기 위한 효율적인 방법이다. 단지 변별적인 의미자질을 어느 정도까지 구체화면 될지의 문제가 남아 있을 뿐이다. 이상적으로는 최소

의 원소로까지 분석해가는 것이 좋겠지만, 앞서 변별자질 즉 어휘소
들 사이의 의미의 차이를 보이는데 관여하는 요소만 기술하면 됐지,
그 이상은 분석할 필요가 없다. 의미소란 같은 자질을 공유한 어휘소
들 안에서 같고 다름을 드러내는 데 관여하는 특징을 기술하는 것이
기 때문이다. 따라서 아버지, 어머니, 아들, 딸은 직계가족 내에서 성
차와 세대 차이를 보이는 것으로만 기술하면 되고 이들에 아저씨, 아
주머니가 포함되면 직계 가족인지의 여부가 더 추가되면 된다.

2) 의미장의 다양한 모습

성분분석을 통해 변별되는 의미소를 찾아내었다면, 이제 그를 시각
적으로 뚜렷하게 보일 수 있는 의미장으로 구체화하는 방법을 익혀
한 의미영역 내에 묶인 다양한 어휘소들의 의미를 시현해볼 차례이
다. 통시적으로 의미장 이론을 전개한 대학자들의 업적을 정리하는
과정 속에서 의미장을 꾸미는 다양한 방법을 접해보도록 한다.

■ 의미장 연구의 서막을 연 트리어

1930년대 트리어(J. Trier)는 『지성의 의미영역에 있어서 도이치말
의 어휘, 언어장의 역사』라는 논문을 내고 장이론의 문을 열었다. 그
는 낱말은 개별적으로 존재하지 않으며 개념적으로 가깝거나 멀리 이
웃해 있는 많은 낱말들과 연관되어 있으며 따라서 이들은 의미장이라
고 부를 수 있는 통합된 체계를 이루고 있음을 지적하였다. 장이론의
중요한 개념어인 '장(場)'을 정의내린 것으로, 더 나아가 그는 장의 내
부구조를 인접어들과의 관계가 층을 지어 겹쳐있는 계층 조직, 즉 빈
틈없는 폐쇄된 체계의 전체 속에 낱말이 편입되어 있는 모자이크 방

식으로 가정하였다. 따라서 어떤 어휘항목에서 일어난 변화는 인접하고 있는 어휘항목의 변화와 연결되며, 결과적으로 개별 낱말의 의미 변화를 넘어 체계 전체의 변화를 살피는 일이 최종 목적이 되었다.

트리어는 중세독일어 '지식의 장(filed of intellect)'을 제시하였는데, 그는 13세기를 중심으로 100여년 동안 일어난 변화를 주목하였다. 먼저 1200년 경의 지식의 장에 들어가는 낱말은 kunst, list, Wîsheit 세 개가 있었다. Kunst는 귀족이나 기사가 지녀야 할 지식, 즉 부녀자 앞에서 말타는 자세, 마상시합에서의 태도, 몸짓, 걸음걸이 등을 의미하며, List는 서민계층의 기능적인 지식 즉 천문학, 식물학, 광물학, 의학, 금은세공술 등을 의미하였다. 마지막으로 Wîsheit은 Kunst 와 List를 포함하면서 여기에 인격적 예지 즉 신과 자기의 지위에 책임을 지고 이들을 인도할 수 있는, 정신적으로 사회적으로 향상된 인간의 성숙함을 의미하여 다른 두 낱말의 상위어라 할 수 있다. 이들의 의미에 기준하면 아래와 같은 의미장이 그려진다.

Wîsheit	
Kunst	List

〈그림 1〉 1200년 경의 '지식의 장'

그런데 지식의 장은 1300년 경에 접어들어 봉건제도의 붕괴와 함께 귀족과 서민계층의 구별이 사라지면서 체계가 변화하였다.

Wîsheit	Kunst	Wizzen

〈그림 2〉 1300년 경의 '지식의 장'

서민계층에서 다루던 지식은 사라지고 Wîsheit은 종교적, 영적 지식으로만 한정되었으며, Kunst는 종래 List의 의미와 비슷한 세속적 지식 혹은 기술, 현재와 같으면 예술 영역을 의미하였고, 일상적 지식을 의미하는 Wizzen이라는 새로운 항목이 들어와 현재의 과학, 기술 지식을 의미하였다. 봉건제도의 붕괴와 함께 사람들에게 나타난 변화 양상이 '지식' 의미장의 변화에서 가시적으로 드러난 셈이다.

물론 지성과 관련된 어휘를 일반인들에게 조사한 결과 22명이 129개 어휘를 뽑을 만큼 일반적인 장이라고 내세울 만한 어휘체계가 존재하지 않았다는 실험이나 지성관련 고빈도 어휘 4개를 대상으로 긍정적, 부정적 이미지를 조사하여 배열한 결과 일정한 규칙을 발견하기 어려울 만큼 낱말의 경계를 짓는 일이 쉽지 않음을 지적한 연구논문[49]이 나올 만큼 트리어의 이론에도 허점이 있는 것은 사실이다. 그러나 언어공동체에서 본질적인 역사적 변화는 의미영역의 구조변화에 의해 표현될 수 있다는 가정 아래 의미장을 꾸며본 그의 시도는 여러 시기의 의미장의 구조를 비교하면서 통시적, 공시적 언어학을 서로 결합시킬 수 있는 가능성을 제시한 의의가 있다. 공시적으로 체계화한 의미장의 구조를 통시적으로 비교, 분석하는 이론을 펼칠 경우에는 트리어의 이론이 큰 도움을 줄 것이다.

■ 의미장의 다양한 모델을 보여준 바이스겔바

바이스겔바는 장이론(field theory)의 근원에 해당하는 훔볼트의 의견을 받아들여 이론적 입지를 다진 학자이다. 훔볼트는 언어내용의 정적인 추구인 에르곤과 동적인 추구인 에네르기아를 구별하였는데,

---

[49] 이는 허발(1979), 『낱말밭의 이론』에 자세하게 소개되어 있으니 참조 바란다.

바이스겔바는 이 중에서 의미장은 에르곤의 측면에 관계된다고 보았다. 그는 언어의 의미장을 유기적으로 분절되어서 공동작용하는 언어기호의 무리라는, 전체를 통해서 구조화되어 있는 언어적 중간세계의 한 단면으로 정의하였다. 우리가 외부세계의 사물을 직접적으로 수용하는 것이 아니라 모국어라는 언어적 중간세계를 거쳐 인식하기 때문에 언어적 중간세계가 다른 별개의 두 나라는 각기 다른 세계관을 가진 두 개의 민족공동체임을 주장할 수 있다.

바이스겔바는 언어의 동적연구의 실체를 밝히기 위한 목적으로 장이론을 연구하였지만, 의미장의 분절구조가 규정되는 관점이 하나인지 여럿인지에 따라 단층적인 장과 다층적인 장으로 나누어 다양한 의미장을 그릴 만큼 의미장 이론에 큰 기여를 한 학자이기도 하다.

먼저 의미장을 구조화하는 시점이 하나인 단층적인 장은 성적평가체계와 같은 서열적 장과 신고도이치말의 친척어장과 같은 평면적 장 그리고 기본색채어장과 같은 입체적 장이 있는데, 차례로 들면 다음과 같다.

sehr gut–gut(good)–genugengd–mangelhaft–ungenugend

학교

Sehr gut–gut–genugend–nicht genugend   젊은 애들

sehr gut–gut–befriedigend–ausreiche–mangelhaft–ungenugend

어린학생

〈그림 3〉 성적평가어장

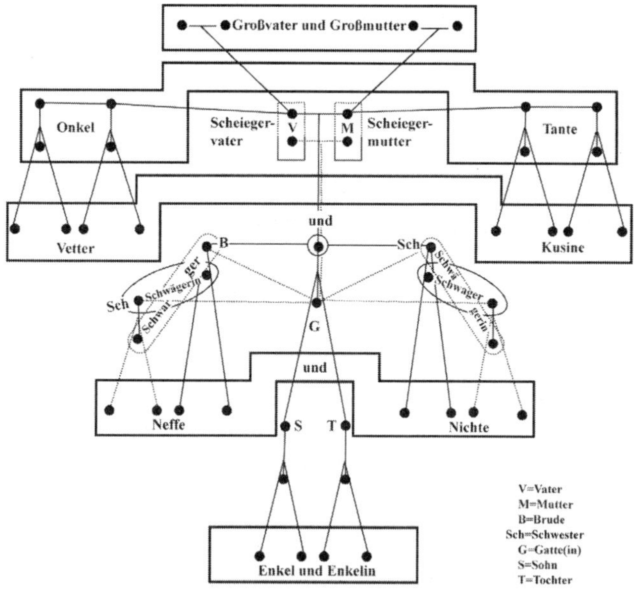

〈그림 4〉 친척어장

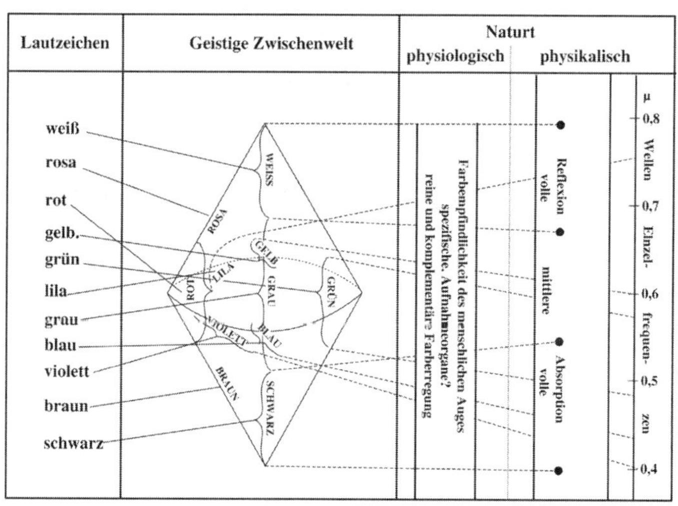

〈그림 5〉 기본색채어장

　이들 의미장보다 더 흥미로운 것은 관점이 여럿 존재하는 다층적인 장인데, 의미장 이론에서 아주 유명한 생명종식어장을 예로 들어보면 다음과 같다.

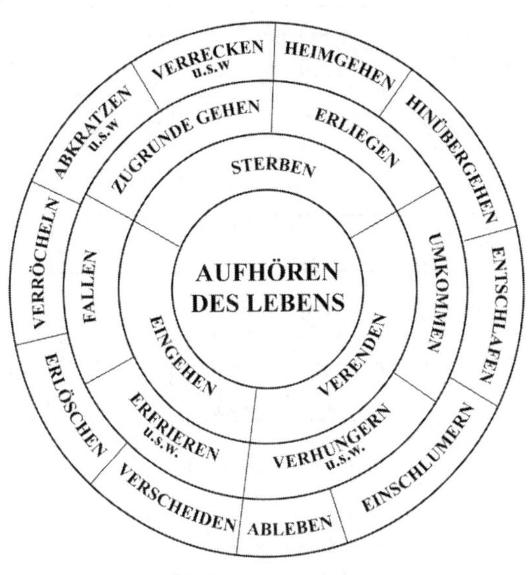

〈그림 6〉 독일의 생명종식어장

　동사로 이루어진 생명종식어장의 구조화 시점은 동심원의 숫자, 즉 3개의 관점이 개입된 의미장이다. 제일 안 쪽의 원은 sterben(사람이 죽다)–vereden(짐승이 죽다)–eingehen(식물이 죽다)와 같이 일반적인 죽음에 대해 말한다. 중간 원은 erliegen(병사하다)–fallen(꽃이 지다)– verhungern(굶어죽다) 등과 같이 죽음의 원인 그 중에서도 객관적인 원인을 말하는 동사들이 배치되어 있다. 마지막 밖의 원은 abkratzen(뒈지다)–heimgehen(귀가하다)–entschlafen(고이　잠들다) 등과 같이 감정을 동반한 주관적 죽음을 나타낸 것이다. 간단한 동심원에 따라 죽음의 방식, 부수적인 상황이 정리되고 그들의 죽음을 바라보는 화자의 관점에 따라 달리 보여지고 평가되는 어휘항목이 뚜렷이 제시되어 어휘항목의 체계화를 통해 우리 사회의 흐름을 읽고자 하는 데 기여하고 있다.

■ 통합적 장이론의 코세리우

마지막으로 제시하려는 의미장은 1960년대 코세리우가 발전시킨 통합적 장이론에서 나온 것으로, 코세리우는 언어기호의 내용 사이의 관계를 의미라고 함으로써 의미를 관계 개념으로 다루었다. 코세리우가 제시한 어휘의 구조는 다음과 같다.

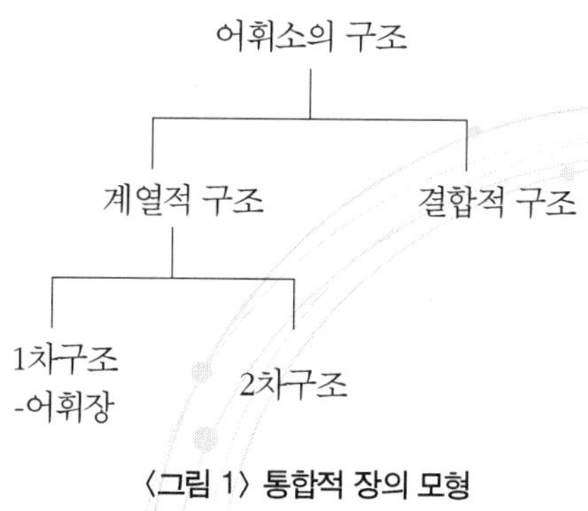

〈그림 1〉 통합적 장의 모형

어휘구조의 포괄적인 개념에 윤곽을 부여하고, 전체적인 개념의 내부에 엄밀하게 규정된 위치를 지정하여 의미장이라는 구조형식을 위치시키고 있다.

코세리우는 트리어가 세운 계열적 장이론과 포르지히가 세운 결합적 장이론을 통합적으로 제시한 학자이다. 트리어의 계열적 장이론은 이미 지식의 장에서 보았듯이 세로로 나열된 어휘체계를 이른다. 포르지히는 트리어의 장이론이 명사를 중심으로 하고 있는데, 명사는 다양한 동사와 형용사와 호응하므로 본질적인 의미관계를 보이는 것은 아니라고 비판한다. 즉 손은 잡다, 흔들다, 악수하다 등 다양한 서술어와 호응하고 있는 데 비하여 서술어를 중심으로 하면 '걷다'는 '다리'를, '잡다'는 '손'을 전제로 하는 본질적인 의미관계를 보일 수 있음을 주장한다. 따라서 의미에 의해 성립되는 필연적 관계, 핵심이 되는 낱말에 의해 다른 쪽이 함의되는 관계인 본질적 의미관계를 이룰 수 있는 서술어 중심의 의미장을 꾸미고 이를 기본적 의미장이라 칭하였다.

그러나 포르지히 스스로 트리어의 장을 계열적 장이론으로 인정하고 자신은 결합적 장으로 불렀던 것과 같이 트리어의 장이론 자체를 무시할 수는 없었으며, 따라서 코세리우는 기존의 계열적 장이론과 결합적 장이론을 수용, 통합적 장이론으로 재탄생시켰다. 이 중에서 현재 논의의 참조점으로 삼으려 하는 의미장은 계열적 구조 중 1차구조에 들어 있다. 2차구조는 조어론에 해당하는 내용이므로, 서로 다른 어휘항목들 간의 의미영역을 구별짓고 이를 의미장으로 그려보려는 본고의 목적에 다소 어긋난다. 따라서 1차구조, 그 중에서도 어휘(의 의미)장만 살펴보려고 한다.

코세리우는 트리어와 바이스겔바의 장이론에 충실하면서 동시에 각각의 낱말을 변별적 특징(sem)에 의해 상, 하위요소로 구분지어 의미장을 더욱 치밀하게 분석하였다. 코세리우가 예를 든 의미장은 '소리'를 나타내는 말에 관한 어휘장이다. 우선 Schall, Laut, Hall, Widerhall, Klang, Geräusch, Ton 7개의 낱말을 사전적 정의에 따라 나열해 보면 다음과 같다.

Schall: 소리 Laut: 소리, 울리는 소리

Hall: 소리, 음향, 울림 Widerhall: 소리, 반향, 메아리

Klang: 울림, 음향, 종소리, 협화음, 음색

Geräusch: 소음, 잡음 Ton: 음향, 음조, 어조

이들의 정의에서 울림, 메아리, 음색, 소음 등 다양한 자질이 눈에 띈다. 코세리우가 이들을 분할하는 변별적 특징을 추출하여 관계를 제시하였는데, 다음과 같다.

특징 어휘소	청취적	자발적	전파적	반향적	동질적	조절적
Schall	+	0	0	0	0	0
Laut	+	+	0	0	0	0
Hall	+	−	+	0	0	0
Widerhall	+	−	+	+	0	0
Klang	+	−	−	0	+	−
Geräusch	+	−	−	0	−	0
Ton	+	−	−	0	+	+

〈그림 2〉 shall의 의미장의 성분분석

코세리우는 표에 제시된 여섯 개 항목의 변별적 특징을 기초로 해서 여러 가지의 그림을 그렸다. 이러한 그림은 각각 코세리우에 의해 분석된 Schall 의미장 내부의 실상을 표시하는 것이다. 먼저 〈그림 3〉은 Greimas가 표시한 구조도식을 따른 것이며, 〈그림 4〉는 코세리우가 어휘의 구조를 표시하기 위해서 스스로 고안해낸 것이다. 표시방식은 상이하지만 표시된 내용은 동일하다.

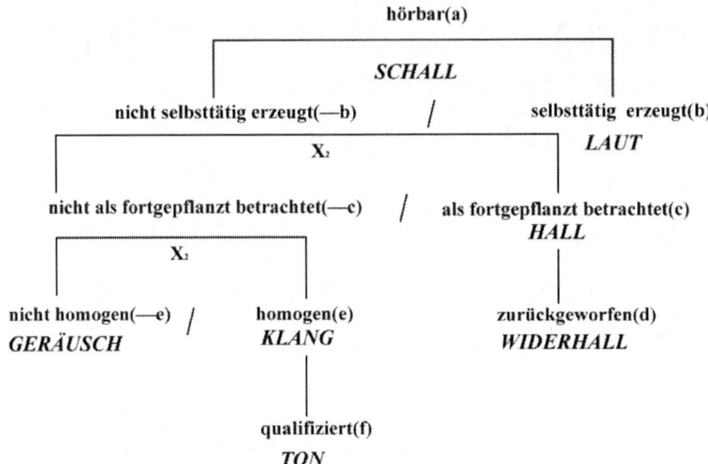

〈그림 3〉 Greimas가 표시한 구조도식에 따른 Schall의 장 수형도

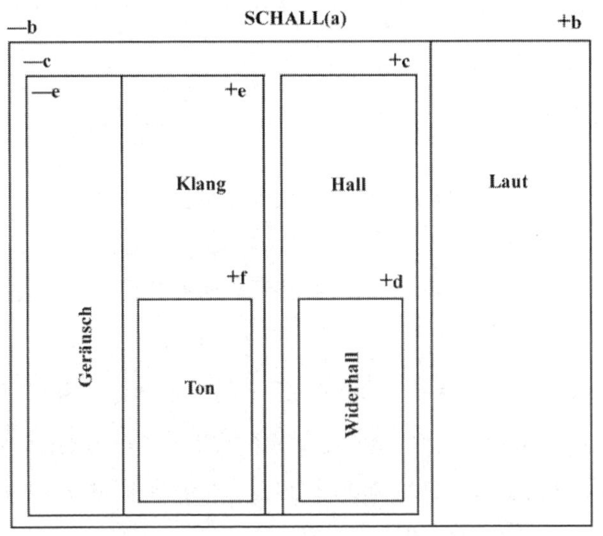

〈그림 4〉 코세리우가 고안한 Schall의 의미장

단순한 몇 가지 그림이지만, 이 안에는 의미장의 내부구조와 어휘들 간의 상호관계 더 나아가서 의미장의 중층구조의 문제를 보이고 있다. 이를 테면 〈그림 3〉의 각각의 절점에 응집되어있는 내용은 모두가 바로 아래의 어휘소들을 직접 구성요소로 하는 의미장을 형성하고 있는 것이다. 즉, 코세리우의 용어대로라면 각각의 절점의 내용은 아래로 향해서는 바로 밑의 단위에 대해서 하나의 원 렉셈이며, 위로 향해서는 바로 상위의 단위에 대해서 해당하는 장을 직접 구성하는 하나의 렉셈이 된다. 또한 절점 X1이나 X2와 같이 어휘적 단위로 실현되지 않는 자리도 있다. 코세리우는 이를 "언어는 각각의 원 렉셈을 표시하기 위해서 특별한 낱말을 꼭 가지고 있는 것은 아니다."라고 서술하고 '공백'이라 이름 붙였다. 이러한 공백은 언어적 세계상에는 빈틈이 존재하지 않는다고 하는 트리어의 생각에 대한 강력한 반증이기도 하다.

지금까지 여러 의미장을 보았는데, 장이론을 도입한 학자들은 한 낱말의 의미는 개개의 것으로서는 의미를 부여받을 수 없고, 전체 속에서만 존재가치를 가지게 됨에 주목한다. 한 언어의 모든 어휘가 장 속에 구조화될 수 있는가를 둘러싸고 논란은 계속되고 있지만, 동물의 의미는 상위의 생물이라는 영역 아래에서 그리고 식물과 대립하는 위치에서 확실하게 드러나고 있음을 보더라도 한 낱말의 의미는 상호 연관된 어휘소들과의 관계 속에서 구명되어야 한다는 이론은 지속적으로 수용, 발전될 수 있을 것으로 생각한다. 특히 언어 간의 의미장의 차이는 한 사회 더 나아가 한 민족의 사고체계를 반영하는 것이므로, 인류학 등 많은 분야의 학자들에게도 관심을 불러일으킬 것이다. 따라서 의미장 연구를 통해 한 언어의 어휘체계 그리고 한 민족의 정신세계까지 가늠해 볼 수 있는 기회를 맞이해보는 것도 유익한 체험이 될 것이다.

3. 여성에 대한 말: 인지의미

1) 여성 은유 표현

우리는 크거나 작은 사회적 힘을 가진 집단의 구성원이다. 우리는 인종에 의해, 민족에 의해, 성별에 의해 그리고 계층에 의해 서로 다른 집단에 속해 있다. 그리고 각 집단 내에서 다른 사람들과 의사소통하는 특별한 상황을 배우고 이를 관습화하게 된다. 사회언어학자들은 언어 속에 사회의 이런저런 구분에 따른 많은 변이가 존재함을 지적한다.

여기서는 남성과 여성이 사회적, 문화적 삶에서 다른 경험을 하기 때문에 나타나는 다양한 은유적 표현을 살펴보려고 한다. 예를 들면, 영어 사용 국가에서 남자는 여자를 기술할 때, bunny(활발하고 매력적인 여자), Kitten(말괄량이), cookie(귀여운 여인)과 같은 표현을 사용하는 것이 일반적이다. 이런 은유 표현은 여자는 작은 모피동물(bunny, kitten)이며, 여자는 새(bird)이며, 여자는 맛있는 음식(cookie)이라는 개념적 은유를 가정하는데, 기이하게도 여자가 남자에 대해 이야기할 때는 이런 은유를 사용하지 않는다고 한다. 일본 역시 여성은 상품으로 기술되지만 남성에게는 동일한 개념화가 적용되지 않는 것처럼 여성은 남성과 다른 방식으로 은유적으로 개념화된다.[50]

우리 역시도 남자와 여자가 이야기하는 방식, 남자와 여자에 대해 이야기하는 방식, 남자와 여자의 일반적 세계 등이 서로 다를 수 있음을 앞선 장에서 계속 살펴왔었고, 따라서 남자와 여자를 기술할 때 사용하는 은유의 방식 역시 다를 것으로 예상된다. 본 장에서는 성별에 의해 서로 다른 집단에 속하게 된 사람들이 그들의 경험에 따라 서로 다른 은유 변이를 생산할 것이라는 관점에서 남자–여자 차원의 접근을 시도해 보려 한다. 이는 사회언어학자들이 사회, 문화적 맥락에서 언어 변이를 연구하는 입장에 일정 부분 기여하는 바가 될 것이다

대상별 여성 은유 표현

전통적인 성차별적 고정관념을 측정하는 데 많이 사용되는 스펜스와 헬름라이히(Spence&Helmreich 1972)의 '여성에 대한 태도 척도(AWS: Attitudes Toward Women Scale)에는 사회에서 지적인 리더십의 많은 부분이 남자에게 있어야 하며, 고용되거나 승진하는 데 여성보다 남성이 유리한 직업이 많고, 여성은 자신의 권리보다 좋은 아내와 엄마가 되는 것에 더 신경을 써야 하며, 딸보다 아들이 대학에 가도

---

50 앞선 예시는 Zoltan Jivecses(2005)의 『Metaphor in Culture』를 번역한 김동환(2009), 『은유와 문화의 만남』에서 옮긴 것으로, 좀 더 자세한 사항은 이를 참고하기 바란다.

록 더 격려할 필요가 있다는 등 우리의 전통적인 여성들의 삶의 일면을 볼 수 있는 성차별적 내용이 다수 들어있다. 동서 문화권으로 나뉘어 있지만, 묘하게도 여성문제에 관해서는 남녀 간의 관계를 천(天)과 지(地)로 상징되는 자연적 질서에 비유하였던 유교철학과 합일되는 지점을 확인할 수 있다.

그러나 근대화는 전통의 문화의 변혁을 가져왔고 문화의 급변은 삶의 방식을 바꾸어 놓았다. 그러한 변혁의 흐름 속에서 여성의 형상 역시 변화를 거듭하였을 터, 따라서 여성의 해방이 본격적으로 담론화되어 나타났던 개화기 무렵의 여성상은 어떠했는지 다양한 대상을 선정, 이들의 은유 표현을 정리하고, 현재의 여성상으로 논의를 모아보도록 한다.

근대 여성의 대명사, 신여성

조선시대 남성의 그늘에서 살았던 여성들의 교육이 시작되면서 여성해방에 관한 담론들이 물밀 듯이 쏟아져 나왔다. 이른바 개화, 신문명 담론이 휩쓸던 1920년, 30년에 일어난 일이었으며, 당시의 상황은 1926년부터 발간되었던 『신여성』에 고스란히 담겨 있다. 『신여성』은 논설, 좌담회, 공개장 등을 통해 자유와 해방의 담론을 공론화하는 한편, 특집, 색상자와 같은 지면을 통해 신여성에 대한 다양한 신상보고를 실었다. 머리모양, 목도리, 신발 등의 묘사를 통해 신여성은 성적욕망의 대상으로 취급받았으며, 실제로 제2부인이라는 별칭을 낳을 만큼 사회의 문젯거리로 등장하기도 하였다.

그러나 자유연애와 결혼의 과정을 거친 제2부인은 법적 사회적 보호를 받을 수 없는 존재였기 때문에 자유연애와 자유결혼을 주장하고

권유했던 당대의 담론을 따른 이들만 모습이 우스워지는 결과를 낳게
되었다. 당시 많은 신여성들이 결혼 전에는 사회의 당당한 구성원으
로 자리매김하다가 결혼적령기를 지나면서 사회의 비판대상이 되었
던 것도 이와 무관하지 않았을 것이다. 스피박은 가부장제와 제국주
의 사이, 주체 구성과 객체 형성 사이에서 여성의 형상이 사라진다고
한다. 그것도 자연그대로의 무로 사라지는 것이 아니라 전통과 근대
화 사이에 사로잡힌 제3세계 여성에 대한 탈공간적 형상화인 폭력적
인 왕복운동으로 사라진다고 한다. 그래서 결국 영원한 모성이라는
이상공간에 방치되거나 전통적인 정조관념 아래 매몰되어 간다고 하
는데, 근대 신여성은 이를 온몸으로 보여주는 실증자료이기도 하다.

　당대의 신여성은 거시적인 사회변동과 남성중심이데올로기와의 결
탁 아래 결국은 삶의 질곡을 보여주게 되는데, 우선은 전통적인 여성
과의 구별을 통해 주체적인 모습을 가진 여학생으로 불리웠던 결혼
전의 그녀들의 모습부터 살펴보도록 한다.

(1)　　가. 여성이 반역의 기를 들고 남성에게 항거하고 있기는 벌써
　　　　　　오래 전의 사실인 바

　　　　나. 인격을 확립키 위하야는 반드시 반기를 놉히 드는 날이 잇
　　　　　　서야 할 줄 안다

　　　　다. 우리는 생활 운동에 열중하자. 그리하여 그의 승리가 있게
　　　　　　하라

　　　　라. 유학을 갓다오면 얼마나 영웅이 되어질 것처럼 처녀영웅심
　　　　　　을 가슴에 품고

[삶은 전쟁] 은유로, 여학생은 조선사회를 개조하는 투철한 정신과

소양을 기르기 위해 열심히 준비하고 있고, 구시대에 반항하고 반기를 드는 전쟁 같은 삶을 살아나갈 준비가 되어 있음을 역설하고 있다.

그러나 여학생들의 진보된 의식향상과 달리, 사회에서 여학생을 바라보는 시선은 기존의 관습적인 생각을 일관되게 고수하고 있음이 계속 전달된다.

(2)　가. 항상 밧줄로 얼거매인 것 가튼 늣김이 잇서서 사람이 자라
　　　　지 못하고 쏘라드는 것 갓햇슴니다
　　나. 녀학생을 볼 째에 무엇보다 자긔가 거느리고 살을 안해나
　　　　며느리로쑌 보는 오늘 남자들로서

[여성은 가축] [여성은 아랫사람] 은유의 예로, 여학생은 집의 소유물, 부하와 동일한 아랫사람으로 여겨지고 있어 전통적인 여성상이 개념적 은유로 나타나 있음을 알 수 있다.

이처럼 여학생을 남학생과 동일하게 조선의 부국강병을 책임질 존재로 보고 있지 않음은 남성이 직접 쓴 아래의 글에서 분명해진다.

(3)　가. 더좀 쏙쏙하고 애교잇는 시중군(女房)이 되어 달라 하는
　　　　것이 이것이 오늘 남자의 녀학생에게 바라는 첫 조건이오
　　나. 암만 생각해도 여자는 선천적으로 남자의 지도 아래에 잇서
　　　　야 될 것 갓해요

여학생은 지도자가 아니라 남성의 시중군에 불과한 존재이며 이는 개화된 남성들조차 동일하게 여기고 있음을 직접적으로 언급한 예로, 앞서 은유 표현을 통해 분석된 여성비하적인 시선이 남성들의 내면에

깔려 있음을 언표화한 예이다.

구시대적인 발상을 유지하고 있는 남성들의 시선은 아래의 예에서도 드러난다. 아래는 여성이 직업을 가졌던 역사적 배경을 설명하는 글의 일부인데, 남성집필자는 여성이 직업을 가지거나 남성과 경제적으로 동등한 지위를 누리려 하는 것을 곱지 않은 행위로 보고 있다.

(4)　가. 여태까지 남자의 점령단위던 직업을 침해하게 되었습니다. 그리하여 그 조정이 중대문제가 듸엇습니다.

　　나. 남자는 일허버린 직업과 노동을 그냥 부인에게 주어두고 말까? 남녀쟁투이 닐지 아니할까?

전후 남성의 빈자리를 채우기 위해 직업전선에 나서게 된 여성들을 남자의 점령지를 침해하는 것으로 표현하였다. '침해하다'는 남의 땅을 침범하여 해를 끼치는 존재로 평가하는 것으로, 여성의 직업을 장려해 오던 당시 남성지식인들의 생각이 허위였음을 보여준다. 더구나 '잃어버리다' 즉 '가졌던 물건이 없어져 갖지 아니하게 되다'의 사용에서 보듯 [직업과 노동은 (남자의)소유물] 개념적 은유에 이르면, 결국 이 글에서는 남성들이 근대교육을 받은 여성들의 직업 갖기에 표면적으로 찬성을 하지만, 이를 우호적으로 바라보고 있지 않음을 읽을 수 있다.

따라서 복식의 유행에 관한 논의가 여학생들의 사치허영 논쟁으로 번질 때 여학생들을 남의 눈을 의식하는 허영덩어리, 괴물과 같은 존재로 격하시켜 표현한다.

(5)　가. 단발미인이란 그것들도 허영이 내놓은 괴물이다

> 나. 유행만 부지런히 쫓는 여자, 그런 사람들을 나는 타락된 계
> 집 요마라고 봅니다.

[여성은 괴물] 은유의 예이다. 요망하고 간사스러운 마귀, '요마'는 타락(墮落)하다 즉 [불행은 아래] 지향적 은유를 사용하여 수식함으로써, 슬픔이나 절망을 동반한 여성, 미래지향적이지 못한 여성을 함의하고 있다.

은유는 '사물을 비유 또는 설명하는 데에 본뜻을 숨기고 겉으로는 다만 비유하는 형상만 내놓는다.'는 사전적 의미를 가지고 있다. "내 마음은 호수요'와 같이 마음이라는 추상적인 대상을 눈에 보이는 호수로 구체화하여 화자의 감정을 호수 속에서 찾아내는 방식인데, 서로 다른 두 대상이나 개념 사이의 유사성을 찾아가는 과정에서 의미의 증폭효과가 나타나기도 한다. 사회의 핵심세력으로 부상한 신여성은 학교제도교육을 받아 계몽된 대상이었지만, 그들에게 가해진 제약은 남성들의 시선에서 직접적으로 노출되었듯이 남성 아래에 살아가는 하인과 다를 바 없는 존재였음을 은유 표현을 통해 알 수 있었다. 결국 생애의 절반을 함께 보낼 남성들의 이러한 시선은 여성이 다른 누군가의 아래로의 편입이라는 상징적인 과정, 즉 결혼을 통해서 증폭되게 되는데, 다음 절은 여학생이 불행의 근원인 결혼과 동시에 어떤 처지에 빠졌었는지, 당시의 시대적 배경을 짐작케 하는 은유 표현들을 중심으로 찾아보려 한다.

신여성과 구식여성

과거 여성은 집안의 의식주를 책임지는 동시에 사회전체를 지탱하

는 미래의 역량을 출산하고 키우는 중요한 임무를 담당하고 있었지만, 사회에서는 도구와 기계로 여겨졌었다.

(1) 가. 미개한 시대 과거의 기나긴 세월에 남성들에게 물품시 받고 학대 받고 짓밟혀 온 여성의 비참한 생활

나. 결혼 그 즉시로 안해라는 한편은 곳 남편 되는 한 사람의 차 디한 바가 되고, 다 못 담은 것은 한 개의 주인과 한 개의 몸 파리군이 서로 모혀서, 기계덕의 생산과 싹바듸의 품파리를 하고 잇는 셈이 되엇다

예전에 물건처럼 여겨졌던 여성의 처지와 남자의 소유물(차지하다)로 취급받으며 아이 낳는 도구로 여겨지고 있는 여성의 모습을 지적한 예이다. 따라서 조선여성이 도구와 기계였던 것은 물리쳐야 할 관습이며, 현재에는 새로운 의식을 가진 신여성들이 낡은 제도와 싸우기 위한 일대 각성을 하고 항거하여야 한다는 논리로 이어진다.

아래 글은 신여성에게 주어진 임무를 확인시키며 신여성의 해방은 무산계급의 해방과 연관돼 있다는 진보적인 생각을 발전시키고 있는 신여성들의 글이다.

(2) 가. 자기로서의 사색하고 판단할 만한 힘이 없으면 아무 때나 피동으로 아는 사람 뒤에나 따라가기는 전이나 역시 마찬 가지일 것이 아니겠습니까?

나. 속아서 팔녀서 호강 좀 해보려고 일부러 쏘한 연애결혼 등 등의 조건 하에서 제2부인 생활을 하게 된다고 생각한다 (중 략) 완전한 여성해방으로 말미암아서라야만 이라는 대답으

로 긴-말을 대신하려 한다. 그러자면 무산계급의 해방이
업시는 여성의 해방은 잇슬수업다는것을 알아야 할 것이다.

　

'따라가는 여성=자신의 판단이 개입되지 않은 수동적인 여성=구식
여성'으로 표현한 예로, '따라가다'로 표현된 구식여성을 동물과 다를
바 없는 존재로 인식한 여성들이 이에서 벗어나려는 자각이 있었음을
신여성의 입을 통해 보여주었다. 이러한 각성된 의식은 여성의 해방
이 생산수단을 자본으로 하는 자본가와의 싸움과 연관되어 있다는 설
명으로 이어져 근대사회를 이끌어나가는 주도세력으로서의 자세를
여성에게 부여하고 있음을 보인다.

　그러나 여성들은 신제도와 문물을 도입하여 사회가 개명되었다고
배웠지만, 실제 자신이 살아가는 사회에서 이를 체감하기가 어렵다.
구세대의 유물이라고 할 수 있는 결혼제도를 둘러싼 여성담론을 일상
적 은유의 예시로 해석해보면, 우선 기혼여성을 동물, 꺾인 꽃, 물건
등 남성의 소유물로 여기는 개념적 은유가 눈에 띈다.

(3)　　가. 그 앙중하고 귀여운 맴병아리는 장차 어떤 총각놈의 몸보
　　　　신쌈이 될고
　　　나. 우리는 저 들에 핀 한 송이의 꽃을 탐하여, 곧 그 꽃을 꺾어
　　　　나의 것을 삼는다.
　　　다. 남자의 노리개가 되어 무리한 가장이란 자에게 구속을 바든
　　　　우리가
　　　라. 쌀이라는 인형으로 아버지에게 길니우고 아버지 손에서 남
　　　　편에게로 넘기여 가서 안해라는 인형으로 작란감이 되어 잇
　　　　섯든 것이다

동물, 식물과 동일 범주처럼 여겨졌던 여성은 생명체가 없는 물건, 노리개, 인형으로 나타나기도 하는데, 특히 '물건이나 일, 책임 따위를 맡기다'의 의미를 가진 '넘기다'의 사용에서 알 수 있듯이, 결혼한 아내는 남편의 처분에 맡겨진 대상, 즉 담보권, 소유권 등을 주장할 수 있는 특정한 물건처럼 취급받고 있었음을 알 수 있다.

더군다나 자유로운 삶을 꿈꾸던 신여성의 의도와는 상관없이 결혼후 [시집은 감옥] 개념적 은유가 당시 사회에 만연해 있어서, 여성은 교육을 받았든 받지 않았든, 전통적인 성 고정관념에 아직도 사로잡혀 있던 사회 속에서 모두 동일한 상태가 돼 버린다.

(4)　가. 골방 속에 다년간 감금을 당하엿든 시악시들이 별안간 석방
　　　　　을 당하니까
　　　나. 각성한 여성의 일군이 남성의 제제에서 탈출하려는 해방운
　　　　　동을 시작하야
　　　다. 가정에서는 봉건적 도덕의 무거운 사슬이 그들을 기다리고
　　　　　잇고
　　　라. 작년 가을에 혼인이 작정된 것을 싫다 싫다 못하여 기어코
　　　　　시집에 갇히는 몸이 되여 가고 말았습니다.

시집을 골방으로, 결혼생활을 감금을 당한 것으로 표현한 문장에서 여성의 처지가 죄인과 다를 바 없었다는 사회의 인식을 보여주는데, 이는 교육받은 신여성 역시 동일하였다. 결혼한 여성은 구속 상태에 있는 대상이고, 가정에서 그녀들은 무거운 '사슬'을 매고 살아가는 죄수의 몸이며 결국 처녀의 눈에 결혼한 여성은 시집에 '갇혀 있는 몸', 즉 [시집은 감옥] 은유가 내재하였음을 보인다. (4)는 개화된 세상이

펼쳐졌다고 해도, 결국 결혼한 여성은 갇혀 있는 몸, 즉 죄인으로 여겨지는 개념적 은유가 여전히 존재함을 보이는 예라 하겠다.

따라서 동물이나 죄인처럼 일정 구역에서만 살면서 남편과 식구들을 위해 노역을 해야만 하는 신세, 즉 이들이 노예와 다를 바 없는 삶을 살고 있음은 짐작가능하다.

(5)　가. 무엇에나 자기는 꼼짝 아니하면서 여자만 부려먹기를 꺼리

　　　　지 않는다

　　나. 돈만흔집 종년된 덕에 남편이 정을 모르고 친척의 우애도

　　　　모르고 고생고생하든 싯이 아들의 자살까지 보면서

부리다 즉 '마소나 일꾼, 기계 기구 등을 이용해서 일을 하다'는 서술어가 사용되어 여성이 재산증식을 목적으로 존재하였던 노예와 다를 바 없는 존재임을 보인다. 따라서 결혼을 돈 많은 집의 종년이 되는 것으로 표현한 아래 예와 합쳐지면 이들은 아내는 동물과 다를 바 없이 미천한 존재로 취급받는 [여성은 노예] 은유가 당시 사회에 지배적이었음을 보인다.

기혼여성이 동물이나 물건으로 취급되며, 시집에 갇혀 지내는 구속 상태에 놓여 있는 존재, 즉 노예로 은유화되었음은, 달리 말하면 여성에게 결혼은 부모에게서 낯선 남자에게로 노예로 팔려가는 과정이었음을 말하는데, 결혼이 (노예)상거래와 다를 바 없음은 결혼을 '사다, 팔다, 거래하다, 매매'와 같은 상거래 관련 용어들로 표현한 아래의 용례에서도 명확해진다.

(1)　가. 몇 가지의 저고리와 치마감(所謂納幣)이나 또 혹은 몇 푼

중의 금반지(所謂結婚斑指)로써 자기의 아내라는 그 여자
를 아주 사버리고 마는 셈이다.

나. 당신은 나를 사랑한 것이 안이요 혼인 비용으로 사온 것이
요 나 역시 당신을 사랑해 보지 못했고 팔려 온 것에 지나지
못하엿습니다. 나는 가겟으니 리혼해 주서요.그러면 이때
까지의 거래는 아주 지워 버려주마.

다. 불상한 처녀는 돈에 팔려서 몸을 버려놋코

라. 중매마누라를 가운데 두어 가지고 온갖 부도덕하고 도리엄
슨 매매결혼의 음모 쑤미기를 쓴치고

돈을 지불한 자와 지불대금 그리고 중간상인까지, 결혼의 절차가 모
두 상거래와 다름없음을 구체적으로 묘사하고 있어, [결혼은 상거래]
개념적 은유가 당시 사회를 지배하고 있었음을 분명히 한다. 이를 목
표영역인 결혼과 근원영역인 상거래의 사상관계를 통해 도식화하면
다음과 같다.

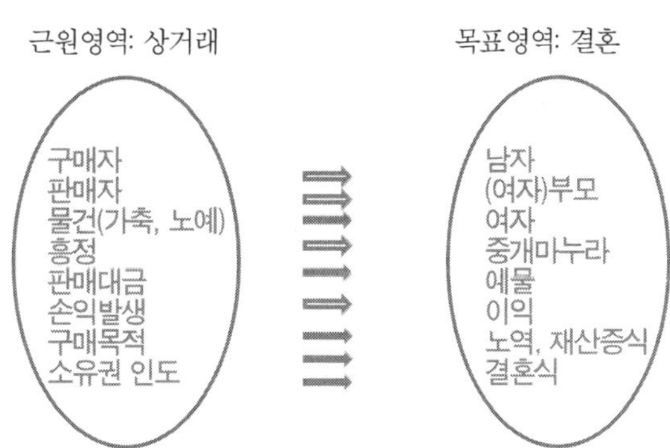

〈그림 1〉 [결혼은 상거래] 은유의 사상체계

근원영역의 명세사항들과 목표영역의 명세사항들 사이에 사상관계를 보이는 그림이다. 앞선 여성관련 은유들을 연결시켜 보면, 이들은 동일하게 상거래 현장을 근원영역으로 함이 공통적이다. 단지 상거래 현장에서 주고받은 대상이 장난감, 인형, 노리개 등의 물건과 말과 소 등의 가축, 그리고 노예로 구체화된 점이 다를 뿐이다. 즉, 목표영역은 결혼으로 동일하나 근원영역이 완구점인지, 가축시장인지, 노예시장인지로 나누어 표현되는 것이 다른 것이다.

노예는 소와 말보다 조금 더 고등한 존재, 가축과 같이 노동하는 데서 기능을 발견할 수 있는 존재이다. 따라서 노예는 재산의 일부로 취급하여 종신토록 부역의 의무를 졌으며, 재산 상속 시에 가축과 동일하게 양도되었다. 소유자는 자신의 이익을 위하여 노예를 이용하며, 강제력과 허울뿐인 이데올로기를 내세워 자신의 지배를 정당화한다. 이런 역사적 배경을 전제로 하면, 물건의 매매, 가축의 매매는 노예의 매매로 이어지고 그들의 위치를 격하시킨 계기로 결혼=상거래였다는 데로 모아지는 여성관련 은유들의 예시는 자연스럽다.

개념적 은유들도 체계적으로 서로 연결되어서 하나의 계층구조를 형성한다. 그리하여 계층적으로 낮은 수준의 사상들이 높은 수준의 사상들을 물려받는 계층구조를 이루고 있다. 따라서 [여성은 가축]은유는 계층관계 상속에 의해서 [여성은 노예]의 사상관계를 상속받아 여성이 가축으로 형상화될 때, 노예와 동일하게 취급받을 것임을 추론할 수 있다. 그리고 이는 물건, 장난감 은유 역시 동일하다.

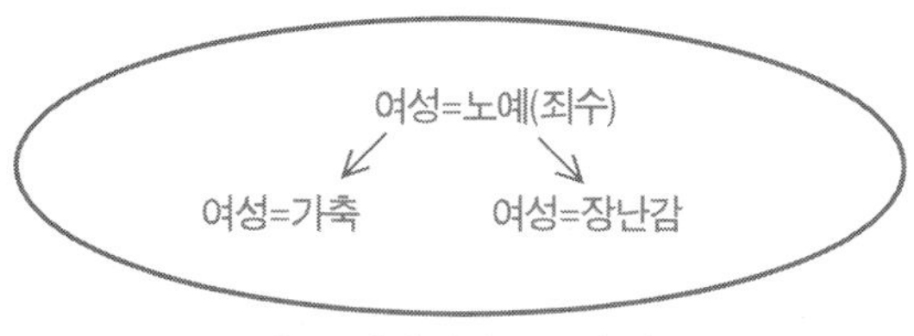

〈그림 2〉 여성 관련 은유의 계층구조

따라서 여성을 가축이나 물건으로 은유화할지라도 이는 여성이 재산증식을 위해 주인의 통제를 받아 죄인처럼 살아가는 노예 신세임을 전제로 하고 있는 것으로 분석할 수 있다.

지금까지 기혼여성의 은유예시를 분석하고 이를 하나의 계층구조를 이룰 수 있도록 정리하였다. 그 결과 여성들의 자유결혼은 근대여성들의 해방을 가져다 줄 관념으로 유포되었으나, 실제 일상적인 은유를 통해 재구한 여성들의 삶은 노예와 다를 바 없었으며 상거래와 다름없는 결혼이 그 고리로 작용하고 있어 현실과 이상은 차이를 가지고 있음을 보이었다. 따라서 당시 지식인들은 자유연애, 자유결혼의 설정으로 신여성이 구습을 타파해 나갈 수 있는 세력으로 성장할 것이라 생각하였지만, 이는 공허한 외침으로 끝날 수밖에 없었으며, 신여성은 졸업과 동시에 구식여성과 동일한 취급을 받는 존재로 전락하고 말았을 것이란 상정이 가능하다. 그것이 여학생 은유 표현에서 나타난 남성과 여성의 시선차를 설명할 수 있는 길이기도 하며, 심지어 신여성이 기생과 다를 바 없는 시선 속에서 살아가야 하는 이유이기도 했다.

신여성과 기생

신여성은 학교공부를 했거나 하고 있는 여학생을 포함하는 보다 넓은 의미를 가지고 있었다. 그러나 『신여성』에는 근대교육을 통한 자각이나 해방과는 관계없는 의복, 신발, 화장 등 외모 가꾸기에 열심인 여학생의 모습이 비판을 받고 있다. 그리고 이들은 자신의 사치 때문에 첩으로 가거나 자유연애를 추구하다 성적으로 방종해져서 창기와 비교대상으로 놓이는 신세가 되기도 한다.

(1)　가. 원래의 다리 쪽지는 남의 부인이외에 처녀로서는 절대로
　　　　　드리지 안엇고 설혹 드린다 할지라도 기생이나 광대 가튼
　　　　　천한 계급의 처녀에만 한한 하엿섯다
　　　나. 연극 녀배우나 노는 계집 자된 것들이 그러케 짧게 입고 다
　　　　　니는 고로 치마 짧게 입는 여자를 보면 누구던지 잡된 여자
　　　　　로 암니다

물론 신여성은 기생이나 매춘부와 경계짓기를 분명하게 행하고 있다.

(2)　가. 입학식힐 째에 학생의신분을 너무가리지 안는 것 갓습니
　　　　　다. 강습소가트면 혹 모르지만은 상당한 학교에서 함부로
　　　　　밧는 것은 좀 자리가 엄습니다
　　　나. 그들을 가련한 동무니 소위 팔자 사나운 여자 등의 하이칼
　　　　　라 말로써 인도주의적 동정을 하는 자를 도로혀 질소한다
　　　다. 인테리 여성들이 말하는 여급은 무용지물이다 가엽슨 존재
　　　　　이다 색에 주린 리성에 주린 남성의 가엽슨 제물이니 하고

가혹한 비판을 읽을 적에

여학생과 달리 기생은 학교에 입학시키지 말라는 직접적인 언표에
서부터 신여성이 기생이나 매춘부를 가련한 사람, 팔자 사나운 사람,
무용지물, 제물, 위안물과 같이 언급하여 자신과는 다른 존재임을 드
러낸 예까지 다양하다. 그러나 이는 신여성이 매춘부나 기생을 대하
는 시선일 뿐, 남성의 시선 속에서 신여성은 기생이나 매춘부와 다를
바 없는 존재였다

> (3) 하로밤에도 여러남자에게 생식긔를 일원 혹은 오원식 밧고 파라서
> 생애하는 창기나 매음녀와 이러케 한 집에 드러안저서 다만 한 남
> 편에게 한 주일에 두 번 혹은 세 번식 파라서 그것으로 매일매일 먹
> 고닙고 마실것을 엇는 이런 종류의 안해와는 결코 다른 덤이 하나
> 도 업슬 것입니다.

이러한 남성들의 시선은 결국 기생이나 매춘부를 만났을 때 선, 결
혼비용, 신부 등으로 칭하는 대목에서 극명하게 드러나며, 남성들의
의식 속에서 여성은 결혼 후 기생과 동일하게 몸을 파는 대상으로 여
겨질 수 있음을 알 수 있다. 아래 글은 「유곽은 이런 곳이다」의 일부
를 발췌한 것이다.

> (4) 대개는 여기저기 정한 곳 업시 선을 보러단이다가 자긔 눈에드는
> 사람이 잇스면 교섭이 시작된다(중략) 흥정이라야말이 적당할것
> 이다 좀낫게 말한다면 약혼은 되엿서도 결혼비용의교섭이장관이
> 다(중략) 그들신부들은 벌서오래동안쓰라린경험과 인간다운인간

성 여자다운 여자의 맵시이모든 것을 내여버린지가오래엿스니 여
간서투른짓을하는 제법한면목을차자가지고오기가어려운편이다.
여기홍정에두가지맵시가잇다 한가지는소위쇼타임 이것은글자그
대로임으로더 설며하기에도거북하니 짐작해주어야할것이며 대가
역시가저렴하다

이처럼 기생과 신여성이 동일하게 한 묶음으로 취급받을 수도 있었
겠다는 생각은 『신여성』에 드러난 여성 관련 은유 표현과 기생들이
펴낸 잡지 『장한』에 드러난 여성 관련 은유 표현이 비슷한 데서 단서
를 찾을 수 있다.

(5)   가. 우리의 이러케 하는 소이는 오직 인간과 인간이 서로 협조
하여서 그 엇더한 최리의 목적을 달케 하고저 함이오, 그들
의 작난감을 짓고저 하는 바는 아니다.

나. 우리의 천부한 인권과 별 가튼 개성은 뉘게다 다 밧치고 이
럿틋 호흡하는 인형이 되고 말앗는가

다. 조선 연극을 구경하다가 기생을 서로 빼앗으려고 큰 싸움이
일어나

라. 이 값비싼 기생의 마음을 따 보려고

기생제도는 남성들의 장난감을 짓는 제도이며 따라서 자신이 인형
과 같다고 여기는 기생의 고백이 드러나 있다. 이러한 모습은 남자들
이 빼앗으려는 대상, 그래서 노름, 내기, 경기 따위에서 이겨 얻는 돈
이나 상품 따위로 여겨지는 사물화 은유에서도 발견된다. 당시 [기생
은 물건] 은유가 사회적 통념으로 자리 잡고 있었음을 알 수 있다.

앞선 『신여성』에 나타난 여성관련 은유들이 [결혼은 상거래] 은유로 모아지고 있었듯이 기생과의 만남 역시 상거래 행위로 은유화된다.

    (6)   가. 주석에 당하여 기생이라는 물건을 알선할 기생감이 있나?

             나. 그 꼬임에 빠진 약한 여자는 평생은 인육시장에서 마치게
                된 비참한 사건이 있다

             다. 기생이라는 것도 손이 일정한 시간을 세내는 세음입니다

             라. 쌀이나 손녀에 고기를 파라 먹는 사람 우에 더한 악마가 업
                슬 줄 안다

불법으로 소유한 장물로 은유화된 기생과 인육시장과 다를 바 없는 거처, 따라서 그들을 고기로 여기고 매매의 대상으로 여기는 부모. 이처럼 물건이나 가축과 같은 동물로 기생을 은유화하는 것은 앞선 신여성의 예와 동일하다. 더군다나 기생을 소개하는 것을 알선, 즉 매매를 주선하고 소개료를 받는 행위로 은유화하거나 기생을 만나는 것을 일정한 삯을 내고 타인의 물건을 사용하는 행위로 은유화하는 것은 기생집의 방문을 기생을 거래대상으로 놓고 상거래하는 행위에 비유하고 있는 것이라 하겠다.

기생이 상거래의 대상으로 은유화된 것 역시 신여성의 은유와 동일하다. 단지 신여성은 판매대금이 예물이며 결혼식을 통해 남편의 개인소유임을 보증받는다는 차이만 가지고 있을 뿐이다. 결혼과 기생집 방문이 모두 상거래 현장으로 은유화되었음은 여성과 기생은 결국 거래대상이라는 동일한 존재로 취급받고 있었음을 알려준다.

『신여성』은 변화된 여성의 모습을 알리기 위한 매개체였다. 신여성은 이를 통해 해방과 자유의 공적담론을 견고하게 형성하는 한편 여

성해방이라는 정치적 욕망을 이루고 싶었지만, 그녀들의 노력은 사회의 시선 속에서 기생과 다를 바 없는 거래의 대상, 동물, 물건처럼 인식이 되고 있었음을 감안하면, 신여성을 대상으로 한 무수히 많은 이론들이 지면을 차지하였다고 해도 그 당시 신여성은 여전히 주변화되고 타자화된 존재에 머물를 수 밖에 없었을 것이다.

신여성과 현대 여성

이제 마지막으로 우리의 현재 언어표현 속에 남녀 성별에 따른 불평등적 요소가 반영되어 있을 것이란 가정을 확인할 차례이다. 여성을 대상으로 한 일상의 표현을 통해 성차를 드러내려 할 때 가장 많이 쓰이는 것은 속담에 나타난 은유의 방식에서 여성의 사회적 위치를 생각해보는 것이다. 속담은 언중의 공통된 인식과 관습이 반영되어 있으므로 여성과 관련된 속담에는 우리 사회에서 여성이 어떠한 대접을 받아왔는지를 알 수 있을 것이다.

속담에 사용된 여성 은유는 대부분 두 개념 사이의 유사성에 바탕을 둔 구조적 은유로서 사물, 동물, 식물, 음식물 은유가 가장 많이 나타난다.[51] 그 중에서 가장 많이 발견되는 은유는 사물화 은유로서 '계집하고 그릇은 있는 대로 쓰인다, 남편은 두레박이고 아내는 항아리다'와 같은 그릇 은유, '여자와 집은 가꿀 탓이다, 아랫목과 계집은 먼저 차지하는 놈이 임자다'와 같은 집 은유가 대표적이다. 사물화 은유

---

[51] 언어표현 속에 남녀 성별에 따른 불평등의 요소가 반영되어 있을 것이라는 가정 하에, 많은 학자들이 속담을 연구대상으로 일반인의 인식 속에 자리한 여성의 모습을 분석해 왔다. 이 중에서 김종택(1978), 강주헌(1995), 전혜영(1999)가 대표적이다. 특히 개념적 은유를 이용한 속담 분석은 전혜영(1999)가 탁월하며, 이 책 역시 이를 참조하여 정리하였다.

는 여성을 인격체로 여기지 않은 일반인의 생각을 반영하는 것이기도 하지만, 그보다 형용하는 내용이 더 문제이다. 그릇 은유에는 여성의 바깥 활동을 제한하는 편견을 드러내거나 여자의 영역을 부엌으로 제한하는 전통사회의 남녀역할구조를 반영하고 있고, 집 은유에는 여자는 가꾸고 손질하는 물건 즉 주인이 있는 대상물, 집을 꾸미듯이 가꾸어야 인정받는 존재임을 드러낸다. 남성이 집의 대들보나 집안의 기둥처럼 중요한 존재임을 드러내는 속담이 쓰이는 것과 대조적이다.

두 번째로 많이 나타나는 것은 동물화 은유로, 여자가 길들여져야 하는 존재, 비주체적 존재임을 암시하는 예가 많다. 예를 들면, '개와 여자는 맞아야 길이 든다, 여자가 날뛰면 집안이 망한다, 여자는 요물이다, 사내등골만 빼 먹는다' 등이 있는데, 집안의 울타리 안에 있는 존재, 집안의 소유물 그리고 남에게 기생하는 존재로 여겨졌음을 알 수 있다. 물론 남자 역시 동물로 비유되기는 하나, 여자에 비해 수적으로 매우 적을 뿐만 아니라 장닭, 수캐, 늑대와 같은 우위적 위치에 있는 동물로 묘사됨으로써 여자와 구별된다.

기타 여자를 꽃이나 음식물로 여기는 은유도 발견된다. 여자를 꽃으로 보는 은유는 예전에도 지금도 유효하다. 그러나 '말하는 꽃이다'와 같이 관조의 대상이 아니라 '고운 꽃이 먼저 꺾인다'와 같이 꺾어서 가질 수 있는 소유물로 생각하는 점이 부각된다. 물론 남성은 꽃을 찾는 벌이나 나비로 묘사되어, 여성이 수동적이고 비주체적인 존재로 여겨졌음을 알 수 있다. 또한 여자를 콩이나 군밤처럼 심심풀이 땅콩으로 대하는 음식물 은유도 나타난다. '술과 아내는 묵을수록 좋다'처럼 여성의 존재가치를 인정하는 비유가 나타나기도 하지만, 대부분은 양념적인 존재(고명딸)이며, 통째로 삼킬 수 있는 음식(통째로 삼켜도 비린내도 안 나겠다), 훔쳐 먹을 수 있는 음식(계집과 음식은 훔쳐 먹는 것이 별미다)이다.

지금까지 속담을 통해 인격적으로 대우받지 못하고 집안의 재산처럼 취급받으며 살아온 여성의 역사를 읽어 보았다. 전통사회의 여성은 사회적 존재로서 가치를 인정받지 못하고 남성위주의 가부장제 아래에서 부속물처럼 존재해 왔음은 이미 자명한 사실인데, 속담은 이런 여성에 대한 사회적 인식을 여실히 보여주는 좋은 재료임을 개념적 은유라는 분석기준을 통해 구체적으로 드러낼 수 있었다.

속담만이 아니라 현재 우리의 무의식 속에 내재하는 남/녀의 상(象)이 다를 수 있음은 남녀를 대상으로 하는 표현에서도 찾아볼 수 있다. 몇 해 전 여자와 남자가 어떤 개념으로 이해되고 있는가를 보기 위해서 '(남자를) 고르다, (여자를) 사다'와 같이 남녀를 대상화시킨 구문만을 검토하여 은유 표현을 살핀 결과(전혜영, 2005)에 따르면, 여자는 물건, 동물, 식물 등 다양한 모습으로 은유화되었다.

(1)　가. 남자가 몇 년 후에 여자를 버리더군요

　　　나. 어째서 나처럼 여자를 바꾸지 않지요?

　　　다. 여자를 꿰어 차고 계시든가

　　　라. 그 자식이 벌써 그 여자를 주워 먹어버린 것만 해두 알 만한지

　　　마. 만일 누가 이 여자의 목숨을 노린다면 목숨을 걸고 지키리라

　　　바. 여자는 새삼 키워 봐야 오래 쓰지도 못 한다

물질만능주의, 배금주의, 황금만능주의가 판을 치는 세상에서 물질의 풍요를 차지하려는 사람들은 결국 인간 전체를 동일하게 물질로 대체하는 결과를 낳았다. 이러한 사회 분위기를 반영하듯 단지 여성만이 아니라, 여성과 남성 모두를 물건으로 취급하는 은유표현이 다

수 나타난다. '남/녀를 X하다'에서 서술어자리에 오는 동사목록을 나열해 본 결과. '사다, 구하다, 끼다, 수집하다, 고르다, 얻다, 빼앗다, 감추다, 다루다'와 같이 물건으로 인식하는 예시가 절대다수였음은 이를 증명한다. 더구나 이런 결과가 여성 은유 표현에서 68%, 남성 은유 표현에서 54%로 높이 나타나, 성차에 구애 없이 인간을 물질처럼 여기는 인식이 광범위하게 펴져있음을 보인다. 남녀를 대상으로 한 은유 표현에서 두 번째로 높게 나온 것은 '끌어내다, 노리다, 사로잡다' 등 인간을 동물로 다룬 은유 표현이다. 순위만이 아니라 빈도수(여성:17%, 남성: 19%) 역시 비슷하게 나타났다. 이밖에 음식은유, 정복대상, 물질, 식물의 순으로 나타남도 동일하였다. 순위의 동일함과 함께 남녀 모두 비율 면에서도 큰 차이를 보이지 않았기 때문에 사람을 인지하는 방식에서 근본적으로 남녀 차이를 말하기는 어려워 보인다.

그러나 남자/여자와 호응하는 서술어 중에서 고빈도로 나타나는 것만 놓고 봤을 때, 남녀 차는 분명히 나타난다. 물건은유 중에서 여자는 '사다, 팔다, 구하다'가 고빈도를 보이고 있으나 남자는 '고르다, 택하다, 두다'가 고빈도 목록에 들어있었다. 이는 여자는 사고팔수 있는 상품매매의 대상으로 인식하는 것이 높음을 말해주는 것이다. 또 여자는 장신구로 보는 '끼다'가 고빈도를 보이는 데 비해 남자에게서는 이 동사를 발견할 수 없었다. 결국, 남자와 여자를 바라보는 인식의 태도에는 근본적인 차이가 없을지 모르나, 정도의 차이가 분명하다는 점은 알 수 있었다. 그리고 이러한 미세한 차이가 결국은 남녀평등을 외치는 세상에서도 여전히 존재하는 여성차별적 시선을 드러내는 지표가 될 수 있음도 함께 알 수 있었다.

지금까지 은유라는 장치를 통해 여성 은유 표현을 모으고 이를 유형화하여 살펴본 결과, 근대계몽기 초기부터 지금까지 여성에 대한

시선에 나아진 바를 찾기는 힘들었다. 여전히 여성은 사고파는 대상
이었으며 누군가의 장식물이었을 뿐, 여성 스스로 주체적으로 살아가
는 모습을 연상해낼 수 있을 만큼 의식의 변화를 담은 은유 표현을 찾
기가 힘들었다. 세상의 중심은 나라고 외치는 여성들의 목소리가 커
져가고 있는 지금까지 여성들에 대한 은유의 표현이 개선의 여지를
보이지 않는 것은 그만큼 여성에 대한 고정적 시각이 여전히 존재하
고 있음을 말하는 것이며, 이러한 시각이 보이지 않는 장애물이 되어
여성의 사회진출을 막는 것은 아닌가 하는 추측을 하게 한다.

2) 성별 여성 은유 표현

앞 절에서 여성에 대한 사회의 시선에 긍정적인 변화의 조짐이 나
타나는 은유 표현을 찾기 힘들다는 점을 지적하였다. 그러나 사회의
일원으로서 자신의 역할을 자각하고 있는 여성들의 시선 속에서의 여
성상은 조금은 다를 것이라는 짐작도 가능하다. 물론 이것이 짐작에
머무를 것인지 아니면 현실이 될 것인지는 시대의 흐름 속에서 여성
의 은유 표현이 발화자의 성차에 따라 차이를 가지는지를 분석함으로
써 가능해질 것이다. 현재의 모습은 앞으로의 연구대상으로 넘기고,
본 절에서는 여성의 해방이 여성의 구속으로 귀결되는 역사적 현장인
개화기 당시의 자료를 대상으로, 성별 여성 은유 표현에 차이가 나타
나는지를 살펴보려고 한다.

우선 1900년대 초반의 대중매체의 대다수 집필진은 남성이었음에
기대면[52] 일단 여성관련 은유 표현을 만들어낸 빈도수에 있어서 남성
필진이 훨씬 더 높게 나타난 것은 당연하여 보인다. 그런데 문제는 남

녀 필진에 따른 여성관련 은유 표현을 비교, 분석해 본 결과, 빈도수만
이 아니라 남성필진의 글에서 여성에게서는 발견하기 어려운 [여성은
흡혈귀/기생충] 은유나 결혼을 상거래 은유로 적시한 예문이 많다는
점이다.[53]

물론 근대 의식을 공유한 지식인답게 여성을 종, 인형, 노리개, 죄인
과 다를 바 없는 존재로 여겼던 역사를 반성하고, 이를 극복해 나갈 주
체로 신여성을 설정한 글도 나타난다. 오히려 [결혼은 상거래]만 놓고
보아도, 여성의 글은 수필이나 사회세태풍자와 같은 란에서 많이 나
타나며, 자신이 돈에, 권력에, 관습에 팔려가는 대상이 되었음을 한탄

---

52 김수진(2009)에 따르면 남성필자가 약 50%, 여성필자가 약 25%, 편집부 및 기자
의 글이 19.7%, 확인되지 않은 필자가 약 5%라고 한다. 더군다나 여성 은유가 가
장 많이 나타난 논설류는 남성필자가 59%, 여성필자가 29%였고, 두 편 이상 실
은 필진은 남성이 여성보다 5배가 넘어 여성 은유의 빈도수 차이가 나는 이유가
여기에 있다고 본다.

53 아래 표는 여성 관련 은유 표현을 정리한 것이다. 현재 빈도수가 논거로 제시되는
것이 아니기 때문에 개별어휘들의 중복사용을 일일이 계산하여 그 빈도까지 제시
하지는 않았다.

〈표1. 『신여성』 필진의 성별 은유 표현 양상〉

	남성	여자
기계	기계	기계
동물	끌려가다, 부린다, 풀어놓다 (농 안의) 작은새, (목매인) 견, 병아리	끌려간다, 부리다
송	굴복하다, 순종하다, 밟히고 채이다 거느리다, 데리다, 따라가다, 타파하다 부리다, 얽매다, 끌다 노예, 종사리, 몸파리꾼	얽어매다, 끌려가다, 부려먹는다 밑에, 아래 책임자, 폭군 노예, 종(년), 시종군
죄인	가두어 두다, 구속하다. 감금하다, 백방되다, 유치장	갇히다, 감금되다 감옥
기생충	의뢰하다, 붙다, 빼앗다. 기생충	
흡혈귀	빼앗다 흡혈귀, 약탈자, 도적	

할 뿐이지만, 남성필진은 논설문, 설명문과 같이 담론을 조성할 수 있는 매체를 통해, 공시적·통시적 고찰을 통해, 심도 깊게 매매혼의 문제점을 지적하고 있어, 여성의 각성을 촉구하는 데는 남성 필진의 목소리가 더 파급력이 컸음을 알 수 있다.

그러나 이는 이론적 무장에 불과할 뿐, 현실적 실천력은 그리 높지 않았다. 여성 참정권이나 모성보호 문제 등은 진지하게 다루지 않고 단지 양처현모론에 치우쳐 여성의 수양만을 강조하였던 남성 지식인들의 태도가 이를 증명한다.

(1) 가. 종래의 조선의 교육이 가정과 몰교섭함에 이면이 잇다. 하나는 가정적 교육의 전무요 또하나는 가정과의 협조가 업는 것이다. 학교에서 아모리 역설하고 생도들을 감복시킨다고 하더라도 각 가정에서 자녀에게 가정일을 시키지 안는다면 학교로서도 어찌할 수 업는 일이다.

나. 일어 영어 지리 역사 수학 물리 화학 그리고 여자에게 제일 필요한 요리 재봉 음악 위생 영양학 간호ㅅ법 육아ㅅ법 가튼 것을 한 벌씩 쭉내려 배웟슬 것은 틀림없는 사실이리라

다. 아무래 여성해방을 부르짓고 여성의 사회적 진출을 논하는

물건	돈에 팔리다, (권리)넘기다, 매매하다 물건, 금강석,	사다, 팔다 상품, 물건
완롱물	매어놓다, 달리다 인형, 노리개감, 작란감, 장식품, 화초	노리개, 인형
금치산자	기름을 밧는다 아이, 귀먹어리, 벙어리	길리우다 반신불수의 병신
전사	싸우다, 분투하다, 응전하다, 공격하다 전사, 투사, 대장	싸우다, 분투하다, 승리하다, 공격하다, 점령하다, 반기를 들다, 영웅, 투사, 전사, 여장사

시대라고 할지라도 여자의 근본적 욕망 쪼는 기원은 현모양처됨에 잇다. 물론 그 내용에 변화는 잇겟지마는 여성의 절대다수는 누가 강제하지 안트라도 저 스스로가 현모양처가 되고 십흔 본능적 충동을 내포하고 잇는 것이다.

여성의 사상개조와 신교육을 강조했던 남성 지식인들이 신여성의 욕망을 현모양처로 귀결시키거나 여성의 교육을 양육과 가사노동에 관련된 것으로 제한하는 예문으로, 결혼 후 여성의 가정 회귀를 긍정적 가치로 변호했던 시선이 읽혀지는 대목이다.

남성의 감추어진 여성비하나 통념적인 공격을 보이는 예는 아래 [여성은 기생충] [여성은 흡혈귀] 은유에서 더 잘 드러난다.

(2) 가. 남의 힘에 거저먹기에 남자에게 붓치어서 사는 여자, 이것을 종녀자라하며 기생충과 흡혈귀라 한다.

나. 소위 대부분의 신녀성들은 이 도적년 소리를 드러도 쌀 만콤 남자로부터 남자의 노력의 대까를 쌔아서 간다.

이들 둘은 여성필진의 글에서는 발견되지 않고 남성필진의 글에서만 발견되는 은유로, 여성의 무능력한 모습을 비꼬는 의미를 가진다. [여성은 흡혈귀] 은유는 1930년대 은유적 표현으로 활발하게 사용되어『우리말큰사전』에 다른 이에게 빌붙어 있거나 괴롭히는 사람을 비유적인 말로 기술되었다. 아직 흡혈귀의 대명사로 여성이 상정되지 않은 점이 다행스럽긴 하지만, 당시 사전에 기재된 예문에서 '타락된 계집 요마, 허영의 傀儡'처럼 특정 성을 대상으로 하고 있는 어휘임을 명시해 놓고 있어, 남성에게 빌붙어 아무것도 하지 않는 여성을 비판하기 위해 사용한 은유임을 함축하고 있다. 여성 주체적인 모습을 기대하는 이들에게 다소 실망스러운 대목이다.

기생충은 비유적 의미를 획득함과 함께 여성의 성(性)자질을 부여받게 된다. 우선『조선어사전』에는 기본의미로만 기술되었으나『조선말 큰사전』에 기생계급의 동의어로 처리된 기생충②의 존재에서 미루어 보듯 누군가의 보호를 받아야 살아갈 수 있는 사람을 비유하는 의미를 획득하였다. 이는 1920년 1930년 당시 남에게 의지하여 사는 존재를 은유적으로 표현하는 예로 기생충이 활발하게 쓰였음을 의미함과 동시에 아직은 여성성이 이 어휘에 부여되지 않아서 여성비하적인 사회시각이 덜 읽혀짐을 함축한다. 그런데 1991년『우리말큰사전』에 첩을 이르는 말로 정의되고 있어, 기생충의 의미에 여성이라는 성별이 개입하게 된 역사적 과정을 추론해 볼 수 있다.

이들 둘은 무능력한 사람을 은유적으로 표현하다가 여성의 성별자질까지 부여받아 온 어휘들로, 특히 남에게 빌붙어 사는 수동적인 존재의 대명사로 변한 것은 1920,30년대여서 근대계몽기 여성의 사회적 진출이 어려웠던 여성의 처지를 비꼰 말처럼 해석된다. 그러나 이는 남성의 구직도 힘든 마당에 여성의 취업은 사실상 현실적으로 어려웠던 상황을 생각하면 여성의 처지를 무시한 발언이다. 1930년대 세계적 대공황과 일본의 식민지배의 이중고를 겪고 있던 우리에게 취업은 누구나 간절히 바라지만 이루기 어려운 일이었고, 여기에 남성 중심의 이데올로기까지 삼중고를 겪어야했던 여성들에게 취업은 남성보다 몇 배는 힘든 과정이었다. 따라서 여성을 흡혈귀, 기생충으로 비유하는 것은 여성의 처지를 객관적으로 정확하게 인식할 수 있었던, 담론의 중심에 서있던 남성지식인들의 입에서 나올 수 있는 말이 아니었다. 그런데도 이러한 여성 관련 은유 표현이 사전에 기재될 만큼 확고하게 자리를 차지하게 된 데는 여성의 현실을 무시하고 이상적인 사실만 제시한 뒤 이를 따르지 않는다고 비난하는 남성 필진의 성차별적 시선이 개입되었기 때문으로 보인다. 그리고 이러한 입장 차이로 남성 필진은 여성 필진과는 대립각을 세울 수밖에 없었으며[54], 이러한 시각 차는 동일한 듯 보이면서도 여전한 틈새를 보이는 남녀의 시선 속에서 현실화된다. 마치 앞서 보았던 성별 여성다움에 대한 연상어휘의 빈도수 차이에서 우리가 발견했던 시각 차이처럼 말이다.

3) 소결

은유는 수사학이나 시적 기능을 북돋기 위해 사용하는 기법만이 아니다. 은유는 일상적 담화에 편재해 있으며, 언중의 사고와 행동을 반영한다. 이러한 전제 아래 여성의 은유 체계를 살펴본 결과, 전통적으

---

54 이러한 여성 필진과 남성 필진의 시각차로 남성 필진의 글에서 여성이 기생과 다름없는 존재로 평가되는 시각이 노출된다.

　(1) 가. 농촌의 여성은 오래동안 남자의 완롱물이엿습니다. 절대복종의 使役機이엿습니다. 더욱 그 다수가 남자의 淫樂器이엿습니다. 또 장래 淫樂器될 운명에 잇습니다
　　　나. 그들 신부들은 벌서 오랫동안 쓰라린 경험과 인간다운 인간성 여자다운 여자의 맵시이 모든 것을 내여버린 지가 오래엿스니
　　　다. 기생이라는 것은(중략) 말하자면 돈 만흔 사람만큼 풍족하게 사치스러웁게 편하게 살녀고 애쓰고 허위적어리는 여자의 무리이외다

(1-가, 다)는 淫樂器, 기생과 같이 직접적으로 기생이라 칭하고 있는 예이며, (1-나)는 기생을 신부로 은유화하여 부인이 기생과 다를 바 없는 존재로 여겨졌음을 보여준 예이다. 여성필진이 기생을 '(남성지배적 사회)희생의 제물'과 같이 은유화한 것과 대조적이다.

로 여성을 사고파는 대상, 재산증식의 수단으로서만 여겨왔던 개념적 은유 체계가 현재까지도 이어지고 있음을 보았다. 이는 남성을 대상으로 한 은유 속에서는 발견되지 않았던 것으로, 현재 언중들이 무의식적으로 받아들였던 또는 의식적으로 은폐해왔던 여성에 대한 비하적인 시선이 연원하는 곳이다. 여성에게 씌워진 은유의 베일을 걷어내고, 여성에 대한 왜곡된 시선을 거두어주기를 주장하기에 인지의미론적 은유를 도입하는 것보다 더 좋은 방법론도 없다. 우리 주위를 둘러보고 무의식중에 내뱉는 말 속에 담긴 은유적 표현들을 찾아 이를 구조화해보라. 그리고 통시적으로 검토를 하다보면 은폐되었던 많은 부분들이 세상에 나타날 것이다.

더 읽을거리: 은유

1) 인지의미론에서 바라본 은유

프로젝트를 끝내고 팀장이 회식하자고 얘기하면 여자들은 십중팔구 빠지곤 해. 피 흘리는 전쟁은 낮에 하지만 그 상처는 밤에 봉합하는 법이야. 그런데 여자들은 그 봉합하는 자리에 안 나타나는 거지(중략)사실 직장은 외부의 적도 많고 내부의 적도 많은 상황에서 서로를 의지하면서 싸울 일이 얼마나 많으냐고, 게다가 회식자리에서는 끈끈한 전우애와 더불어 중요한 정보도 오고가.

여성잡지에서 여성들의 사회생활에 대해 조언하는 칼럼의 한 대목이다. 직장생활에 대한 내용인데 사용되는 말은 사뭇 비장하기까지 하다. 피 흘리는 전쟁, 상처의 봉합, 내/외부의 적, 싸우다, 전우애 등 전쟁관련용어로 가득하다. 피 흘리는 전쟁은 프로젝트를 수행하는 직장이며 상처의 봉합은 프로젝트를 행하면서 받은 스트레스를 해소하는 것을 말한다. 내/외부의 적은 팀원이나 다른 프로젝트의 팀원을 이르며, 싸우다는 다른 팀과 경쟁을 벌이는 것을 말하며 전우애는 팀원들끼리의 정을 말한다. 직장생활의 장에서 나온 말들이 전쟁의 장으로 체계적으로 전이되고 있다. 전쟁과 직장생활을 가리키는 많은 말이 다의적이며 직장생활 용어들이 우연히 전쟁과 관련되는 이차적인 은유적 의미를 가질 수 있다고 말할 수도 있다. 그러나 세상에 우연이란 없다. 직장생활에 대한 우리의 이해가 부분적으로 전쟁에 대한 우리의 이해에 의해 형성되고, 따라서 인간들 간의 상호작용, 즉 사회생활은 다른 종류의 활동이나 과정이 아닌 전쟁으로 간주되는 현실이 존재한다.

이처럼 은유가 단순히 언어가 아닌 개념적 체계에 존재한다는 주장은 레이코프와 존슨의 『Metaphors: We live by』에서 나왔으며, 기존의 은유와 대별되어 이를 일상적 은유라 부른다. 이때의 은유란 대부분의 사람들에게 미적 수사적 목적을 달성하기 위해 사용되는 언어적 현상을 지칭하는 것이 아니라 일상생활에서 별다른 노력 없이 사물에 대해 사고하고 개념화하는 '개념으로서의 은유'를 지칭한다.[55] 만일 인간의 일상생활 속에서 무의식적으로 생각하고 행동하는 모든 것이 근본적으로 은유적이라는 전제가 받아들여진다면, 우리의 사고방식, 경험 대상, 일상의 행위 등은 모두 은유의 문제가 될 것이며, 은유는 우리가 지각하고 사고하는 방식, 우리의 행위를 구조화하는 데 주요 키워드가 될 것이다.

---

[55] 이는 Lakoff & Johnson의 『삶으로서의 은유』(노양진, 나익주 역, 1995)을 참조한 것이다. 은유에 대한 전통적인 견해는 1980년 레이코프 (Lakoff)&존슨 (Johnson)의 『삶으로서의 은유』(Metaphors We Live By)에 의해 전면적이고 체계적인 도전을 받게 되었다. 그 후 깁스 (Gibbs 1994) 커베체쉬 (Kovecses 1990, 1995, 2002) 등 많은 학자들의 연구로 인지언어학의 핵심적인 이론의 하나로 발전되었다. 은유에 대한 이 새로운 견해를 인지언어학적 은유 혹은 개념적 은유 이론이라고 부르고 있다. 깁스의 이론은 나익주가 번역한 『마음의 시학』을, 케베체쉬의 이론은 이정화 외 『은유』를 보면 된다. 이후의 내용은 『삶으로서의 은유』, 『은유』를 참조하였음을 미리 일러둔다.

■ 인지언어학에서의 의미는 백과사전적 지식이다

우리에겐 마음의 본질을 객관적으로 밝히려는 이론적인 접근보다
는 마음의 수양, 정화, 도의 추구 등을 목표로 하는 몇몇 학문이 있었
을 뿐이다. 그러나 이 역시도 우리의 행동에 담긴 원리를 찾아내려는
이론적, 실증적 작업은 아니었으며, 이런 미진한 점을 보충하듯이 최
근에 언어학에서 가장 각광을 받고 있는 분야는 인지언어학이다. 인
지언어학(Cognitive linguistics)은 인간 마음 본질, 더 나아가서 인간의
본질을 규명하기 위한 학제적 연구의 일환으로 시작하였으며, 주로
언어와 정신 그리고 문화의 상관성을 밝히려는 언어이론이다. 이는
변형생성언어학이 언어능력과 언어수행으로 나누어, 언어학자는 언
어능력을 논의의 대상으로 삼을 뿐 언어수행까지 파악할 필요가 없다
는 생각을 가진 것과는 다소 초점이 다르다. 인간의 언어능력은 다수
의 문장과 무한히 긴 문장을 만들고 창조할 수 있도록 사람들이 내재
화한 능력을 말하는 것으로, 촘스키는 이를 추상적으로 체계화하기
시작했다. 그러나 언어에 대한 추상적, 형식적 정의나 기술은 언어표
현의 개념이나 관계 혹은 구조를 밝히는 데 충분한 기여를 하지 못하
였다.

이러한 반성적 사고에서 출발한 인지언어학은 인지문법, 문법적 해
석, 방사성 망, 원형이론, 개념은유, 영상도식, 틀 의미론 등 다양한 이
론을 만들어 냈다. 이들은 언어의 본질은 형태가 아니라 의미에 있다
는 점을 공유하고 있다. 물론 이들이 말하는 의미는 앞서 제시되었던
구조주의 학자들이 제시한 의미와는 다른 것이다. 인지언어학 이전의
언어의 의미는 주로 어휘 수준에서 연구되었으며, 한 단어의 의미는
다른 단어와의 체계적 관계에 의해 그 위치를 설정할 수 있다고 주장
(Lyons,1977:202)하였다. 즉 '사람' 관련 어휘들로 남자, 여자, 소년, 소

녀를 모으면, 남자와 여자는 성별 자질에 의해 구분이 되며, 남자와 소년, 여자와 소녀는 성숙한지의 여부에 따라 구분이 된다. 이를 도식화하면 다음과 같다.

남자: [+Human][+male][+adult]

여자: [+Human][-male][+adult]

소년: [+Human][+male][-adult]

소녀: [+Human][-male][-adult]

이러한 시선 아래서는 각기 성(性)과 성숙(成熟)의 여부에 따라 대립되는 위치가 설정되며, 그것이 곧 그 단어의 의미인 셈이다.

그러나 남자와 소년을 성숙함의 유무로 나누었을 때 성숙함과 미성숙함의 경계를 되물을 수 있는 것처럼, 모든 단어가 의미자질의 경계가 분명하게 나누어지는 것은 아니다. 이를 테면 머그컵, 유리컵, 종이컵 등 크기(대형, 중형, 소형)와 모양(손잡이의 유무)이 다른 컵들을 동일하게 컵이라 칭하고 있는 상황에서 '컵'을 어떻게 정의 내릴지는 사람마다 다를 수밖에 없다. 이는 결국 의미범주는 경계가 명확히 나누어지는 것이 아니라 능선이 연결된 산처럼 의미가장자리가 명확하지 않은 상태임을 뜻한다.

그러나 사물들의 경계나 구분이 명확하지 않을 때도 우리는 그것들을 경계나 구분이 명확한 것으로 범주화한다. 예를 들면 산, 길모퉁이, 울타리 등의 어휘는 우리가 가진 특정한 목적—산들의 위치 결정, 길모퉁이에서의 만남, 울타리 치기—을 충족시키는 데 필요하다. 능선으로 연결되어 있고 길과 길이 이어져 있는 현실을 무시하고 마치 우리 자신처럼 분리된 것, 우리의 경험 속에서 물건이나 물질처럼 식별 가능한 것으로 인위적인 경계를 설정하게 되는 것이다.

우리의 경험이 개입이 된다는 것은 언어의 의미가 외부 세계를 객관적으로 반영한 것이 아니라, 그 세계를 특정한 관점으로 해석함을 함축한다. 다시 말하면 언어 표현을 통해서 세계를 인식하는 자신의 관점을 부여하는 것이다. 예를 들면 물이 절반 정도 든 잔을 보면서 누구는 물이 절반밖에 안 남았다고 말하는 반면, 누군가는 물이 절반이나 남았다고 이야기하는 것은 동일한 객관적인 상황을 받아들이는 사람의 관점을 부여한 표현이다.

이런 시각은 자연스럽게 언어의 의미는 사전에 기재된 기본의미가 아니라 우리의 경험을 반영한 백과사전적인 의미로 해석해야 함으로 이어진다. 인간의 마음과 별개의 독립적인 모듈을 가진 것이 아니라 우리의 경험, 우리가 가진 세상 지식과 밀접한 관련을 맺고 있는 비자율적인 특징을 지닌다는 것이다. 예를 들면 "내 친구는 여우 같다."는 말을 듣고 어떤 이는 꾀가 많은 사람을, 어떤 이는 조심스럽고 교활한 사람을, 어떤 이는 남을 홀리는 여자를 연상하는 것처럼, 의미는 고정적이지 않고 역동적이다. 그렇다면 언어의 의미는 사전이나 문법책에서 찾을 것이 아니라 자신에게 있는, 실제 언어사용에 관한 경험 속에서 찾아야 한다. 이것이 바로 인지언어학이 언어의 의미에 대해 갖는 생각이다.

2) 인지언어학적 은유관

앞서 친구를 여우에 비유하여 표현하였던 예를 상기해 보라. 이는 여우가 몸이 작으면서도 사냥을 잘하는 이유를 때로는 좋게, 때로는 나쁘게 해석하여, 이로써 친구의 내면을 표현해 내고자 노력한 것이며, 이와 같이 물리적이고 추상적인 세계를 물건이나 물질처럼 구체적인 것으로 이해하는 것은 어떤 사물을 통해 또 다른 사물을 이해하는 것이므로 은유적이다. 이는 아리스토텔레스 이후 계속 유지되어온 전통적인 은유관과는 다르다. 전통적인 은유관은 미적 수사적 목적을 달성하기 위해 의식적이고 목적적으로 어휘를 사용한 것이며, 따라서 이를 행할 수 있는 특별한 언어능력을 갖춘 이는 시인이나 능변가 정도밖에 없어 일반인에게는 먼 나라의 이야기였다. 그러나 인지언어학적 은유관은 은유의 본질을 언어적 현상에만 국한하여 생각하지 않고 개념의 속성으로 받아들인다. 앞서 직장생활을 전쟁터로 여겼듯이 은유는 사물을 사고하고 개념화하는 방식이다. 따라서 은유는 예술적 혹은 미적 목적을 수행하는 것이 아니라 어떤 개념을 잘 이해하기 위해 일상생활에서 별다른 노력 없이 무의식적으로 사용할 수 있는 방법이 된다.

은유가 언어에 국한된 것이 아니라 일종의 사고나 개념화라고 한다면, 은유는 언어는 물론이고 사고와 행동에도 널리 퍼져 있어서 인간을 지배하고 있을 것이다. 예를 들면 직장생활을 전쟁에 비유한 것은 남들과의 경쟁관계 속에서 목숨을 걸고 살아가는 일상적인 현대인의 모습을 반영한 것이며, 이러한 은유가 널리 퍼져 있는 사회에서 직장인들은 정말로 살아남기 위해 전투적인 자세로 일에 임하는 전사가 된다. 직장생활을 전쟁의 개념화로 제시한 것과 마찬가지로 우리는 사랑, 결혼, 여행 등과 같은 우리네 삶의 또 다른 양상들도 은유로 표현할 수 있다. 은유를 통해 정의하거나 기술하기 어려운 추상적 현상을 구체적인 모습으로 제시할 수 있기 때문이다. 따라서 '우리 일상의 개념적 체계는 […] 본질상 근본적으로 은유적이다.'

어떤 추상적인 개념 영역을 다른 구체적인 개념영역을 통해 이해하는 것, 이를 일러 목표영역(target domain)을 근원영역(source domain)을 통해 이해한다고 말한다. 직장생활을 전쟁으로 이해하는 방식에서 직장생활은 목표영역이 되며 전쟁은 직장생활을 이해하는 근원영역이 된다. 두 가지 개념영역으로 구성되며, 따라서 두 개념 영역이 관계를 맺는다는 의미에서 개념적 은유라고 불린다. 추상적 목표영역을 구체적 근원영역으로 이해하는 것은 둘 사이에 일련의 체계적인 대응관계가 있다는 것이다. 개념적 은유 이론에서 이 대응관계를 전문용어로 사상 또는 투사라 부르는데, 이를 테면, 앞서 예를 든 [직장생활은 전쟁이다]는 아래와 같은 다양한 은유적 표현들에 의해 실현되고 둘 사이의 체계적인 개념적 사상을 보인다.

목표영역: 직장생활		근원영역: 전쟁
직장인	⇒	병사
부서	⇒	전쟁터
상급자	⇒	장군
일	⇒	싸움
타 부서 사람	⇒	적
기획안	⇒	칼/방패
우정	⇒	전우애

■ 구조적 은유, 존재론적 은유, 지향적 은유

개념적 은유는 그것이 수행하는 인지적 기능에 따라 구조적 은유, 존재론적 은유, 지향적 은유 세 가지로 구별할 수 있다. 구조적 은유(structural metaphor)는 한 개념이 다른 개념의 관점에서 은유적으로 구조화되는 것을 말한다. 사랑에 대한 경험의 다양함만큼 사랑은 적과의 전쟁, 우연한 여행, 물질끼리의 반응 등 다양한 관점에서 구조화되는 것을 들 수 있다. 먼저 사랑을 전쟁의 관점에서 은유화한 예를 들어 보자.

(1) 가. 그가 파놓은 함정에 기꺼이 빠져 사랑의 포로가 되어 주겠어
     나. 한 여자만을 열심히 쫓아다니더니 결국 사랑을 쟁취하게 되
        었다는 내용이야
     다. 인생을 걸고 사랑하기에 최선을 다하는 사랑의 전사들.
     라. 사랑에도 전략이 필요해, 밀당의 고수들을 보고 좀 배워

우리는 사랑하는 사람을 사랑을 쟁취해야 하는 적으로 보고, 전략을 세워 그를 쫓아다니며 가끔은 그가 파놓은 함정에 기꺼이 빠지기도 하며, 따라서 즐겁게 포로가 되어 살아간다. 우리가 사랑할 때 수행하는 많은 행동이 부분적으로 전쟁이라는 개념에 의해 구조화되는 것이다. 서로 관련이 없어 보이는 은유적인 언어표현들이 개념적 은유 [사랑은 전쟁]은유에 의해 체계적으로 서로 연결된다. 근원영역인 [전쟁]의 구성요소들(장수, 사병, 무기, 전략, 함정)과 목표영역인 [사랑]의 구성요소들(사랑에 빠진 두 사람, 포로, 사랑의 밀어, 밀고 당기기, 전략, 함정)의 사상관계가 형성되어 (1)과 같은 은유적인 언어표현들이 자연스럽게 나타난다.

물론 사랑에 대한 개개인의 경험이 항상 동일한 것은 아니어서 사랑을 우연히 떠난 여행에서 만나고 정박하거나 헤어져 돌아오는 일련의 과정으로, 즉 사랑을 여행의 관점에서 은유화할 수 있다.

(2)　가. 사랑이 역풍을 맞아 순조롭게 진행되지 않는다는 데서 이야 기가 꼬이기 시작한다.

　　　나. 사랑은 그에게로 떠나는 여행이다. 막다른 길에 내몰려 멀어지지 않을 때까지.

　　　다. 부모의 반대라는 뜻밖의 장애물에 부딪친 두 사람, 사랑의 도피를 떠날 것인가?

　　　라. 두 사람의 못된 사랑, 결국 좌초를 맞이하고 말 것인가?

사랑은 낯선 두 사람이 길에서 만나 여행을 시작하는 것이다. 물론 가는 길에 장애물도 만나고, 막다른 길에 도달할 수도 있다. 잘 극복하면 순항을 거듭할 수도 있고, 이를 넘기지 못하면 좌초되어 서로 다른 길을 가야할 수도 있다. 근원영역인 여행의 구성요소들과 목표영역인 사랑의 구성요소들 사이에 일련의 사상관계를 맺어, 연인들 사이의 사랑행위가 여행자들의 여행행위로 구체화되어 이해된다.

두 번째는 추상적인 감정, 경험, 사건 등에 존재론적 지위를 부여하는 존재론적 은유(ontological metaphor)이다. 추상적인 정신(mental)을 기계나 유리와 같이 볼 수 있는 구체적인 것으로 표현하는 것이 대표적이다.

(3)　가. 머리가 녹슬었나 봐

　　　나. 마음이 움직이지 않으니 별 수 없지, 뭐

　　　다. 내 마음이 산산조각 나고 말았어

　　　라. 그녀가 요즘 조그만 충격에도 무너져 내릴 정도로 나약해서 걱정이야

앞선 두 예문은 인간의 정신을 녹슬고, 돌아가며, 움직이는 기계로 표현하는 데 비해 뒷 예문은 무척 약해서 산산조각 나거나 부서지기 쉬운 물건으로 표현하고 있다. 정신이란 추상적인 개념을 기계나 유리와 같은 물건과 동일시함으로써 동일한 대상이지만 화자가 경험한 양상의 차이가 표현에 드러나게 된다. 이는 기존의 비교되고 동일시되는 두 개체 사이의 객관적 유사성에 기초하여 판단하던 은유의 개념이 아니다. 어떤 이는 기계로, 어떤 이는 유리처럼 느낄 수 있었던 그들의 체험이 관여하며, 이는 '기계:정신 유리:정신', 두 개념이 갖는 생물학적, 문화적 뿌리 등 인간의 다양한 체험에 근거하여 비교대상의 유사성이 결정되는 은유이다.

세 번째는 지향적 은유로 추상적인 개념을 보다 쉽게 공간 지향 개념으로 이해하는 것이다. 앞서 구조적 은유처럼 다른 개념의 관점에서 구조화하는 것이 아니라, 상호관련 속에서 개념들의 전체 체계를 조직하는 은유이다. 이는 전형적으로 위-아래, 안-밖, 중심-주변 등 방향적 공간적 개념을 수반한다.

기준의 양쪽 끝인 위, 아래는 대부분의 언어에서 비슷한 의미를 담고 있다. 우월함은 더 높음을 의미하는 라틴어에서 파생되었으며 브라만이라는 산스크리어 역시 높이를 의미하는 용어에서 파생되었다고 한다.[56] 우리말 역시 '높다:낮다, 크다:작다, 넓다:좁다, 얇다:두껍다'의 대조항에서 척도를 나타내는 용어로 '(높다 →)높이, (크다 →)크기, (넓다 →)넓이, (두껍다 →)두께'가 선택되어 [좋음은 위]라는 지향적 은유가 범보편적으로 형성되어 있음을 알려준다.

실제 예문을 들어 우리의 공간적 지향성을 구체적으로 보면 다음과

---

56 구동회, 심승희가 번역하여 2005년에 출간한 이푸-투안의 『공간과 장소』를 참조하면 문화별로 다양한 지향적 은유를 발견할 수 있다.

같다.

    (4)   가. 영화 볼 생각에 기분이 들떠 있었는데, 엄마의 잔소리에 푹
                      가라앉았다.
            나. 사랑하는 이를 떠올리는 순간 의욕이 솟음을 느낄 수 있었다.
            다. 요즘 의욕이 떨어져서 만사 귀찮기만 해
            라. 남편과 사별한 후 우울증에 빠져들어서 헤어 나오질 못해서

자신에게 갑자기 닥친 불행에 괴로워할 때 대부분 머리를 수그리고 움츠린 자세를 취하게 되며, 믿을 수 없는 행운에 기뻐할 때는 팔을 하늘을 향해 벌리며 껑충껑충 뛰곤 한다. 수그러진 자세와 똑바로 선 자세는 정서 상태를 동반하며, 따라서 지향적 은유는 자의적인 것이 아니라 우리의 물리적 문화적 경험에 토대를 두고 있다. [행복이 위이고 슬픔은 아래] 은유는 이 외에도 '고결하다, 윤락녀, 타락'과 같은 예에서도 나타나는데, 사회의 안녕을 유지하기 위해 정한 규범에 맞게 살아가는 것은 '위'로 결정되며, 그렇지 않은 것은 '아래'로 표현되는 것과 일맥상통하는 바이다.

인지의미론은 주체의 관점에 따라 의미를 인지, 인식하려는 비객관주의적인 태도를 지향한다. 즉, 언어의 객관적, 고정적 의미가 아닌 의미의 생성, 부여에 이르는 과정을 탐구하는 학문인데, 언어로 제시된 의미가 어떠한 인지과정을 통하여 형성되는가를 논리적으로 설명하기 위해 카테고리, 이미지 도식, 신체화된 상상력, 은유 등 다양한 연구방법을 사용한다. 인지의미론에서의 의미를 파악하는 데 사용되는 이런 개념들은 문학작품의 이해와 해석에 원용되어 더 깊은 이해를 낳게 됨을 여러 학자들이 강조하고 있는바, 인지의미론에서 바라

본 은유의 개념 역시 나의 체험과 한 사회의 이데올로기 그리고 문화
적 기호와의 밀접한 관계를 통하여 구축되는 창조적 이해에 도달해
보는 한 가지 방법으로 사용해 봄직하다.

참고문헌

강란숙(2010), 『칭찬화행과 반응의 화행결속기능연구』, 한국외국어대학교 박사학위
    논문.
강소영(2005), 「구어담화에서 '그래 가지고'의 의미」, 『한국어의미학』 16, 1-21.
_____(2006), 「구어담화에 나타난 수정 양상 연구」, 『한국어학』 32, 1-29.
_____(2006), 「우측어순변동구문의 실현양상과 의미기능연구」, 『한국어의미학』 20.
    281-303.
_____(2008), 「어순도치구문의 담화기능 분석」, 『한국어의미학』 26, 1-20.
_____(2009), 「여성다움을 나타내는 어휘의 의미구조」, 『한국어의미학』 30, 31-58.
_____(2009), 「기생의 은유화 방식을 통해 본 기생의 현실과 그들의 욕망」, 『한국고
    전연구』 20, 109-139.
_____(2010), 「남성의 틈새에서 새어나온 여성의 목소리」, 『한국고전연구』 22, 425-
    456.
_____(2010), 「은유표현을 통해 본 신여성의 위치」, 『어문연구』 64, 5-30.
강주헌(1995), 『계집팔자 상팔자』, 고려원.
고광식(2000), 「지시사의 대용적 용법에 대한 고찰」, 『불어불문학』 42, 239-264.
고영진(1997), 『한국어의 문법화 과정』, 국학자료원.
고은주·이은혜(2002), 「청소년기 친구에 대한 만족감과 친구의 지원 및 갈등」, 『한국
    심리학회지발달』 13-3, 105-121.
구동회·심승희 역(1995), 『공간과 장소』, 대윤.
구현정(1995), 「남성형 여성형 어휘의 형태와 의미연구」, 『국어학』 25, 99-135.
_____(2002), 「조건 담화의 순서 교대 양상」, 『언어과학연구』 21, 1-24..
김동환(2009), 『은유와 문화의 만남』, 연세대출판부.
김미경(2002), 「한국어 대화체 구문의 정보구조」, 『담화와 인지』 8-1, 21-42.
김미령(2006), 『의사소통 속의 대응발화』, 세종출판사.
김선희(1995), 「담화표지의 의미연구」, 『목원대 논문집』 27. 5-26.
_____(1991), 「여성어에 대한 고찰」, 『목원대논문집』 19, 111-127.
김수진(2009), 『신여성, 근대의 과잉』, 소명출판.
김종도(1987), 『인지문법의 토대』, 박이정.

김종택(1978),「한국인의 전통적인 여성관,『여성문제연구』7, 187-203.

김창섭(1999),「국어 어휘체계에서의 남성항과 여성항」,『언어와 여성의 사회적 위치』, 박창원 외, 태학사, 87-108

김태자(1987),『발화분석의 화행 의미론적 연구−어학의 문학에로의 접근』, 탑출판사.

김해연(1997),「기능문법과 담화분석」,『인문학연구』26, 17-39.

______(2001),「대화, 사회행위, 그리고 문법」,『인문학연구』33, 41-74.

김혜영·하승완(2011),「사적대화에서 성별에 따른 의문형 발화분석,『화법연구』18, 189-214.

나익주 역(2003),『마음의 시학』, 한국문화사.

남미애(1996),『국어의 연속 동사 구성 연구』, 서울대 박사학위논문.

노양진·나익주 역(1995),『삶으로서의 은유』, 서광사.

류시현(2009)『최남선 연구』, 역사비평사.

민현식(1995),「국어의 여성어 연구」,『아세아여성연구』34, 7-64.

______(1996),「국어의 성별어 연구사」,『사회언어학』4-2, 3-29.

______(1997),「국어 남녀언어의 사회언어학적 특성 연구」,『사회언어학』5-2, 529-560.

박민자(2000),「한국대학생들의 데이트과정에 나타난 남녀의 차이」,『가족과 문화 』 12-1, 53-66.

박성현(1996),『한국어 말차례 체계와 화제』, 서울대 박사학위논문.

박승윤(2008,「영어와 국어에서의 칭찬화법」,『현대영미어문학』26, 157-186.

박애양(2008),「한, 중 칭찬화행의 문화대조분석」,『중국학연구』45, 67-80

박영순(2001),『한국어 문장의미론』, 박이정.

박창원 외(1999),『언어와 여성의 사회적 위치』, 태학사.

________(2002),『국어학 연구 50년』, 혜안.

서경희,홍종화(1999),「이게 바로 그거야:원근지시에서 태도지시로」,『담화와 인지』 6-2, 2-22.

손세모돌(1999),「'-잖-'의 의미, 전제, 함축」,『국어학』33, 213-240.

송철의(1997),「파생어 현상과 음운현상」,『국어연구』38, 1-108.

신선경(1998),『국어 지시 용언 연구』, 태학사.

신지연(1988),「국어 간투사의 위상 연구」,『국어연구』83. 1-67.

신현숙(1989),「담화 대용표지의 의미 연구」,『국어학』19, 427-451.

______(1990),「담화 대용 표지 '그래'의 의미연구」,『인지과학』2권 1호, 143-164.

안주호(2000),「'그러-'계열 접속사의 형성과정과 문법화」,『국어학』35, 113-141.

양태식(1992),『국어구조의미론』, 서광학술자료사.

유구상(1975), 「국어의 도치에 대한 고찰」, 『한글』 155, 115-144.

오승신(1995), 『국어의 간투사 연구』, 이화여대 박사학위논문.

이관규(1986), 「어휘의미의 성분분석 방법」, 『한국어문교육』 1, 175-188.

이기갑(1994), 「'그러하-'의 지시와 대용, 그리고 그 역사」, 『언어』 19-2, 455-488.

_____(1995) 「한국어의 담화표지 '이제'」, 『담화와 인지』 1, 261-287.

이기동(1979), 「The pragmatic function of the connective nuntey(in korean)」, 『인
    문과학』 41,42, 117-142.

이기옥(2005), 「광고를 통해 본 한국사회의 남성성의 변화」, 『한국광고홍보학회』 추
    계학술발표논문집, 113-130.

이능우(1971), 「한국 여성어 연구」, 『아세아여성연구』 10, 71-82.

이석규·김선희(1992), 「남성어 여성어에 관한 연구」, 『어문학연구2』. 35-74.

이성하(1998), 『문법화의 이해』, 한국문화사.

이은경(1998), 「텔레비전 토크쇼 텍스트 연결어미 분석」, 『텍스트언어학』 5, 167-198.

이익섭(1994), 『사회언어학』, 민음사.

이정애(1998), 「'가지고'의 문법화 과정」, 『언어』 23.1, 87-110.

이정화 외 역(2003), 『은유』, 한국문화사.

이한규(1996), 「한국어 담화표지어 '그래'의 의미 연구」, 『담화와 인지』 3, 1-26.

_____(1997), 「한국어 담화표지어 '뭐'의 의미」, 『담화와 인지』 6-1, 137-157.

이현호 외(1997), 「한국어 대화체의 대 대화유형 및 담화표지에 관한 연구」, 제9회 한
    글 및 한국어 정보처리 학술대회, 477-492.

임지룡(1992), 『국어의미론』, 탑출판사.

임홍빈(1993), 「국어의 여성어」, 『국어사자료와 국어학의 연구』, 문학과 지성사.

왕문용(2008), 『국어와 의사소통』, 한국문화사.

임규홍(1994), 「'어 가지고'에 대하여」, 『배달말』 19. 49-80.

_____(1996), 「국어 담화표지 '인자'에 대한 연구」, 『담화와 인지』 2. 1-19.

_____(1998), 「국어 '말이야'의 의미와 담화적 기능」, 『담화와 인지』 5-2, 159-179

_____(2004), 「성별에 따른 국어 남화표시 사용 모습」, 『이문학』 83, 93 113.

장경희(1980), 「지시어 '이, 그, 저'의 의미분석」, 『어학연구』 16.2, 167-180.

전영옥(2003), 「한국어 억양단위」, 『담화와 인지』 10-1, 241- 265.

전혜영(1999), 「여성 대상 표현에 나타난 여성의 사회적 위치」, 『언어와 여성의 사회
    적 위치』, 박창원 외, 태학사, 111-155.

_____(2005), 「연어구성에 나타난 남녀 은유의 양상」, 『여성학 논집』 22-1, 63-77.

정희자(1994), 「주제의 담화기능에 대하여」, 『언어학』, 563-598.

_____(1996), 「영어 담화에서 담화전략과 어순변화」, 『담화와인지』 2. 21-45.

허 발(1979), 『낱말밭의 이론』, 고려대출판부.

홍사만(1983), 『국어 특수조사론』, 학문사.

채 완(1976), 「조사 '−는'의 의미」, 『국어학』 39, 93-113.

Blackmore, D.(1987), Semantic Constraints on Relevance, Oxford: Blackwell.

Brouwer, D. et al(1979), "Speech differences between women and men:on the wrong track?", Language in Society 8.

Brown P. & S. Levinson(1987), Politeness, Cambridge: Cambridge Univ. Press.

Cameron, Deborah(1992), Feminism & Linguistic Theory, New York: St. Martin's Press(이기우 역, 1995, 『페미니즘과 언어이론』, 한국문화사)

Chafe, Wallace(1976), Givenness, contrastiveness, definiteness, subjects, topics, and point of view, Subject and topic, ed. by Charles Li and Sandra A. Thomson, New Yoke: Academic Press.

Chafe, Wallace(1994), Discourse, Consciousness, and Time, The University of Chicago Press.

Chambers, J.K. and Trudgill, Peter(1980), Dialectology, Cambridge Univ. Press (이상규·서보월·백두현 역, 1985, 『방언학개설』, 경북대출판부).

Coates, Jenniffer(1993), Women, Men and Language, London:Longman.

Cruse, D. A(1986), Lexical Semantics, Cambridge University Press(임지룡·윤희수 옮김, 1989, 『어휘의미론』, 경북대출판부).

Du Bois, John, Schuetze-Coburn, Stephan, Cumming, Susanna& Paolino, Danae (1992), "Discourse Transcription", Santa Barbara Paper in Linguistics, Vol.4.

Fasold, Ralph(1990), The Sociolinguistics of Langguage, Oxford: Blackwell(황적륜 외 역, 1994, 『사회언어학』, 한신분화사).

Fraser, Bruce(1990), "An approach to discourse marker", Journal of Pragmatic 14.

Gundel et al.(1993), "Cognitive status and the form of referring expressions in discourse", language 69.

Halliday, M. A. K,(1967), "Notes on transitivity and therme in English, Part 2", Journal of Linguistics 3.

Halliday, M and Hansan R.(1976), Cohesion in English, London: Longman.

Hass, Mary(1944), "Men's and Women's speech in Koasati", Language 20.

Jespersen, Otto(1922), Language: It's nature, Development and Origin, London: George Allen & Unwin(김선재 역, 1961, 『언어』, 한국번역도서주식회사).

Key. M. R.(1975), Male/Female language, Metuchen, NJ:Scarecrow Press.

Kuno, Susume(1972), "Functional sentence perspective". linguistic inquiry 3.

Kuno, Susume(1978), "generative discourse analysis in America". Current trends in textlinguistics, ed by Wolfgang Dressler, Berlin and New York: De: Gruyter. London: George Allen & Unwin(김선재 역, 1961, 『언어』, 한국번역도서주식회사).

Labov. W.(1966), The Social Stratification of English in New York, Washington DC: Center for Applied Linguistics.

Lakoff. R(1973), "Language and woman's place", Language in Society 2.

_________(1975), Language and woman's place, New York: Harper & Row(강주헌 역, 1991, 『여자는 왜 여자답게 말해야 하는가』, 고려원).

Lee, Hyo Sang(1991), Tense, aspect, and modality: A discourse-pragmatic analysis of verbal suffix in Korean from a typological perspective.

Lions, J.(1977), Semantics Vol 2, Cambridge University Press.

Milroy. L(1980), Language and Social Networks, Oxford: Basil Balckwell.

Nida, E. A.(1975), Componential Analysis of Meaning, The Hague: Mouton(조항범역 1990, 『의미분석론』, 탑출판사).

Philips, Susan, Steele, Susan and Tanz, Christine(eds) (1987, 1994), Language, Gender & Sex in Comparative Perspective, Cambridge Univ. Press.

Prince, Ellen(1981), "Toward a taxonomy of given-new information", Radical Pragmatics, ed. by Peter Cole, New York: Academic Press.

Rahim, M. A.(1985), "A Strategy for Managing Conflict in Complex Organizational", Human Relation 38(1).

Sacks, H., Shegloff E. A. and Jefferson G.(1974), "A Simplest Systematics for the Organization of turn-taking for Conversation", Language 50.

Sapir, Eduard(1929), "Male and female forms of speech in Yana", Saville-Troike, Muriel(1982/1989), The Ethnography of Communication An Introdution, Owford: Blackwell.

Schiffrin, Deborah(1987), Discourse Markers, Cambridge University Press.

Spender, Dale(1980), Man Made Language, London:Routledge and Kegan Paul.

Tennen.D(1990), You Just Don't Understand: Women&Men in Conversation, New York: Ballantine Books.

Thome, Barrie, Kramarae, Cheris and Henry, Nancy(eds)(1983), Language, Gender and Society, Boston: Heinle & Heinle Publishers.

Trudgill, Peter(1972), Sex covert prestige and linguistic change in the urban British English of Norwich, Langage in Society 1.

___________(1974), The Social Differentiation of English in Norwich, Cambridge Univ. Press.

___________(1974), Sociolinguistics, Hamondsworth: Penguin Books.

Trudgill, Peter(1983), On Dialect, New York: New York Univ Press.

Yaguello, Marina(1978), les Mots Et Les Femmes, Paris: Payot(강주헌 역, 1994, 『언어와 여성』, 여성사).

遠藤織枝(2001), 女とことば, 明石書店(이경수 외 역, 2006, 『여성과 언어』, 박이정).

찾아보기

저자 | 강소영

이화여대 대학원에서 국어학을 전공하고『명사구보문 구성의 문법화 연구』로 박사 학위를 받았다. 저서로『국어와 문어 자료의 실제적 연구방법론』,『남북의 언어와 한국어교육』(공저), 역서로『건축, 그 바깥에서』(공역)이 있다. 현재 이화여대 한국 문화연구원 HK연구교수로 젠더, 번역 관련 연구를 하고 있다.

◢ 이화다문화총서 언어

언어와 여성

초판 인쇄 | 2013년 2월 15일
초판 발행 | 2013년 2월 25일

저　　자　강소영

책임편집　윤예미

발 행 처　도서출판 지식과교양
등록번호　제 2010-19호
주　　소　서울시 도봉구 창5동 262-3번지 3층
전　　화　(02) 900-4520 (대표)/ 편집부 (02) 900-4521
팩　　스　(02) 900-1541
전자우편　kncbook@hanmail.net

ⓒ 강소영 2013 All rights reserved. Printed in KOREA

ISBN 978-89-6764-014-8 93710　　　　　　　　　　정가 20,000원

저자와 협의하여 인지는 생략합니다. 잘못된 책은 바꾸어 드립니다.
이 책의 무단 전재나 복제 행위는 저작권법 제98조에 따라 처벌받게 됩니다.

이 도서의 국립중앙도서관 출판도서목록(CIP)은 e-CIP홈페이지(http://www.nl.go.kr/ecip)에서
이용하실 수 있습니다. (CIP제어번호: CIP2013000916)